El. ALTIAR

JOURNAL

D'UNE

FRANÇAISE EN ALLEMAGNE

Juillet-Octobre 1914

PRÉFACE DE CHARLES VELLAY

SIXIÈME ÉDITION

Librairie académique *PERRIN* et Cie.

JOURNAL

D'UNE

FRANÇAISE EN ALLEMAGNE

Juillet-Octobre 1914

El. ALTIAR

JOURNAL

D'UNE

FRANÇAISE EN ALLEMAGNE

Juillet–Octobre 1914

PRÉFACE DE CHARLES VELLAY

PARIS

LIBRAIRIE ACADÉMIQUE

PERRIN ET Cⁱᵉ, LIBRAIRES-ÉDITEURS

35, QUAI DES GRANDS-AUGUSTINS, 35

1915

A M. et Mme Robert MIRABAUD

PRÉFACE

Le livre qu'on va lire, œuvre d'un témoin
attentif et sincère, aura, dans l'histoire de la
guerre, une place unique. Il nous apporte, en
effet, les échos des premiers bouillonnements
de l'Allemagne belliqueuse, le tableau de ce
frémissement passionné qui jeta, non pas seulement une armée, mais une nation tout entière, avec ses maîtres, ses tribuns, ses professeurs, ses savants, contre un monde insouciant,
distrait et désarmé. Jamais conspiration ne
fut mieux ourdie, jamais guerre ne fut mieux
préparée, avec plus de patience, plus de méthode, plus de volonté.

Il faut remonter à de longues années en
arrière si l'on veut saisir le point d'origine, le
point de mise en marche de cet acheminement
formidable et silencieux vers le plus vaste des
conflits. Quand la période de préparation
fut achevée, quand l'Allemagne dévoila brusquement son jeu, la diplomatie de la Triple-
Entente, prise au dépourvu, dut se ramasser

sur un seul effort retarder le choc, même au prix des plus humiliantes concessions, jusqu'à ce que la résistance fût possible. C'est alors qu'on entra dans cette ère de provocations de plus en plus violentes de la part de l'Allemagne, de ces incidents qui rebondissaient d'un bout à l'autre de l'Europe et qui trouvaient toujours une Russie indifférente, une France passive et une Grande-Bretagne assoupie. On supportait tout, parce qu'il fallait du temps, beaucoup de temps, pour opposer à la force germanique une force équivalente. Mais le conflit, pour être reculé d'heure en heure, n'en apparaissait pas moins inévitable. Vers la fin de 1913, la menace était si précise que la France et la Russie associèrent aux conversations diplomatiques des conversations stratégiques et arrêtèrent, d'un commun accord, le plan militaire de leur défense. C'est à ces indispensables précautions que la presse allemande fait, aujourd'hui encore, allusion, quand elle prétend, contre toute vérité et toute évidence, que la Russie préparait et voulait la guerre. La Russie se préparait simplement à résister, quand le moment serait venu, au choc qu'elle prévoyait et qu'il n'était pas possible de ne pas prévoir. Mais les hommes du métier savaient — et ceux d'Allemagne mieux que les autres — que la Russie avait besoin de longs mois encore pour être prémunie contre toute attaque, et que jamais elle n'aurait songé à troubler la paix en un pareil moment à moins d'y être contrainte par une agression. Et chaque jour nous montre encore, en face de la minutieuse préparation de l'Allemagne, la faiblesse que donne à la Russie l'insuffisance de ses chemins de fer stratégiques, insuffisance à laquelle elle allait remédier si son adversaire lui en avait laissé le temps (1).

Donc, d'une part, un guet-apens bien machiné, de l'autre trop d'aveuglement et trop de lenteur. Malgré ces conditions déplorables, la résistance s'organise sous le feu des premiers combats. Et voici qu'au lieu d'une conquête rapide et facile l'attaque allemande s'écroule sur elle-même. Déjà, on peut, sans forfanterie, creuser la fosse du monstre et mesurer son cadavre. C'est la fin d'un des plus atroces cauchemars de l'histoire du monde, la fin d'une hégémonie barbare, brutale, et sans grandeur.

Au reste, cette guerre affreuse aura eu pour

(1) L'emprunt russe de 1914 avait, comme on sait, pour but de permettre la construction d'un vaste réseau de voies ferrées stratégiques en Pologne.

premier résultat celui de nous réveiller de notre torpeur et de nous délivrer de l'emprise germanique. Depuis si longtemps, nous étions accoutumés à entendre chaque jour chanter la gloire allemande, dans toutes les branches de l'activité humaine ; depuis si longtemps, nos professeurs de Sorbonne nous vantaient, avec tant de ferveur, les mérites de ce qu'ils appelaient la science et la méthode allemandes ; depuis si longtemps, dans le monde politique ou économique, l'influence allemande rampait silencieusement et obstinément ; depuis si longtemps enfin des pacifistes obstinés nous conduisaient au renoncement de toutes nos gloires, de toutes nos traditions, de toute notre existence nationale, qu'aujourd'hui nous nous levons de ces ténèbres comme un mort qui sort de sa tombe. Et cela déjà est un inappréciable bienfait.

Pendant ce temps, l'Allemagne s'acharne à s'enlaidir, à se rendre odieuse et méprisable. Tous les crimes, toutes les hontes, tout ce que les conventions humaines réprouvent, elle a tout entrepris, tout accepté, tout voulu pour essayer d'atteindre une impossible victoire. Elle s'est dégradée elle-même avec tant d'entrain qu'il ne semble pas admissible qu'il y ait demain place pour elle dans le concert des

puissances civilisées. Déjà, lentement, graduel-
lement, sous la poussée de l'opinion publique,
l'idée d'une désagrégation allemande, d'un
abaissement presque complet de cette force
malfaisante se dessine, prend forme et s'impose
comme la condition nécessaire de la sécurité
et de la paix européennes. Si tous les peuples
ont droit à la vie, si toutes les races ont leur
vertu, cela n'est vrai ni de l'Allemagne ni de
l'Autriche, car il n'y a ici ni peuple, ni race, ni
vertu ; et, en faisant appel à la force la plus brutale, elles ont accepté d'avance ce que la force
décidera.

CHARLES VELLAY.

JOURNAL

D'UNE

FRANÇAISE EN ALLEMAGNE [1]

Juillet-Octobre 1914

I

EN SILÉSIE

Château de K... Lundi, 27 juillet 1914. — Les bruits les plus tendancieux circulent, depuis hier, dans le village. On ne parle de rien moins que d'une guerre avec la Russie ; le tzar aurait été assassiné, etc. ! Ce sont là sûrement des absurdités, venues tout droit de Berlin, car des hostilités ne sauraient éclater si soudainement ; mais l'opinion publique est très surexcitée, ce qui est toujours un danger dans ce pays-ci, où ce qui manque le plus c'est certainement la mesure, que les Allemands reprochent tant aux Français de ne pas posséder. Je me demande ce que l'on

1. L'auteur de ces notes se trouvait, depuis le mois de juin, en visite chez une princesse allemande, Française de naissance, quand la déclaration de guerre éclata. (Note de l'Editeur.)

croit gagner en répandant de telles rumeurs, et pourquoi, si les sentiments patriotiques de la population sont aussi ardents qu'on le dit, on les excite incessamment.

Du reste, il est certain que des choses graves sont en train de se passer. La comtesse E..., qui venait d'arriver à Carlsbad pour une cure, a télégraphié ce matin qu'elle rentrait immédiatement en Galicie, sans expliquer pourquoi. Il y a une semaine qu'elle disait, pourtant, qu'en politique il n'y avait rien de neuf en Autriche, que, par cette canicule, même les ministres avaient trop chaud ! Le vieil empereur avait repris à Ischl sa vie ordinaire, signant ses actes d'État le matin et s'amusant à la chasse dans l'après-midi. Il y a bien longtemps que les tragédies de sa famille ont cessé de le toucher. A un de ses chambellans polonais qui, après la mort de l'impératrice Élisabeth, lui présentait ses condo-léances, il répondait déjà : « Tout ce qui pouvait m'atteindre m'a atteint ! »

Avec cela, point de nouvelles de France, si ce n'est par les journaux qui disent la situation très critique. L'Allemagne voudra-t-elle interve-nir pour remettre l'Autriche à la raison? Veut-elle, au contraire, la guerre, cette guerre qu'elle a tant et depuis si longtemps cherchée ?

Jeudi, 3o juillet. — La comtesse E... écrit qu'elle n'a pu qu'à grand'peine rentrer chez elle, avec ses bagages, grâce à l'obligeance d'un ami. A Carlsbad, la vie était devenue odieuse avec la mobilisation, qui, en une seule nuit, avait pris cinquante hommes du personnel de l'Hôtel Impérial. On n'entendait que courses affolées dans les corridors, les portes tapaient, et c'était la même chose partout. D'ailleurs, elle n'était pas sans inquiétude sur ce qui se passait chez elle. Son mari, si souffrant toujours, était en Russie avec son fils cadet et elle n'en recevait aucune nouvelle.

Partout, elle a vu les gares pleines de soldats qu'on engouffrait dans les trains, mais tout se passait dans l'ordre et le calme le plus parfaits. Ses fils ne partiront que si l'on mobilise aussi en Galicie par suite d'une guerre avec la Russie, qui paraît d'ailleurs presque inévitable, car il y va, sans doute, du prestige de la Russie dans les Balkans. Les Autrichiens semblent étonnés qu'on ne les laisse pas vider leur querelle tranquillement avec les Serbes, *qui menacent depuis longtemps leurs frontières*, et veulent les ruiner, au point de vue économique. Je suis assez stupéfaite que la puissante Autriche puisse se poser en victime ! J'aurais plutôt compris, jusqu'à présent, que la Serbie craigne le sort de la Bosnie-Herzégovine... Les journaux autrichiens accusent la presse française de mauvaise foi et prétendent qu'elle a dénaturé le sens de la réponse serbe. Bref, la Serbie, que nous trouvions, nous, sans trop oser le dire, un peu lâche, aurait été d'une impertinence extrême, et loin d'aider l'Autriche à punir les meurtriers de l'archiduc, elle l'aurait priée, en se moquant, de chercher les criminels chez elle ! Il me paraît pourtant que l'Autriche n'était pas du tout dans son droit en voulant faire elle-même l'enquête en Serbie.

Je me demande aussi si les Bosniaques vont marcher bien volontiers contre leurs frères serbes. L'Allemagne et l'Autriche en sont venues à des jeux quelque peu dangereux pour leur propre sécurité. Il semble qu'une leçon soit devenue nécessaire. L'Europe ne peut plus respirer sous cette oppression de deux puissances égoïstes et injustes...

Vendredi, 31 juillet.— Voici que la mobilisation commence ici aussi. Le courrier que l'on venait de porter à la poste nous revient, bien que déjà oblitéré. La correspondance ne circule plus, surtout avec l'Alsace-Lorraine, où il y aurait eu des troubles...

Je ne veux croire encore qu'à des mesures de prudence. Il me paraît peu probable que l'Allemagne se lance dans une guerre qui pourrait déchaîner un orage européen. Ce n'est plus 1870, ce n'est plus la France isolée qu'elle aurait à combattre... Tous les yeux sont tournés vers le kaiser, qui veut la paix, dit-on, et qui peut en donner la preuve... Mais aura-t-il l'autorité nécessaire pour se faire entendre à Vienne? Il a laissé faire le comte d'Ærenthal en 1909 ; il l'a laissé prendre la Bosnie et l'Herzégovine. Pourra-t-il aujourd'hui arrêter Berchtold et les ambitions effrénées d'une Autriche qui ne se connaît plus? C'est égal, ce Berchtold, qui passe pour voyager toujours dans la lune, en est revenu bien mal à propos?

Samedi, 1ᵉʳ août. — Il paraît de plus en plus que ce sera la guerre. Si la France et l'Angleterre font tout pour la paix, l'Allemagne, elle, ne songe qu'à envoyer à la Russie un ultimatum si inconvenant qu'on se demande comment, avec quelque souci de sa dignité, le tsar pourrait y répondre autrement que par une déclaration d'hostilités. Peut-on laisser ainsi un État faire la loi à l'Europe ; écraser durement ceux qui l'entourent; donner à tout instant coups de bottes à gauche, coups de poings à droite, sans aucune conscience des droits et des intérêts d'autrui? Ces menaces et ces dangers perpétuels doivent cesser, pour la paix universelle. Toutefois, il est permis d'être triste à la pensée que le sang devra couler, à flots peut-être, pour y parvenir.

Nous sommes allées en voiture, cet après-midi, porter nos lettres à Z..., à dix-sept kilomètres d'ici, pour essayer de les faire partir. Leur sort me paraît bien risqué. Quelle angoisse de se sentir ainsi séparés de tous ses amis, et si brusquement? La petite ville était d'ailleurs fort tranquille. On n'y voyait aucune trace de cette agitation guerrière qui secoue Berlin. Les visages étaient plutôt graves. Chez le Landrat [1], les nouvelles étaient meilleures : on croyait à une détente prochaine. Cependant, en rentrant ici, nous avons trouvé une grande surexcitation. La guerre serait imminente. Tous les hommes, jusqu'à quarante-cinq ans, sont rappelés sous les drapeaux. Les forestiers partent demain matin. J'en ai vu un tout joyeux, les autres paraissaient très émus. Voilà les bois à la garde de Dieu !

Le cuisinier part pour la France, où il ne voudrait pas être porté comme déserteur, car cette mobilisation générale l'appellera sans doute, puisqu'il fait partie de la réserve de l'armée active.

Mme Balinska nous a annoncé aussi son départ pour demain. Elle craindrait, en tardant davantage, de ne plus pouvoir rentrer en Russie, tous les trains étant pris pour les troupes. Quant à nous, il n'est pas question, pour le moment, d'aller à Berlin. Nous attendrons ici les événements.

Dimanche, 2 août. — Impossible de rien savoir de ce qui se passe dans le monde. Plus un journal français. Les feuilles allemandes arrivent elles-mêmes avec un retard considérable. Elle nous apprennent aujourd'hui que Jaurès a été assassiné. Voilà bien un moment pour s'en-

1. Préfet.

tretuer, quand la Patrie a besoin de toutes ses forces, car je commence à croire que la paix n'est déjà plus possible, et Jaurès lui-même l'aurait compris. Je crois que tous nos antimilitaristes partiront les premiers, et je ne serais pas étonnée si Gustave Hervé leur donnait l'exemple.

Voilà la Balinska partie, et tous mes vœux l'accompagnent pour qu'elle ne revienne pas! Le cuisinier et sa jeune femme ont pris la même voiture pour gagner la gare. Ils étaient mariés depuis trois mois, et si heureux quand cette bourrasque est survenue. La pauvre petite se voit déjà veuve.

Je me demande avec anxiété si on laissera tout ce monde gagner ses frontières respectives. Le cocher nous a dit, en revenant, qu'on lui avait appris à Z... l'occupation du Luxembourg par l'Allemagne, et que l'ambassadeur de Russie à Berlin avait reçu ses passeports. J'avais entendu raconter depuis longtemps, sous le manteau, que le plan allemand, en cas de guerre avec la France, serait de l'envahir par la Belgique. Cela montre un respect charmant des neutralités. Enfin, nous allons sans doute voir à l'œuvre cette armée incomparable. Un général prussien déplorait ici, il y a quelque temps, qu'elle soit devenue si nombreuse, et qu'elle ait perdu beaucoup de ses qualités d'autrefois. De fait, on se demande comment des masses aussi formidables vont pouvoir bouger! Ah! si l'on pouvait du moins espérer que ce sera la dernière guerre!

Mardi, 4 août.— La journée d'hier s'est écoulée dans la même anxiété et dans l'absence totale de nouvelles. Puis, vers huit heures du soir, quand nous n'attendions plus rien et surtout plus personne, qui voyons-nous débarquer de la voiture de poste? La Balinska! Elle n'avait pas même pu quitter Z..., où elle a eu des aventures extraordinaires.

En arrivant à la gare, elle s'est trouvée prise dans une telle cohue que, sans dire adieu à personne, elle s'est démenée pour prendre son billet et enregistrer son bagage. Ceci fait, elle passe sur le quai, demande son train ; on lui répond qu'il va arriver. Un officier s'approche d'elle, et lui demande, *en polonais* (ce qui aurait déjà pu lui donner l'éveil), où elle va. Ravie que sa bonne mine lui attire encore, vers la soixantaine, ces hommages galants, elle répond qu'elle se rend par Thorn à Alexandrovo. L'officier se récrie : « Vous ne pouvez plus passer ! » Et il appelle le gendarme de planton, qui confirme qu'on ne franchit plus la frontière. Elle pleure, elle se désole : l'officier, toujours aimable, lui dit que la guerre est commencée, sera finie avant trois mois, que les Allemands entreront bientôt à Varsovie, et elle de répliquer : « Entrez-y seulement bien vite, pour que j'y puisse entrer aussi ! » Pour une Polonaise, occupation allemande ou occupation russe, c'est tout comme ! Un général s'approche alors et lui donne sa parole d'honneur qu'elle ne pourrait traverser et qu'il vaut mieux rester. Elle se rend à ce raisonnement, mais tous ces discours avaient pris du temps : le train était arrivé, et même il repartait. Le chef de gare se précipite pour arrêter ses malles, et elle conservera, sa vie durant, une reconnaissante admiration pour les chefs de gare allemands ! Comme celui-ci est plutôt connu pour une brute, je m'étonne de son amabilité envers une Polonaise; mais on caresse les Polonais en ce moment. (Ne nous a-t-on pas assuré que la terrible loi d'expropriation était suspendue?!)

Bref, notre Balinska sort de la gare : plus l'ombre de cocher ni de voiture; il n'y a pas de fiacres, les chevaux ayant été réquisitionnés, et une automobile lui demande trop cher pour la ramener jusqu'ici. Elle se rend à un petit hôtel pour se reposer, sans se douter qu'une voiture de poste partait au même instant et qu'elle pourrait, en rentrant sans plus tarder, s'éviter bien des désagréments[1]! Elle demande une chambre, s'étend sur son lit. Soudain la porte s'ouvre, un gendarme paraît : « Vous êtes bien la dame qui voulait aller en Russie? — Oui. — Qu'avez-vous fait du jeune homme qui était avec vous à la gare et qui a si subitement disparu? — *Il était Français* et est parti tout de suite pour Bâle ; son train était déjà en gare. — Mais d'où veniez-vous ? On vous a vue descendre d'un train. — Non, nous venions de K.., en voiture. » Là-

---

1. Et les éviter à d'autres, ainsi qu'on le verra par la suite.

dessus, une discussion; on appelle le cocher de l'omnibus de l'hôtel, qui, par chance, avait vu nos voyageurs descendre du break. Après avoir demandé si le fourreau des parapluies ne contenait pas d'armes (!) le gendarme déguerpit.

Nouveau repos de la Balinska, qui commence pourtant à se sentir un peu troublée, bien qu'en Pologne on ait assez l'habitude de ces sortes d'alerte! Nouvelle entrée, d'un officier de police cette fois. Nouvel interrogatoire, qui finit ainsi : « Mais n'êtes-vous pas un homme habillé en femme? » Effarement de la pauvre vieille : elle se lève, et dit simplement, en tâtant ses formes : « Mais dites-moi si j'ai l'air d'un homme? — Oh! on peut être ouaté! — Je puis, si vous le désirez, ouvrir mon corsage? — Oh! c'est bon! c'est bon! », dit l'autre en riant, et il décampe à son tour.

Le lendemain s'est passé pour elle tranquillement, mais cette folle n'a pas eu l'idée de revenir dès le matin. Elle affirme n'avoir pas bavardé; cela lui ressemblerait peu! et d'ailleurs elle a rapporté beaucoup de nouvelles, et fait plusieurs commissions dont elle aurait pu se passer, par des temps pareils. Son accent, son argent russe (que, bien entendu, on ne voulait pas lui changer!) l'ont certainement fait remarquer, et je tremble que notre pauvre cuisinier ne soit arrêté en cours de route. La hantise des espions est grande en Allemagne. Ils en voient partout; et les plus innocents sont suspects. Cinq officiers russes auraient été arrêtés dans nos environs costumés en femmes, en religieuses, etc., et la Balinska a eu grand'chance de passer aux inter rogatoires le dimanche, car, le lendemain déjà, trois voyageurs à destination de Posen ont été arrêtés et conduits en prison.

Un régiment de uhlans quittait Z... ce matin pour se rendre à la frontière, au son lugubre du tocsin et dans le nouvel uniforme de campagne, gris et triste, dont on attend merveille.

Le peu de correspondance qui circule encore, en Allemagne même, ne doit pas contenir un mot au sujet des bruits qui courent, des mouvements, etc. On est considéré comme traître si l'on ne se conforme pas à cette ordonnance, si l'on essaye d'un sous-entendu. Ne rien dire est la consigne absolue. Ces mesures sont extraordinaires et en 1870 on n'entendait jamais parler de rien de tel. La circulation des journaux n'avait pas non plus été interrompue; ceux de France arrivaient ici librement. Aujourd'hui, si la guerre éclate, si elle a éclaté [1], comme on l'a affirmé à la Balinska, nous serons privés même des journaux suisses. Déjà, depuis samedi, le *Journal de Genève* ne nous parvient plus, et me voilà fort marrie de n'avoir pas au moins la correspondance de Pierre Bernus pour me tenir au courant de ce qui se passe à Paris.

1. Et c'était bien le cas, puisque, on le sait, l'Allemagne avait déclaré la guerre à la Russie dès le 1er août, et à la France le 3.

Quant aux journaux allemands, ils sont pleins de mensonges et très irréguliers désormais. Le *Berliner Tageblatt* nous arrive avec un jour de retard, et il est venu aujourd'hui par l'Autriche ! (La poste avec l'Autriche reste en effet ouverte, mais toute correspondance, tout télégramme, doit être rédigé en allemand, et on nous retourne les lettres dont les adresses sont en français !)

Ce journal répète ce que nous avait appris la Balinska à son retour : la Russie, sans déclaration de guerre, aurait ouvert les hostilités sur plusieurs points à la fois, notamment à Allenstein, et les cosaques marcheraient sur Kœnigsberg. La flotte allemande se serait emparée du port de Libau, qui serait en flammes, etc.

Que penser de cette cérémonie ridicule, qui a eu lieu dimanche à Berlin, au monument de Bismarck, devant plusieurs milliers de personnes? Un service religieux était là étrangement placé! Le Chancelier de fer, voilà une singulière figure de Christ à proposer à l'humanité nouvelle. Certes, l'Allemagne lui doit sa grandeur; on peut presque dire que c'est à lui seul qu'elle est redevable de son unité, car, en 1870, souverains et peuples avaient bien oublié le mouvement unitaire de 1813, et ne songeaient guère qu'à prendre leur revanche des victoires de Napoléon et des invasions françaises. On disait : « Nous allons reprendre notre argenterie », et l'esprit n'allait pas plus loin.

Le comte de Bismark voulait l'unité allemande, et l'Europe, ne prévoyant pas les dangers qu'allaient lui faire courir le prodigieux agrandissement de la Prusse et son vorace appétit de conquête et de domination, le laissa faire. Voilà la vraie cause du branlebas actuel.

Nous relisions hier, dans les *Mémoires du Prince de Talleyrand* [1], une lettre écrite de Vienne à Louis XVIII, le 17 octobre 1814, et qui m'a beaucoup frappée. J'y relève ceci :

> Les hommes des universités conspirent, et la jeunesse imbue de leurs théories et ceux qui attribuent à la division de l'Allemagne en petits-Etats les calamités versées sur elle par tant de guerres dont elle est le continuel théâtre. L'unité de la patrie allemande est leur cri, leur dogme, leur religion exaltée jusqu'au fanatisme... Or, cette unité, dont la France pouvait n'avoir rien à craindre quand elle possédait la rive gauche du Rhin et la Belgique, serait maintenant pour elle d'une très grande conséquence. Qui peut, d'ailleurs, prévoir les suites de l'ébranlement d'une masse telle que l'Allemagne, lorsque ses éléments divers viendraient à s'agiter et à se confondre? Qui sait où s'arrêterait l'impulsion une fois donnée?...

Paroles prophétiques, et par lesquelles M. de Talleyrand se montre bien le diplomate avisé qui, venu pour représenter au Congrès de Vienne une nation humiliée et vaincue, devait, par l'urbanité de ses paroles, par la sagesse de ses avis, par les hauts motifs qu'il donnait toujours à ses revendications, se rendre le maître de la situa-

1. Tome II, p. 368.

tion. Aussi donna-t-il à l'Europe une paix durable. Mais si on lui compare Bismarck, quel contraste frappant! Ces deux hommes, dont l'un domina la diplomatie du commencement du XIXe siècle, l'autre celle de la fin, ne sont pas seulement les représentants de deux époques, mais aussi de deux cultures, de deux mentalités, de deux races enfin. L'un était brutal autant que l'autre était courtois. On sait assez de quelle manière Bismarck traita M. Thiers, un vieillard, un vaincu, durant les terribles entretiens de Versailles en janvier 1871. Mais que dire de sa politique, devenue si à la mode aujourd'hui! Il prend, autour de lui, tout ce qu'il y a à prendre, par le seul droit de sa force triomphante; il bouscule, il renverse, il aplatit tout du revers de sa botte. Voilà l'homme aux pieds duquel l'Allemagne portait avant-hier des couronnes et dressait un autel! N'est-ce pas lui, au fond, qui l'a poussée à l'abîme où nous la voyons pencher? Je me souviens d'une parole de l'impératrice Augusta, parole qui m'a souvent été répétée : « Ah! pourvu que la Prusse n'ait pas à se repentir de n'être pas restée la Prusse! »

C'est qu'elle n'a pas même su s'attirer les sympathies de ses propres alliés. La Bavière, le Würtemberg ne font leur mobilisation qu'à regret, sachant parfaitement l'effort formidable qu'on va leur demander. La Prusse pourrait apprendre, à ses dépens, que toute l'Allemagne n'est pas prussienne.

J'ai souvent remarqué que, individuellement comme en masse, l'Allemand croyait toujours à l'adoration universelle de sa personne. Il ne comprend pas qu'on ne l'admire pas, qu'on lui reproche sa grossièreté, son manque de tact et de franchise. Et si on lui demande ce qu'il fait pour être aimé, en Alsace et en Pologne par exemple, il ouvre des yeux fort étonnés! Etre sujet allemand, n'est-ce pas là un grand honneur, dont on ne peut être que reconnaissant, même s'il faut l'acheter par des vexations, des expropriations et des tourments sans nombre?

Non! la politique de M. de Bismarck n'a pas rendu un très bon service à son pays!

Une lettre datée du 1ᵉʳ août est arrivée à midi, d'Autriche, de la comtesse E... Son mari avait pu heureusement passer la frontière russe la veille avec son fils cadet, par le dernier train qui amenait des voyageurs. Après le formidable déploiement de troupes qu'ils avaient vu en Russie, ils ont été tout à fait surpris de trouver la Galicie si paisible ; mais presque tout de suite la mobilisation était ordonnée et, deux heures après, tout était noir de soldats. Voilà leurs deux fils, leurs seuls enfants, partis pour rejoindre leur état-major à Cracovie. Et la comtesse, dont le chagrin est grand, songe déjà à ses installations de la Croix-Rouge, à Lemberg et à L..., où elle veut organiser une infirmerie dans l'orangerie du château. Elle craint qu'il ne soit pillé par les cosaques, et s'occupe à tout emballer, à tout cacher. Elle ne peut croire encore que la guerre sera européenne, mais, à mon avis, il sera bien difficile à la France et à l'Angleterre de ne pas intervenir.

La France aurait même ouvert la campagne déjà, s'il faut en croire le général de Scheffer, venu faire ici une courte visite cet après-midi à son retour de Berlin, où il avait été appelé d'urgence par le ministre de la Guerre. Bien qu'en retraite et très souffrant depuis plusieurs mois, il a reçu l'ordre de se tenir prêt à partir, pour prendre le commandement d'une forteresse ou quelque chose de ce genre. D'après lui, les Français auraient passé les Vosges à Saint-Dié. Cela me rappelle mes vacances de l'année dernière dans ce ravissant pays vosgien, et ma première promenade au col de la Schlucht, le 1er août 1913, pour aller à l'Altenberg. J'y suis passée sans grande émotion, et ne pensant guère qu'à la beauté du paysage; mais j'imagine sans peine l'émoi du premier bataillon français, de Gérardmer peut-être, qui l'aura franchi pour rentrer sur cette terre d'Alsace, allemande depuis quarante-trois ans! Je pense beaucoup à Gérardmer, et à la villa Kattendyke, où l'on est si ardemment Français...

Je garde l'impression que, chez nous, on n'a pas voulu cette guerre; que, pendant longtemps, on n'a pas répondu aux provocations incessantes, et si lassantes, d'un voisin turbulent, non parce qu'on manquait de l'envie de riposter ou du courage de se battre, mais parce qu'on avait appris la nécessité du sang-froid et de la sagesse. Aujourd'hui, si le sort en est jeté, les Français se battront comme des lions, parce qu'il y a plus chez eux que l'espoir d'une revanche. Que Dieu leur donne la victoire, qu'ils méritent; qu'Il leur donne aussi cette modération qui a tant manqué aux Allemands triomphants!...

Pas de promenade cet après-midi. Les cochers étaient partis à 3 heures du matin pour G..., où les chevaux étaient réquisitionnés. En laissera-t-on un seul?

Mais nous avions fait hier une longue course, et vu d'immenses champs d'avoine mûre et plus que mûre, qui ne peut être coupée faute de bras! Le blé et l'orge, déjà coupés, attendent en petits tas d'être rentrés, ce qui ne sera pas facile à faire, puisque les bras manquent et les chevaux aussi. Ce seront les enfants des écoles qui s'occuperont des moissons, car on dit que même les jeunes gens de dix-sept ans vont être appelés sous les drapeaux. J'ai passé ma journée entière au jardin, où le silence a quelque chose de lugubre et d'étouffant. Aucun bruit dans le village, si ce n'est l'aboiement éperdu des chiens, qui ne comprennent rien sans doute à cette absence subite de leurs maîtres, à la tristesse des femmes restées au logis, et hurlent désespérément. Cette immense plaine silésienne, qui semble faite pour le déploiement des grands combats, a pris un aspect sinistre à mes yeux. Verrons-nous ici MM. les Russes? Je ne le crois pas pourtant. Il

n'y a pas de pont sur l'Oder, sur une distance
de quarante-cinq kilomètres, et cela me fait supposer que ce petit morceau de la province, *das
uberflüssige Schlesien*[1], comme on dit ici, sera
épargné. Il reste à savoir si l'on en pourra dire
autant du reste de la province! Elle est trop riche
pour ne pas tenter l'ennemi et si le grand-duché
de Posen semble une proie toute indiquée pour
qui possède déjà le Royaume de Pologne[2], la
Silésie formerait encore un joli supplément; on
ne manquerait pas de dire (ce qui est tout à fait
vrai du reste) qu'elle fut, elle aussi, peuplée de
Slaves, qui la rattachèrent à la Pologne avant
qu'elle ne fît partie du royaume de Bohême. Ce
n'est que depuis 1742 et 1745, après tout, que
l'Autriche la céda au grand Frédéric. Cela ne lui
constitue pas un bien ancien brevet de prussia-
nisme, si l'on peut dire. La population m'a toujours paru peu semblable à celle du reste de
l'Empire, déjà très diverse. Sans se plaindre
jamais, elle donne un peu l'impression d'être
une population conquise et annexée; le paysan
silésien est taciturne et grave; je ne sais pas s'il
y a une pensée derrière son front têtu, mais,
j'imaginais parfois, quand je suis venue dans
ce pays, il y a quelques années, qu'il souffrait,
lui aussi, de la domination allemande. Son
visage est fermé, ses yeux toujours fixés à

---

1. Ce morceau de **trop** de Silésie.
2. On appelle ainsi, depuis les traités de 1815, l'ensemble des quatre provinces polonaises incorporées à la Russie.

terre, et il n'y a rien dans son regard, quand par hasard on le rencontre, de la bonhomie un peu narquoise de notre paysan français. Sans doute il se sent le frère, même encore aujourd'hui, de son voisin polonais persécuté. Du reste, l'endroit que nous habitons est tout polonais ; on y entend souvent parler d'expropriations ; la seule religion qui se pratique autour de nous est le catholicisme, un catholicisme qui va jusqu'à la dévotion. La salutation des braves gens que nous rencontrons pendant nos courses en voiture est celle-ci : « Béni soit le saint nom de Jésus », à laquelle, si nous voulions répondre selon les règles, il faudrait répliquer « au siècle des siècles, amen ». Tout le prosélytisme ardent de la princesse Reuss, qui multiplie les chapelles luthériennes, les pasteurs et les diaconesses, jusque dans les villages qui ne sont pas sur ses terres, ne sert de rien : Une diaconesse ne saura jamais soigner un enfant ou un malade aussi bien qu'une sœur catholique, c'est le facteur qui l'a dit, qui est pourtant un protestant (équivalent de mécréant dans ce pieux village) et un homme instruit puisqu'il vient de Berlin. La grande ville a en effet son prestige tout comme en France ; pourtant Breslau en a plus que Berlin !

Il se peut que le sud de la province, plus industriel, envahi par les Juifs, soit moins religieux et plus ouvert aux idées modernes. Le nord est tout agricole, les villages assez distants les uns des autres, les villes plus encore, et les moyens de communications un peu primitifs pour une Française de la vallée du Rhône. Si vous voulez aller à Sagan, qui n'est pas loin, il faut compter un temps énorme, perdu en voiture, en chemin de fer, en voiture encore. Si vous tenez à traverser l'Oder pour aller à Saabor, qui est juste devant votre nez, sur l'autre bord de l'Oder, soyez patiente, Madame, et attendez le bac. Les seules industries que j'ai jamais vues par là, tuileries ou scieries, ne sont pas de celles qui motivent une activité fiévreuse. Ici, tout comme dans le pays de Vaud, personne n'est jamais pressé.

J'ai toujours été ahurie de la déférence du peuple allemand pour tout ce qui est, socialement, d'un rang plus élevé que le sien. Le moindre baron, la moindre Excellence, est respecté et salué très bas partout en Allemagne. Ce pays a l'amour des titres. Ici, c'est pire encore : c'est la Pologne, c'est le seigneur polonais qui domine de très haut sur ses serfs. De très haut, mais jamais de très loin, parce que ce seigneur vous procurant quelques douceurs, vous parlant avec aménité, un lien s'établit, de vieille servitude féodale, faite de dévouement aveugle et de soumission d'un côté, de protection de l'autre. Et c'est pourquoi le paysan, j'allais dire l'esclave, qui se courbe en deux pour baiser dévotement la main du maître[1], n'est jamais servile. C'est chez lui une habitude, et il

1. Ceci se fait encore couramment ; non seulement les paysans, mais même les forestiers, les employés, les « Direktors » de ces grandes propriétés foncières que l'on rencontre en Silésie, et qui

ne lui viendra jamais à l'esprit de raisonner que c'est une habitude humiliante.

Aussi peut-on dire que la noblesse de l'endroit est des plus privilégiées. Nulle part, à notre époque, elle ne pourrait recevoir les mêmes marques d'adulation et de respect. Ce n'est pas ce que l'on « vaut » par soi-même, c'est la naissance seule qui vous donne une place, bonne ou mauvaise. Si elle est mauvaise, il ne sert à rien de crier, on se résigne, sans grande peine, semble-t-il, et l'on fait « des journées », pour le château, qui vous paye généreusement 80 pfennigs[1] pour une « corvée » de dur labeur. On est tout heureux de cette aubaine ! plus qu'ailleurs encore, l'homme riche a droit à tout, le pauvre à rien ; « on lui ôte même ce qu'il a », selon l'ordre sévère du Dieu de l'Evangile. Malgré quoi notre paysan n'est pas trop malheureux, parce qu'il vit à la campagne, et qu'il lui reste ses pommes de terre. Il vit dans sa petite maison basse, au toit très incliné pour résister au poids des neiges de l'hiver. Le moins bien partagé a une maison de bois ; quand elle flambe et que tout brûle, jusqu'aux instruments de labour, eh bien ! mon Dieu, tant pis ! Le Seigneur me l'avait donnée... On est philosophe ou on ne l'est pas ! Le mieux nanti a une maison de briques, s'il

rappellent celles de Russie, baisent la main, et, à l'arrivée et au départ du « seigneur » dans « ses terres », c'est une véritable cérémonie de baise-main. Les paysannes, les femmes mêmes des fermiers, pourtant fort riches parfois, le font plus encore.

1. Un franc.

vous plaît. Le boulanger, ce pacha, a même fait blanchir la sienne ; il y a, chez lui, un perron et quatre fenêtres ; aussi est-il un grand personnage.

Mais si vous entrez dans une de ces demeures plus que modestes, vous êtes ahuri d'y trouver... un piano. Maintenant, je ne vous dirai point si c'est par amour de la musique, car je n'en sais rien. Je n'en ai jamais vu un seul ouvert, et la Balinska a peut-être raison, qui affirme que c'est pour l'amour du meuble seulement! Chez elle, en vraie Pologne, c'est ainsi du moins, et elle se moque de moi, qui, comme la plupart des Français, imagine volontiers qu'il y a un Chopin tout prêt à se révéler dans l'âme de chaque Polonais. Un mauvais plaisant, qui connaît bien sa Pologne pourtant, m'a dit hier soir devant elle : « Il y a surtout un gourmand et un ivrogne! » Du coup elle s'est récriée! Ce n'est pas vrai, non plus!

Mercredi, 5 août. — Les cochers sont revenus à une heure de la nuit, ramenant deux chevaux jugés trop jeunes, plus un arabe et un étalon; voilà de quoi se promener encore. Beaucoup sont plus mal partagés: il y en a auxquels on a pris tous leurs chevaux, et même leurs autos. L'intendance militaire paye beaucoup plus cher les robustes chevaux de transport que les beaux chevaux de luxe. Sur ces derniers, les propriétaires perdent, tandis qu'ils gagnent sur les autres.

Le gros Johann est consterné de tout ce qu'il

a vu et entendu, et il avait les larmes aux yeux
en racontant combien, à G..., l'impression générale était plus de désolation que d'enthousiasme.
Les visages tristes, ici, font peine à voir. On en
vient à plaindre l'Allemagne de l'extrémité où
elle se trouve, bien par sa faute cependant.

Nous n'avons eu qu'un petit journal de province, celui du jardinier. Les Français occupent bien la Haute-Alsace. Les Russes seraient
repoussés, et les Allemands occuperaient plusieurs petites villes russes, Kalish par exemple,
mais ce n'est là que la frontière. La tactique
russe sera, peut-être, d'attirer l'ennemi près
de Vilna pour une grande bataille. Du reste,
les exagérations allemandes montrent quelque
affolement : 80 espions français, en uniformes
militaires allemands, auraient été découverts
autour de Hambourg ! Un médecin français,
pris au moment où il empoisonnait les fon-
taines de Metz avec des bacilles du choléra,
aurait été fusillé! Comment peut-on publier de
telles choses et combien de malheureux seront
victimes de ce désastreux état d'esprit ? Déjà, ce
matin, une carte est arrivée du pauvre cuisinier:
il avait traversé en paix la Saxe, mais dès son
entrée sur territoire prussien (la Hesse d'autrefois), à Giessen, il avait été arrêté avec sa femme,
et, conduits dans une salle d'attente, ils avaient
été fouillés, gardés à vue ; ils ne savaient ce qu'on
allait faire d'eux. Nous sommes très inquiètes
pour lui, et bien contentes de ne lui avoir donné

aucun message pour la France, comme nous en avions d'abord eu l'intention. C'est certainement cette Balinska qui l'a rendu suspect!

On fait aussi courir le bruit que des autos chargées d'or français traversent l'Allemagne pour aller en Russie. On aurait déjà pris ainsi 80 millions!

Les aviateurs français voleraient en quantité au-dessus des villes allemandes, en jetant, au mépris du droit des gens, des bombes qui, la protection divine aidant, n'éclatent pas! On les aurait vus à Carlsruhe, à Nüremberg, *à Chemnitz même*, qui n'est pas loin d'ici, et en maints autres endroits. Aussi explorons-nous l'horizon, involontairement, pour voir venir ces oiseaux de France!! Il y en aurait une véritable armée, 20.000 au moins! (Je n'aurais jamais cru que nous en eussions tant!)

Tout le monde s'accorde à trouver très critique la situation du pays. On n'a rien vu de semblable depuis des siècles et c'est la face même du monde qui peut changer. Le chagrin est grand partout, et les lettres de la cour de Carlsruhe, de Münster, comme celles du reste de l'Allemagne, témoignent d'une grande anxiété. Il ne semble pas que cet état de choses puissent durer longtemps, car la guerre coûte des millions chaque jour, et, selon l'expression du comte Boni de Hatzfeldt[1] : « Si cela continue personne

---

1.Fils du comte Maximilien de Hatzfeldt, qui fut ministre de Prusse à Paris en 1848, et petit-fils, par sa mère, du maréchal de Castellane.

n'aura bientôt plus même un morceau de pain à rogner. » La session extraordinaire du Reichstag qui s'est ouverte hier a voté un crédit de guerre de 5 milliards.

Le discours du trône m'a abasourdie. L'empereur déclare qu'il voulait la paix, qu'on lui a mis l'épée en main, que le tzar a traîtreusement brisé toutes les promesses qu'il lui avait faites, et que, comme on pouvait s'y attendre, la France, dont, depuis tant d'années, l'Allemagne cherchait à se faire une amie (!), profite de la rupture des relations russo-allemandes pour envahir l'Alsace sans déclaration de guerre, etc.

Et ce qui me frappe, dans ce pays-ci, c'est que l'opinion publique accepte toujours sans commentaires ce que lui disent les journaux officieux. La confiance est immense, en général et quoi qu'on en ait dit, en l'empereur et en tout ce qu'il fait. On ne discute pas, on ne raisonne pas ; on suit docilement l'opinion donnée. Peu d'Allemands pensent par eux-mêmes ; j'en connais bien quelques-uns qui murmurent *in petto* que l'on va au feu retirer des marrons pour le compte de l'Autriche, mais ils sont rares et n'oseraient pas parler à haute voix ! La majorité est admirablement disciplinée. On lui dit que l'Allemagne est dans son bon droit, qu'elle soutient le parti de l'ordre et de la justice, qu'elle a toujours été pacifique et conciliante, et tout cela est avalé sans l'ombre d'une hésitation. Pas un Allemand ne se demanderait pourquoi, si le kaiser voulait la paix et la justice, il a laissé l'Autriche agir selon cette loi, devenue par trop bismarckienne pour notre temps, du droit du plus fort, ni pourquoi il a si longtemps tergiversé...

C'est pourtant son trône et celui de sa dynastie que défend Guillaume, si l'on en croit une curieuse prophétie parue l'année passée, et dont nous cherchons en vain à nous souvenir exactement. La brochure est restée à Berlin, et nous n'osons la faire apporter. Autant que nous nous rappelons, cette prédiction situe à Münster de Westphalie un grand combat en octobre prochain, combat qui sera la ruine des Hohenzollern Naturellement, on ajoute peu de foi à ces sortes de choses, mais tout Berlin s'était énormément agité quand ceci avait paru, et il y aurait peu de monde, après tout, pour s'étonner d'une telle fin ! Pour moi, elle ne m'apparaît nullement invrai semblable, car de tout ce que je vois, de tout ce que j'entends, de tout ce que je lis, je tire de plus en plus la conviction que l'état de choses actuel est la conséquence immédiate de cette folie des grandeurs qui s'est emparée de l'Allemagne depuis la proclamation de l'Empire à Versailles, et depuis le traité de Francfort. Or, cet état de choses n'est plus possible et doit fatalement cesser, parce qu'il reposait sur l'écrasement et l'isolement de la France, aujourd'hui régénérée et entourée d'amis.

A la place de nos *tambours de ville* des villages français, il y a ici un bonhomme qui agite

une grosse sonnette pour rassembler la population, quand il a quelque chose à lui communiquer : tout à l'heure, il a crié qu'il ne fallait pas
boire l'eau de l'Oder, par crainte du choléra
(lequel, en effet, a fait son apparition en Lithuanie la semaine passée, et peut très bien passer la
frontière sur les talons des cosaques) ; qu'à l'entrée du village se trouvent des hommes avec un
brassard blanc, à qui il faut s'adresser pour
toutes les questions de police (l'unique gendarme ayant rejoint son régiment) ; enfin, que
des barrages sont installés à l'entrée des villages
et que toutes les automobiles doivent s'arrêter
pour montrer des papiers en règle. Toujours la
peur des espions ! Nous sommes sur la grande
route de Posen, qui conduit en Russie, et il faut
montrer patte blanche. Un fil de fer tendu en
travers de la route couperait le cou au chauffeur imprudent qui n'arrêterait pas, et d'ailleurs
ordre est donné de tirer sur ceux qui voudraient passer outre.

La femme de chambre est, depuis lundi, une
tout autre personne. Elle qui se moquait de ceux
qui croyaient à la guerre ne rit plus depuis
qu'elle a une lettre de sa sœur, qui lui dit que
par deux fois leur petite ville de Kreuzburg,
près de la frontière, a dû héberger 10.000 soldats. Toute Allemande qu'elle est, elle s'indigne
aussi des cajoleries dont on accable à présent
les Polonais, après les avoir tant molestés. On
ne permettait pas même à leurs enfants de réci

ter leurs prières dans leur langue, et voici qu'aux messes qui seront dites aujourd'hui en Posnanie (c'est jour de prières générales pour tout l'empire) on permet des cantiques polonais dans les églises; ce qui fait dire à Ida : « On sait qu'on a grand besoin d'eux à présent, et qu'ils sont de bien meilleurs soldats que les Allemands ! »

Jeudi, 6 août. — La déclaration de guerre de l'Angleterre à l'Allemagne est affichée à la poste. Les pauvres Allemands qui disaient, il y a deux jours, ignorer encore combien de puissances ils avaient devant eux se voient aujourd'hui, selon l'expression, en lettres capitales, du petit *Journal de Guben*, « seuls pour lutter contre un monde rempli d'ennemis! » Vraiment, la partie devient mauvaise pour eux !

Il paraît qu'ils repoussent partout les Russes, et les poursuivent au delà des frontières. Si c'est vrai, la Russie fera une singulière figure, elle qui depuis longtemps cherchait une occasion. Je ne crois pas que le tzar lui-même eût désiré la guerre, mais il est aux mains de son parti de Cent-Noirs. Quelqu'un qui était en Russie il y a un mois nous dit n'y avoir vu aucun symptôme d'hostilité, mais d'autres m'ont affirmé que, depuis plus d'une année, cette lutte était décidée dans les hautes sphères russes. On en voyait même une preuve dans ce fait que le gouverneur de Pologne, général Skalon, mort en janvier dernier, avait été remplacé par le général Zylinski, militaire à forte poigne, fait pour diriger des combats peut-être, mais non, à coup sûr, pour pacifier un pays.

Dans tous les cas, ce que je ne puis croire, c'est que les déserteurs russes abondent autant qu'on le dit ici : ce serait par bandes de 300 ou 400 que les cosaques viendraient se constituer prisonniers entre les mains des Allemands !

La mobilisation se terminait ici cette nuit; 70 hommes encore ont quitté le village, et cela fait un total de 300 pour 1.500 habitants à peine. Il y a eu des scènes déchirantes : la femme du menuisier reste seule avec six enfants, dont l'aîné a douze ans et le plus jeune quinze jours. Le père reviendra-t-il ? La population est agitée autant que triste. Il y a même eu des troubles au village voisin de S..., quelques vieux Polonais, ouvriers agricoles, ayant entonné *Russland über alles*, pour répondre au *Deutschland über alles* dont on leur cassait les oreilles.

Les cosaques sont allés, lundi, à Jarotzchin, chez le prince Radolin. (Il fut un temps où celui-ci s'appelait Radolinski !) Comme c'est à deux heures d'ici, on roule les tapis chez nous, on met les objets d'art du grand salon en sûreté, et c'est tout juste si nous avons encore de la porcelaine pour manger. Une visite des Allemands pourrait d'ailleurs être aussi fatale que celle des Russes, mais il faut le penser sans le dire : Ce peuple-ci ne brille pas par la délica-

tesse des manières. Comment ne pas s'indigner
de la manière dont il s'est conduit au départ de
Berlin des ambassadeurs de la Triple Entente ?
Jusqu'au pauvre Polo de Bernabé, qui, sortant
de l'ambassade d'Angleterre, a été insulté très
vilainement. On lui a ensuite donné pour excuse
(mais en est-ce une?) qu'on l'avait pris pour Sir
Edward Goschen, de même qu'on avait prétendu
que c'étaient les rires des jeunes attachés russes
qui avaient provoqué la première ruée sur les
autos qui les conduisaient à la gare. Enfin, puisqu'ils ont vécu à Berlin, ils ne seront pas trop
étonnés, car le corps diplomatique y avait plutôt
à souffrir. L'arrogance était devenue extrême,
et il était grand temps que cela finît.

D'ailleurs on est beaucoup plus monté contre
les Russes que contre les Français, et l'Allemagne prétend « défendre contre la Russie la cause
de la culture intellectuelle contre la barbarie,
servir même la France, ce faisant ! » Bethmann-
Hollweg a tenu lui aussi son petit discours à la
séance du 4 août, il a dit, lui aussi : « Nous
aimons la France ! » La vérité, c'est qu'ils ont,
avec quelque apparence de raison, plus peur de
la France que de la Russie ! J'ai entendu le jardinier dire à la Balinska (qui ne peut, malgré
tous les conseils de prudence, tenir sa langue) :
« Ah ! les Russes, nous nous en moquons ! Ils
n'ont jamais rien valu ! Ce sont les Français qui
nous effrayent ! » Et je crois bien qu'il a ajouté :
« Ils sont si rançuniers ! » J'espère qu'il se

trompe, et que la France ne songe pas seulement à la vengeance, mais avant tout à l'honneur et à la liberté de l'Europe.

Les journaux ne soufflent mot de l'occupation de l'Alsace par nos troupes. Si elles avaient été repoussées, ils sauraient crier victoire, comme ils le font pour les Russes, qu'ils disent avoir écrasés à Memel.

Pour bien exécuter les ordres reçus, on tire sur les automobiles dont les chauffeurs trop pressés n'arrêtent pas à temps. Tant de docilité attirera sûrement des accidents. On a tiré déjà sur la Landratin [1] de Cottbus, qui heureusement n'a pas été blessée !

La princesse Reuss a vu partir ses trois fils et son gendre. Et la voilà sans domestiques à présent. La princesse Carolath installe, à Saabor, un hôpital de cinquante lits pour les blessés ; elle demande des lits à toutes ses voisines, qui n'en sont pas toutes ravies.

Nous avons fait notre promenade sur la route de Posen. Sur le pont de séparation des deux provinces de Silésie et de Posnanie, on a enlevé l'écriteau *Province de Posen*, qui offusquait l'amour-propre des Polonais ! (Ils voudraient qu'on lise *Grand-Duché !*) Je ne crois pas, cependant, que ceux-ci se laissent prendre à ces amabilités si tardives. Je les vois terriblement émus de ce que l'on envoie les régiments posnaniens se battre en Alsace, tandis que ce sont les Alsaciens

1. La femme du Landrat.

qui se battent en Pologne, s'il est vrai, comme on nous l'a dit avant-hier, qu'on les a dirigés vers cette frontière. Cela montre assez qu'on n'est pas aussi sûr qu'on le dit de l'attachement de ces populations annexées. On est allé jusqu'à écrire que les Alsaciens, outrés de l'entrée des Français sur leur territoire, avaient protesté à l'unanimité, auprès du Statthalter, de leur fidélité inébranlable à l'Allemagne ! Je sais assez pourtant que l'allégresse devait être grande de revoir les uniformes français, et que l'espoir doit battre au cœur de tout véritable Alsacien d'Alsace à l'heure qu'il est. Ce n'est pas le régime d'oppression de la Prusse qui pouvait pacifier ce pays.

Vendredi, 7 août. — Nouveau jour de prières, dans toutes les églises, dans tous les temples de l'Allemagne.

Une lettre du comte G..., de Cracovie. Le voilà officier d'ordonnance, en auto, du commandant du Ier corps, général Kirchbach. Son frère est officier d'ordonnance de la 7e division de cavalerie, général Korda. Il ne sait pas encore ce qu'on va leur faire faire, mais pense qu'ils vont remonter, aujourd'hui ou demain, vers le royaume de Pologne. C'est la guerre, aussi, entre l'Autriche et la Russie, et voilà toute l'Europe qui marche vers un destin inconnu. Chacun est sous le coup de ces événements si soudains. Sans doute, même en Autriche, on n'y voulait pas croire, et on pensait que l'Europe, une fois de plus, courberait l'échine!...

On est ici d'une violence inouïe contre l'Angleterre, dont on n'a nulle peur, ce qui est folie grande. On est furieux aussi contre la Belgique, qui, non contente de s'être armée jusqu'aux dents, a appelé l'Angleterre à son aide quand l'Allemagne a voulu passer, avec armes et bagages. Jamais il n'était venu, à un esprit teuton, cette idée qu'on pourrait résister!

Ce passage était, pour eux, une *nécessité absolue*. Si on ne veut pas les laisser entrer maintenant, il faudra quand même en venir là plus tard ; d'autres, sinon eux, auraient violé cette neutralité, etc., et je ne le crois pas, car il **faut** être Allemand pour vouloir enfreindre une légalité reconnue de tous!

Voici que le bruit circule d'un soulèvement des Polonais de Russie. La chose n'est pas impossible, mais il faudrait prendre garde; les Polonais d'Allemagne ont des oreilles!... Un homme, et la Pologne serait sauvée. Laissera-t-elle perdre cette occasion, unique pour elle, de se reconstituer? Pauvre Pologne trop résignée!... Elle sait se plaindre, elle ne sait pas crier; elle sait secouer les épaules, elle ne sait pas prendre un fusil. Les Polonais, qui sont si braves quand ils se battent pour les autres, ne savent plus lutter pour eux-mêmes.

L'Oder, vers lequel nous avons fait notre promenade, est gardé par des hommes armés. (Est-

ce pour tuer le bacille du choléra?) Quatre officiers d'état-major vont venir le sonder, pour
voir, je pense, où l'on peut établir des passages.
Ils se sont annoncés pour demain.

Samedi, 8 août. — Notre journée d'hier s'est
terminée sur la lecture du *Berliner Tageblatt*.
Il semble qu'on commence aussi à y perdre la
tête. « *Nous devons vaincre,* écrit-il, parce que
nous avons pour nous le bon droit, et que nous
sommes injustement attaqués. Nous sommes
l'âme même de l'Europe (!); et que deviendrait-
elle, on se le demande, entre les Russes sauvages
et les Français républicains? » Et, au sujet de
cette neutralité belge qui leur est pilule amère :
« L'Angleterre n'avait pas besoin de prendre ce
prétexte pour nous déclarer lâchement la guerre.
On peut, n'est-ce pas, imaginer *combien il est
vexant, en temps de guerre, de rencontrer des
obstacles devant soi !* »

Aujourd'hui, et bien que les officiers attendus
ne soient pas arrivés, les habitants du village
ont été prévenus d'avoir à tout tenir prêt pour
des passages de troupes, qui auront lieu incessamment.

Nous avons tout emballé, et nous nous tenons
prêtes à partir pour Berlin à la moindre alerte,
mais voyager est encore impossible; nos passeports sont prêts, dans tous les cas (car il faut
des passeports pour aller d'une province à l'autre!). La maison est fort triste, surtout parce que

les esprits sont troublés et préoccupés.Du reste, nous ne courons ici aucun danger, mais l'absence ou le retard des nouvelles est plus qu'on ne peut supporter. Pour ce qui est des cosaques, que l'on dit un peu pillards et tout à fait ivrognes, ils ne doivent pas être absolument sauvages!

M. von der Beck, le landrat de Z..., est arrivé après le thé, tout hors de lui. Aux trois derniers villages, sur la grand'route, on avait tiré sur son auto qui n'arrêtait pas! Il s'est emparé des trois fusils, puis est venu faire une scène ici, où personne n'en pouvait mais; l'ordre de barrer les routes avait été donné par son collègue de G..., du *Kreis*[1] duquel nous dépendons. Les deux provinces ne sont pas assujetties, en effet, aux mêmes règlements.C'est ainsi qu'en Silésie le landsturm est mobilisé, tandis qu'il ne l'est pas encore à Z..., qui est dans la marche de Brandebourg.

Ce pauvre Landrat, donc, enrage contre l'Italie et sa neutralité, contre la malice des puissances qui accablent ainsi l'Allemagne, et il déclare que cette situation est *insupportable!*

Ce Landrat n'est pas du tout bête! il a recueilli chez lui un Russe qui voyageait avec sa femme et son enfant et voulait retourner dans son pays, mais qui, surpris par les événements et sans argent, ne savait plus comment y parvenir. Le Landrat espère, en les gardant ainsi chez lui, s'attirer les bons offices des Russes,s'ils arrivent jusque-là.

1. Cercle.

On avoue ici « avoir appris *sans plaisir* que la Belgique répondait à cette violation de son territoire par une déclaration de guerre ». Je ne puis dire mon saisissement de l'audace de cette petite Belgique... On ne tarit pas sur les mauvais traitements que les pauvres Allemands restés en Belgique ont à souffrir. On les poursuit avec des couteaux ouverts dans les rues! Les femmes et les enfants mêmes ne seraient pas épargnés. On cite l'exemple d'une malheureuse femme qui a vu ses deux jeunes enfants jetés par une fenêtre d'un deuxième étage!

Il y a bien longtemps, dit-on, qu'on sait que toutes les sympathies de la Belgique sont acquises aux Français! « La Belgique, laquais de la France, attend dans l'antichambre l'ordre de faire avancer la voiture de son maître! »

Il paraît que l'ambassadeur d'Autriche à Paris a été insulté par la foule, *sans que la police soit même intervenue pour le protéger*, ce qui me paraît difficile à croire; c'est déjà trop que la population parisienne ait oublié ainsi le calme et la dignité dont elle n'avait cessé de faire preuve, au dire des étrangers eux-mêmes, depuis que ce terrible drame a commencé. A Pétersbourg, la populace aurait *saccagé* l'ambassade d'Allemagne. Je n'aime pas ces mœurs.

A Berlin, c'est le ministre de Belgique qui aura eu tous les honneurs. Non seulement les coups de canne et les vitres cassées lui ont été épargnés, mais encore on a mis à sa disposition wagons-salons et restaurant. Le voilà bien flatté!

Les aréoplanes militaires allemands sont tous dehors, aussi est-il défendu de tirer sur ceux que l'on pourrait voir, par crainte de méprises. Il n'y a pas à s'effrayer, d'ailleurs, des aéroplanes français, *qui sont dans l'impossibilité de faire aucun mal.*

Du reste, beaucoup de défenses. Il en pleut. Il ne faut pas parler : les commerçants, surtout, doivent se tenir sur leurs gardes! (Allez donner un ordre pareil aux petits marchands de Paris!) Il ne faut pas attendre de nouvelles des fils et des pères partis pour se battre. Involontairement, ils pourraient trahir où ils sont, ce qu'ils font. Mutisme absolu, voilà la consigne. Et chacun ici trouve cela très bien. Ce peuple ne retrouve son énergie que contre l'ennemi, que, par exemple, il voit partout : à Berlin, les Polonais se cachent dans les caves, parce qu'on les traite de Russes, et on les menace de les égorger!

Dimanche, 9 août.—Voici les Allemands bien contents de la prise de Lüttich, comme ils appellent Liège. Ils ne doutent plus d'aller boire le champagne français au Café Viennois, rue Montmartre, et nombreux sont les soldats qui s'y donnent rendez-vous! Le général d'Emmich a reçu la première Croix de fer de 1914. Sa femme est née *de Lüttich.* Il était tout destiné à prendre Liège! Le général de Bülow, frère cadet de l'ancien chancelier, est tué.

Ici, on refuse pas mal de volontaires, m'a-t-on assuré ! Sans doute ce sont ceux qui paraissent peu solides que l'on renvoie, car on en accuse jusqu'à maintenant 1.200.000 déjà !

Les députés alsaciens Haegy et Hauss ont été arrêtés dès Francfort, quand ils ont voulu venir assister au Reichstag du 4 août. Avec Wetterlé, qui s'est enfui en Suisse dès le début des hostilités, disent les uns, qui aurait été arrêté et emprisonné, disent les autres, et dont le journal *le Nouvelliste de Colmar* ne paraît plus, voilà l'Alsace réduite au silence.

Sous prétexte que les journalistes gênent considérablement les mouvements, parce qu'il faut veiller à leur sécurité, il leur est désormais interdit, en Autriche et ici, d'avancer à plus de 20 kilomètres des opérations. On n'aura plus les belles descriptions de batailles qu'on lisait avec tant d'intérêt lors de la guerre des Balkans et les journaux ne pourront plus dire que ce que le gouvernement leur fera savoir officiellement, c'est-à-dire peu de chose !

Nous commencions à être enfin rassurées sur le sort du cuisinier, que nous supposions rentré chez lui, quand, ce soir, arrive un télégramme très pressant, où il demande pourquoi on ne répond pas à celui qu'il a déjà envoyé (et qui ne nous est pas parvenu). Il est toujours à Giessen, où il sera retenu comme prisonnier pendant toute la durée de la guerre probablement, mais il voudrait qu'on fasse des démarches pour que sa pauvre petite femme, du moins, puisse revenir ici. On va faire le possible... Dans quel temps nous vivons ! Mme Iswolsky, qui était dans sa villa en Bavière, est aussi retenue, malgré tout ce que peut dire et faire son mari, et ne peut entrer en Russie. Le ministre des cultes de Russie a été arrêté aux eaux, ainsi que dix généraux russes.

Une dame, qui était à Wiesbaden, a mis quarante-huit heures pour venir ici, et il faut une journée entière pour aller d'ici à Berlin !

Le prince L... écrit, du 6, de D..., près de la frontière russe, qu'il a pu rentrer de Carlsbad le 2 août, avec sa femme, par le dernier train encore permis aux voyageurs, et sans perdre un seul colis, ce qui lui fait bien augurer de l'ordre, ici, et des transports militaires. Comme toute le monde aujourd'hui, il se désole de cette terrible guerre, *que l'empereur ne voulait pas.* Cette mer de sang, ce déluge de larmes retomberont, dit-il, sur ceux qui ont empêché le kaiser de faire la paix ! (?) Il compte rester à la campagne, où sa présence est un soutien pour les paysans, et organise une infirmerie dans son garage. Les Czartoryski font de même chez eux. Les femmes et les enfants sont partout bien désolés par le départ des maris et des pères, comme par les bruits alarmants que l'on ne peut empêcher de circuler en ces pays de frontière, et qui pourraient provoquer des paniques graves. On fait ce que l'on peut pour leur faire comprendre qu'il vaut la peine de s'assurer l'existence pour un avenir prochain, qui sera dur, personne n'en doute plus, mais que d'aucuns voient trop en noir.

Nous avons su aussi, par un voyagaur italien, qui avait fait une tournée en auto dans le Tyrol et y avait vu les premières mobilisations dans la ville de Bozen, avec les rassemblements de troupes sur la place publique, les discours des autorités, etc. (le tout entremêlé de *Gott erhalten!* et de *Wacht am Rhein*, pour montrer que l'on marchait de cœur avec Berlin) que les pauvres soldats qui partaient étaient loin de partager l'enthousiasme des autorités, et l'expression de leurs visages serrait le cœur. Les prétextes de ce branle-bas ont été trop futiles et personne n'y comprend rien. Une personne digne de foi assure avoir entendu, à Paris, M. de Schœn dire : « *Tout, nous sommes décidés à tout, pour sortir de la crise économique que nous traversons!* » Mais on ne voit pas trop comment cette guerre va les aider à s'en tirer! Il semble plutôt qu'elle ne fera qu'accroître les embarras financiers de tout le monde. L'Europe entière aura terriblement à souffrir...

Lundi, 10 août. — Les Allemands sont encore assez futés ! Ils ont pris comme prisonniers les soldats polonais appartenant aux régiments de la frontière, de sorte que quand ceux-ci sont entrés en terre allemande ils y ont rencontré nombre d'amis et connaissances, avec lesquels ils se sont mis à parler dans leur langue (car le polonais est permis à présent), et on les considère là bien plus comme des voisins en visite que comme des prisonniers de guerre, en séjour forcé chez l'ennemi !

On dit que la mobilisation russe ne s'est pas faite aussi bien, ni avec autant de méthode que celle d'ici. Quand, sur la frontière russo-autrichienne, on a appelé les réservistes, on n'a pas eu assez d'équipements et de montures pour tout ce monde, qui arrivait en masse, et aux premiers coups de canons, on a emmené au combat tout ce qu'on a pu, plantant là le reste, qui, sans en attendre davantage, est retourné chez soi. Aussi, là-bas, ces bons paysans sont à leurs moissons, bien tranquilles ! Maintenant, faut-il ou ne faut-il pas croire ces petites histoires? Là encore est la question !

Ces pauvres Landrats n'ont pas de chance ! On vient d'en tuer un, près de Bromberg, en tirant sur son auto. Atteint à la carotide, il est mort sur le coup. Tout le monde demande la suppression de cette mesure diabolique, qui gêne terriblement. Et, après tout, il ne doit plus y avoir beaucoup d'espions dans le pays! On les coffre et on les fusille avec un entrain !...

Mardi, 11 août. — Le *Journal de Genève* du 6 nous parvient. On est tout heureux de voir un journal écrit en français ! Il ne nous dit rien,

du reste, que nous ne sachions déjà, si ce n'est
que c'est l'Allemagne qui a violé la frontière
française *avant d'avoir déclaré la guerre*, avant
d'avoir rappelé son ambassadeur à Paris ! C'est
elle aussi qui a provoqué la Russie. Pourquoi ici
s'est-on posé en victime ? Pourquoi a-t-on prétendu avoir été surpris lâchement ? Sans doute
pour mieux imposer dans l'esprit du public la
nécessité de se battre.

On continue à parler des Belges en termes
menaçants. Il paraît que les habitants, là-bas,
font le coup de feu comme les soldats, car les
Flamands eux-mêmes, devant l'insolence de l'Allemagne qui violait leur territoire, ont oublié
leurs griefs contre les Wallons, et n'ont plus
pensé qu'à la Belgique seule. Aussi les traite-
t-on très mal, dans toute l'Allemagne, et si on
pouvait leur parler, on leur tiendrait en résumé
cet édifiant langage : « La situation de l'Europe
va changer après cette guerre, et *prenez garde*,
car vous pourriez avoir à vous repentir de ne
nous avoir pas acceptés de plein gré. » Faudra-
t-il voir, mon Dieu, le triomphe de cette nation !
Pourquoi l'Angleterre et la France ne volent-
elles pas au secours de cette pauvre petite Belgique ? Si le peuple allemand est victorieux, c'en
est fait, dans le monde entier, de toute justice et
de toute loyauté...

Togo, en Afrique-Occidentale allemande, est
pris par les Anglais. Cette guerre va-t-elle s'étendre jusqu'aux colonies ? Le Monténégro entre

dans la danse, trouvant de son devoir de défendre la Serbie ! Un croiseur austro-hongrois bombarde Antivari, et l'allégresse est grande à Vienne !

On coupe, tout près d'ici, la tête des belles forêts qui bordent la route de Z... et on va refouler l'eau de l'Oder dans l'Obra, afin d'inonder une partie du pays, et de défendre ainsi l'approche de Berlin. Il y a là un grand nombre d'officiers qui n'emploient pas moins de 2.000 ouvriers. On fera aussi des espèces de remparts. Le jardinier nous l'avait dit et nous n'en voulions rien croire, mais le régisseur, qui est en même temps le maire de ce village, nous l'a confirmé. C'est même à cela que nous devons de n'avoir pas encore vu les officiers qui s'étaient annoncés. Ici la situation n'était pas favorable ; les chemins, les fossés ne permettaient pas l'établissement d'une route qui passera à B... et à travers les bois du prince Carolath.

Il est assez curieux, encore, qu'on appelle partout, en masse, les sœurs catholiques pour les services d'ambulance, et les Jésuites mêmes comme aumôniers militaires, quand on connaît bien en Allemagne les sentiments protestants de la cour et surtout de l'impératrice, qui ne permettrait pas l'entrée d'une fille de cuisine catholique parmi le personnel du château !

Mercredi, 12 août. — Les nouvellles que nous entendons nous jetteraient dans le désespoir si elles avaient un peu plus l'accent de la vérité.

Ce combat contre trois divisions (le 7e corps et une division d'infanterie) françaises, près de Mulhouse, a été, paraît-il, une brillante victoire pour l'armée allemande. Les pertes françaises sont énormes, celle des Allemands encore inconnues. (Comment est-on mieux au courant des pertes de l'ennemi que des siennes propres ?) Il paraît que c'était depuis des années le plan des Français d'entrer en Alsace par Belfort et voici qu'on l'a déjoué.

Comme pour la prise de Liège, le kaiser a permis que cette nouvelle victoire fût connue aussitôt de son bon peuple, et des hommes à bicyclette se sont jettés dans les rues de Berlin en criant la victoire à tous les carrefours. Quelque chose comme les hérauts du moyen âge ! *Unter den Linden*, l'enthousiasme était indescriptible !... C'est un grand bonheur d'être ici loin de toute cette agitation.

Les détails du siège de Liège remplissent mon cœur d'indignation ! Les Allemands se défendent d'avoir perdu autant de monde que l'ont dit les journaux français, « parce que », disent-ils, « nous étions là peu nombreux, et c'est seule la vaillance de nos soldats qui nous a donné la victoire, *en ôtant tout courage aux Belges* ». Ceci ne correspond guère à ce qu'ils disent par ailleurs de l'ardeur des francs-tireurs et des enfants mêmes, de 13 à 14 ans, qui prennent le fusil pour défendre l'intégrité de leur sol. Depuis quelques jours déjà, ils parlaient des francs-tireurs très

violemment, menaçant de tout incendier s'ils
étaient en butte à leurs attaques. Ils avouent,
maintenant, avoir mis le feu à deux villages, près
de Liège, Hervé et Visé. Liège même n'a pas été
épargné. Un officier allemand a jeté, du haut
d'un zeppelin, à 600 mètres, une bombe qui n'a
pas éclaté, vu la trop grande distance ; descendu
à 400 mètres il en a jeté 12, qui ont allumé des
foyers terribles, et c'est grâce à l'affolement
qui en est résulté que les troupes allemandes
ont pu être victorieuses. Et elles se félicitent
d'un succès dû à un tel acte de barbarie ! Et ce
peuple prétend défendre la cause de la civilisation ! Pauvre Belgique, si travailleuse et si
honnête ! Mérite-t-elle un sort pareil ? Et si la
France, occupée sur sa propre frontière, ne
peut voler à son secours, qu'attend, que médite
l'Angleterre ? La laissera-t-elle écraser ?

Je vois tout en noir et je me désole ! Les
défaites de la Russie n'arrêtent pas, et les Allemands ne cessent de les récapituler avec com-
plaisance. « Il n'y a qu'une semaine », disent-ils,
« que la guerre est commencée, et déjà les
succès n'ont jamais manqué de pleuvoir sur
nous. »

La joie est aussi grande à Vienne qu'à Berlin.
Fiers des victoires de leurs alliés, les Autrichiens
le sont d'eux-mêmes ! Ils ont pénétré en Russie
et se félicitent de vaincre si facilement. 800 jeunes
volontaires galiciens, entrés en Russie, à Mie-
chow, se sont jetés sur 1.000 cosaques endormis.

les ont mis en fuite, en ont tué 400, et ont pris toutes leurs munitions. Partout ce sont des prouesses de ce genre. Que faut-il en croire?

Les flatteries continuent ici envers les Polonais, à tel point que ceux-ci se sentent dégoûtés du manque de dignité que montre le gouvernement. Depuis plusieurs années, l'archevêché de Posen était vacant, par suite de la mort du dernier archevêque polonais, que l'Allemagne ne voulait pas remplacer. On avait bien parlé de nommer Mgr Max de Bavière, et les Polonais se seraient ralliés à ce choix s'ils n'avaient pas connu l'idée fixe de ce prélat, qui est d'unir les catholiques aux orthodoxes. Quand ils apprirent qu'il s'était compromis jusqu'à tenir des conférences à Lemberg avec l'évêque des Ruthènes, Mgr Szeptycki, qui est justement du rite grec uni, il ne put plus être question de le leur imposer. Et voici qu'a présent, sans aucune autre démarche des Posnaniens, sans aucune demande, l'État a proposé à Rome la candidature de Mgr Likowski, qui est nommé à Posen ! Toutefois, sa lettre pastorale est de sentiment si allemand que les Polonais sont un peu vexés. Tout ceci est maladroit à force d'adresse. Il saute aux yeux que, le moment du danger passé, les mêmes tourments recommenceront !

D'ailleurs, partout où l'on peut mettre l'épithète de *Russes* au lieu de Polonais, les procédés restent odieux. C'est ainsi que, les bras manquant pour l'agriculture, on faisait appel, chaque année, à des colonies de Polonais de Russie ou d'Autriche, qui venaient s'établir en Allemagne pour la belle saison. Il y en a au moins 45.000, et la guerre a éclaté trop soudainement pour leur permettre de rentrer chez eux. Ordre est donc donné aux forces d'artillerie d'intervenir partout où ce serait nécessaire, et de charger ces malheureux *Russes*, s'ils faisaient mine de vouloir soulever des émeutes. Ceux qui habitent tout près d'ici, à S..., sont absolument terrorisés par la population.

A mon grand émoi, la poste me retourne la correspondance envoyée le 1ᵉʳ août, de Z... à Paris. Mes lettres ont été ouvertes et je crains fort d'être surveillée, car elles contenaient des aperçus sur ce pays-ci et sur l'Autriche !...

M. de Schœn vient de prendre du service, malgré ses 63 ans, et a reçu le grade de colonel.

Jeudi, 13 août. — La série noire continue pour les Français ! On annonce une nouvelle grande victoire allemande près de Lunéville, sur une brigade française du 15ᵉ corps, qui avançait sur Sarrebourg et Avricourt pour prendre la route de Strasbourg. Elle s'est rencontrée à Lagarde, en Lorraine, avec l'armée allemande, qui l'a repoussée dans la forêt de Parroy, lui a pris un drapeau, deux batteries, 700 prisonniers, et a tué son général [1].

1. On sait que les Allemands n'eurent qu'un faible avantage à Lagarde, car, dès le 14 août, ils étaient repoussés, dès le 18, Sarrebourg était pris par les Français.

Je n'ai plus le cœur à rien ; les journées et les nuits s'écoulent dans une cruelle angoisse !

Quant aux tueries, en Belgique, elles seraient épouvantables si on dit vrai ici. Les crimes des Belges ne se compteraient plus, et dépasseraient en horreur les massacres hamidiens en Arménie ! A Bruxelles, un boucher allemand aurait été *coupé en morceaux* (!). Une femme aurait eu les yeux crevés ; une famille entière, père, mère, et sept enfants, aurait été massacrée ! Je ne puis m'empêcher de douter de la véracité de ces bruits, autant que de ces victoires surprenantes.

Un ingénieur allemand qui a habité en Russie publie des révélations qu'il a pu obtenir, avant la guerre, d'un soldat russe, et qui montrent l'armée russe sous un bien triste jour. J'y crois autant qu'à une conversation dont un journal berlinois donnait, la semaine passée, le compte rendu sensationnel, entre son correspondant de Paris et un officier de l'état-major français, conversation qui aurait eu lieu dans un vestibule du Sénat, après le discours de M. Humbert. L'officier aurait déclaré à ce journaliste étranger que, depuis longtemps, on n'ignorait rien, à l'état-major, des faits révélés par M. Humbert, mais que, *pour ne rien dépenser*, on ne voulait rien tenter en vue de l'amélioration des équipements de nos troupes. J'ai entendu des Allemands dire, après avoir lu cet article : « Vous voyez ! ayons du courage ! Nous serons aisément vainqueurs cette fois encore ! » Et les Français s'in-

dignaient qu'un de leurs officiers ait pu tenir
ce langage à un Allemand! Mais tout cela est
sûrement inventé pour faire mousser les ardeurs
belliqueuses qui, au début, étaient bien moins
brillantes qu'on ne l'eût désiré. Seulement, l'appétit vient en mangeant, et maintenant cette
ardeur croît partout.

Une conférence de banquiers doit se tenir
bientôt à Berlin, parce qu'il est *impossible*, ici,
que cette situation puisse durer plus d'un mois
ou deux. Ah! si d'ici là tout était fini, *bien* fini,
et la paix signée ! !

La princesse Reuss a fait transporter à Berlin son argenterie, ses diamants, tout ce qu'elle
a de précieux enfin. Son chauffeur a déjà fait
deux fois le trajet, à toute allure. Il aura bien
de la chance si, à son troisième voyage, les larrons ne dérobent pas les trésors, car la chose
est maintenant connue. Il y aurait même de
quoi rire, si les cosaques, passant par-dessus nos
têtes, allaient à Berlin plutôt qu'ici!...

La princesse Reuss a fait aussi l'acquisition
d'une cloche, pour sonner les victoires! Elle a
déjà sonné trois fois, en commençant pour
Liège. Ce patriotisme est aussi militant que le
prosélytisme évangélique qui lui valut, autrefois, à Vienne, la disgrâce de son noble époux[1].

1. La princesse Reuss, née de Saxe-Weimar, avait épousé, en 1876,
le prince Henri VII Reuss, qui fut ambassadeur à Vienne et dut quitter la diplomatie, la princesse ayant fait beaucoup trop de propagande protestante dans cette cour catholique. Cette propagande,
elle la continue à la campagne, au point d'installer des pas-

Le Landrat de Z... m'a fait grand'peur, en arrivant à l'improviste tout à l'heure ; je croyais qu'il venait parler de mes lettres retournées hier ! Heureusement qu'il avait seulement eu l'idée de venir proposer son automobile pour rentrer à Berlin, au cas où le cœur nous en dirait, notre maison devant être entourée d'eau, inondée même, si l'on exécute le projet de refouler l'Oder dans l'Obra. Mais s'il est vrai, comme on commence à le répéter, que les Russes évacuent peu à peu tout le royaume de Pologne pour se retirer en Lithuanie, où ils ont d'admirables champs de combat, pas ne sera besoin d'employer ces moyens extrêmes pour protéger Berlin. Nous restons donc ici, car les voyages sont fort pénibles en ce moment, et il ne semble pas que nous serions mieux renseignés à Berlin sur ce qui se passe.

Le malheur c'est qu'ici, et dans tous les environs, nous commençons à passer pour très suspectes gens, je ne sais pourquoi (peut-être à cause du bizarre passage de la Balinska à Z... lors de son départ manqué), et le Landrat a dû

teurs et des diaconesses sur les terres de ses voisins, où la population est parfois toute catholique. Des trois fils de la princesse, l'aîné Henri XXXII, est lieutenant de vaisseau ; le deuxième, Henri XXXIII, est officier de hussards, et a épousé une princesse de Prusse ; le troisième, Henri XXXV, est officier de dragons. Sa fille a épousé en 1909 un prince Henri XXXIV, de la branche cadette. On sait que tous les princes Reuss portent le même prénom de Henri, en souvenir de l'empereur Henri VI ; aussi les appelle-t-on toujours par leur chiffre, ce qui embrouille beaucoup les non-initiés, un peu interloqués d'entendre que le XXVI est à Paris, ou que le XLV a fait une chute de cheval.

faire afficher un placard pour dire qu'il nous connaissait et répondait de nous. Le vieux garde Michel s'est presque battu pour nous défendre contre les mauvaises langues du village.

Dans tous les cas, à partir du 20, les chemins de fer seront utilisés strictement pour les transports militaires, et on ne pourra plus partir.

Vendredi, 14 août. — Voici que le prince Ferdinand Radziwill[1], qui était allé célébrer ses noces d'or en son château d'Olyka, en Volhynie, et qui s'est moins pressé que ses invités d'en décamper, y est retenu prisonnier par les Russes, comme sujet allemand, et on ne parle de rien moins que de le fusiller.

On agit si étrangement ici envers les étrangers que les représailles sont à craindre partout ailleurs.

Rien de nouveau par ailleurs. On se contente de chanter les deux victoires, près de Mulhouse et de Lunéville; *l'Alsace est enfin nettoyée des derniers ennemis.* Ces victoires ont été telles que les Français n'oseront jamais se risquer de nouveau sur le sol alsacien. Ce qui a fait leur défaite, c'est *leur manque d'initiative, le mauvais état de leurs munitions, l'absence totale de courage...* Je ne m'attendais pas à entendre jamais adresser ce dernier reproche à un Français, et il me va au cœur!

---

1. Le prince F. Radziwill, duc d'Olyka, est membre de la **Chambre** des seigneurs de Prusse, où il soutient la cause polonaise.

Désormais, on ne craint plus ici « ni les Français lâches et mal équipés, ni les Russes ivrognes, ni les Anglais mercantiles, et on saura triompher aisément, à soi seul, de six puissances ennemies » ! Dans un combat près de Mulhouse, les Français ont perdu 1.000 hommes, plus 1.500 prisonniers, dont 10 officiers. Ils se sont montrés en outre si sauvages envers la population alsacienne et l'ont tant malmenée que, malgré des proclamations du général Joffre, lancées par ballons, et demandant aux Alsaciens de se rappeler leurs attaches françaises, toute cette population, même les éléments les plus français jusqu'ici, s'est solidarisée avec l'Allemagne ! Il y aurait de quoi mourir de honte, si on pouvait y croire !

On commence à proclamer hautement que l'on défend, contre la Russie, « la cause des pauvres Polonais si persécutés là-bas » ! Les Polonais sont outrés de la servilité de cette attitude. Ah ! la Pologne saura-t-elle profiter des circonstances, uniques pour elle ?... Je sais que beaucoup y comptent. Sans doute, dans bien des grandes familles polonaises, on a le secret espoir de voir un de ses membres élu comme roi d'une Pologne reconstituée ! On parle de l'archiduc d'Autriche Charles-Étienne comme candidat éventuel !! Il a en effet marié deux de ses filles à des seigneurs polonais, les princes Jérôme Radziwill et Czartoryski.

Les choses vont au point qu'on prétend savoir

de source sûre que le peuple entier se soulève
en Pologne pour demander l'annexion du pays à
l'Allemagne ; et les amis du comte Joseph Potocki, chambellan du tzar, ont pu crier de surprise
en lisant ce matin qu'une réunion secrète s'était
tenue dans son château d'Antoniny, en Podolie,
à l'issue de laquelle le drapeau allemand avait
été hissé, au milieu des acclamations !

Dimanche, 16 août. — Voici que la Russie
répond enfin, comme elle devait le faire, aux
flagorneries allemandes vis-à-vis des Polonais.
Un manifeste du tzar aux Polonais vient de paraître. Il règle leur situation sur la base de l'autonomie de 1815. Cela fera un effet énorme dans
tous les milieux polonais, et plaira bien davantage qu'une alliance allemande, laquelle serait
de tous points désastreuse. Le tzar tiendra-t-il
ses promesses ? Je le crois, car, en une heure
comme celle-ci, il doit voir que la Pologne esclave
lui est un embarras ; tandis que la Pologne autonome lui serait une alliée. Quel dommage qu'il
n'ait pas agi ainsi dès le début de cette campagne et quand la nécessité ne l'y obligeait pas
encore !

Nous ne savons rien du théâtre de la guerre.
Je crois que les Allemands avancent moins qu'ils
ne le voudraient. Malgré leur cri de victoire, il
paraît qu'ils n'ont encore que 3 des forts de
Liège (sur 7) et sont loin d'occuper toute la ville.

Toujours les mêmes calomnies, si pénibles, à

l'adresse de nos soldats français. 400 prisonniers viennent d'être amenés à Stuttgart, dans un état de dénûment déplorable, avec des souliers vernis « comme on en met chez nous pour aller danser »,ou *en toile*, tout déchirés bien entendu, des vêtements en loques. Ils ont avoué n'avoir *pas mangé depuis quatre jours* avant de se battre et ont pleuré d'attendrissement quand on leur a offert de la nourriture, et quand ils ont vu avec quelle pitié on les considérait! Mon cœur bondit à entendre ces choses!... Il paraît que des femmes sont allées jusqu'à leur porter des fleurs et du chocolat!...

La puissance formidable de l'armée allemande me fait trembler. On la dit forte de 3 millions de soldats actuellement, et qu'elle peut atteindre à 5 et même à 7 millions. (La population entière de la Belgique!) Et que leur oppose-t-on en France? Je l'ignore... et la pauvre petite Belgique, si l'Angleterre n'arrive pas enfin à son aide, avec la France qui doit aussi regarder de son côté, ne peut guère résister longtemps!

Le colonel baron de Schœn est envoyé non sur la frontière, mais... à Münich, comme ministre !

Les parents des soldats morts aux champs de bataille ne sont pas autorisés à savoir *où* leurs morts sont tombés. C'est ainsi que le fils du général aide de camp de Scholl a été tué, mais on ne sait pas où. Du moins, son père l'apprendra-t-il par l'empereur, mais il ne devra pas le laisser connaître!

Les caricatures allemandes sont d'une grossièreté de conception et de dessin dont on n'a pas idée à Paris! L'*Ulk* montre aujourd'hui la population de Paris fuyant devant l'ombre d'un uhlan gigantesque!...

Le *Journal de Genève* du dimanche 9 août nous parvient. C'est une aubaine, car une seule de ses colonnes nous en dit plus que toutes les feuilles allemandes de la semaine. D'après lui, les troupes de débarquement anglaises auraient déjà été en Belgique le samedi 8 (on n'en a soufflé mot ici) et le succès de Liège serait loin d'être brillant. Attendons... un peu de confiance me revient. Mais je songe à l'Alsace, terrorisée par les Allemands, et à tous ceux qui, là, furent si bons pour moi durant mon long séjour dans une clinique allemande.

La princesse Reuss ne fait plus tinter sa cloche à T... Elle est sans nouvelles de ses fils, mais se console avec les journaux, auxquels elle croit autant qu'à l'Évangile. Tous ses livres sont partis pour Weimar, à la cour de son neveu, mais ils ont si peu de valeur qu'on comprend difficilement pourquoi elle se trémousse de la sorte. Enfin cela l'occupe !

Le régisseur a reçu ce matin une carte d'un des forestiers partis. Elle est datée de Circourt, en France, et a voyagé par la *feld post*. Il dit qu'un de ses camarades d'ici a été déchiré complètement par un obus, dans le dernier grand combat, mais nous ignorons où se trouve ce Cir-

court. Les Allemands sont-ils *établis* là comme
chez eux ? Mon anxiété est grande à peser sans
cesse toutes ces questions et mes nuits sont fort
troublées. Je vois en rêve des révolutions à Berlin, des barricades, des éboulements, des cadavres, et toujours, couronnant le tout, le casque
prussien !...

Mercredi, 19 août. — Les journaux d'hier,
arrivés ce matin, sont pleins d'intérêt. D'abord,
et sans doute pour atténuer l'effet du reste, on
lit que *tous les forts de Liège sont enfin pris*,
que le Luxembourg est occupé depuis une dizaine
de jours, sans que la population ait une seule
fois manifesté la moindre envie de s'en plaindre.
Un général est allé porter à la grande-duchesse
les remerciements du kaiser et du gouvernement
pour une si *correcte* attitude. Malgré quoi on
sent encore un peu l'influence française dans ce
pays-là, paraît-il !

Puis une troisième liste de morts (621).

Après, un article de résistance, et bon pour
la méditation : l'Allemagne a fait une dernière
tentative de paix avec la Belgique ! La *Nord-
deutsche Allgemeine Zeitung*, qui passe pour
être le porte-parole de l'empereur, annonce que
le gouvernement a proposé aux Belges, qui se
sont battus si héroïquement, d'en rester là, les
deux armées combattantes ayant satisfait à l'honneur. Pourvu que la Belgique laisse l'Allemagne
se battre avec la France, on la tiendra quitte et

elle pourra abandonner le conflit !... Que signifie
tout cela, sinon que le plan belge paraît aujour-
d'hui bien défectueux, et que l'on changerait
aisément de champ de bataille, si l'on pouvait ?
La prise de Liège ne donne sûrement pas tout ce
qu'on en attendait ; elle a coûté trop de temps,
trop de vies humaines.

La brave petite Belgique a refusé ces proposi-
tions, et l'on dit ici que le roi et ses ministres
ont décidé d'eux-mêmes de continuer la guerre,
sans consulter le peuple. Vraiment on n'a pas
beaucoup consulté le peuple allemand avant de
partir en campagne ! Si on lui offrait aujourd'hui
la paix, il l'acclamerait en dépit tous les Guillaume et Bethmann-Holweg de la terre. Mais le
peuple belge est conscient de son droit violenté,
de la bonne volonté des autres puissances signa-
taires de la neutralité. Il ne se laisse pas prendre
à tant de duplicité et de mensonge. Vive la
Belgique !

Enfin, on se félicite, en Allemagne (on s'y félicite toujours de quelque chose), de la générosité
que l'on a montrée envers la Belgique, et dont
on aurait pu se dispenser, remarque-t-on, car la
guerre des francs-tireurs et les mauvais traitements infligés en Belgique aux Allemands étaient
bien faits pour décourager toute sympathie.

On dit encore que la Russie veut faire avec la
Roumanie ce que l'Allemagne a fait avec la Belgique : la traverser, ou s'y battre avec les Autrichiens ; auquel cas, bon gré mal gré, la pauvre

Roumanie devra prendre parti pour l'un ou l'autre des belligérants. C'en sera fini pour elle de ménager la chèvre russe et le chou autrichien ! Restera-t-il un point du globe pour servir de refuge à la paix ? Ces messieurs de la Haye ont perdu bien du temps...

Deux jeunes femmes polonaises, rentrées en Posnanie tout dernièrement, de la Pologne russe où elles étaient en séjour, sont venues aujourd'hui nous raconter leurs pérégrinations. Elles avaient pu gagner Varsovie après six heures de chemin de fer, mais là, on les avait empêchées de continuer leur route, les lignes étant interceptées. Le gouverneur, qu'elles avaient vu, leur avait conseillé de passer par la Suède si elles tenaient absolument à revenir chez elles ! Comme elles trouvaient cela très long, elles gagnèrent en pleine nuit un village, où un paysan consentit, moyennant un poids d'or respectable, à les conduire avec une carriole dont les réquisitionneurs même ne voulaient pas, jusqu'à un autre village assez distant de là, où elles recommencèrent selon les mêmes procédés. De village en village, de carriole en carriole, les voilà, au bout de deux jours et de deux nuits, parvenues à la frontière allemande ! Autre histoire : leurs papiers étaient en règle, mais on ne passait pas ! Cependant, comme elles étaient jolies et gracieuses (les Polonaises le sont toujours), MM. les officiers les invitent à partager leur dîner très tardif.. C'était bien la première fois qu'elles se voyaient à une

table d'Allemands. Mais il fallait faire à mauvais
jeu gentille mine, et sans doute leurs mines gen-
tilles étaient-elles bien captivantes, car... elles
finissent par obtenir de partir, au milieu de la
nuit, avec un convoi militaire. Elles voient arriver le train, et leur saisissement est grand de
distinguer deux canons, gueule ouverte, à l'avant
de la locomotive. On installe deux chaises (il n'y
a pas de sièges dans ces compartiments, afin qu'il
y entre plus de monde) pour ces aventureuses
personnes, au milieu des bottes de ces messieurs,
et les voilà parties, dans une obscurité complète,
et au milieu d'un affreux bruit de ferraille ! Quel
étonnement de les voir débarquer bientôt après
à Posen, où on ne les attendait plus !

Il n'est pas possible, ici, de l'aveu des banquiers, de conduire la guerre sur ce pied au delà
de trois mois ! Encore me semble-t-il que trois
mois c'est trop long, et je voudrais bien, moi
aussi, m'en aller ! Se voir enfermée en Allemagne, et n'y entendre que des bêtises, c'est, ma foi,
bien assommant !

Le général de Scheffer, venu cet après-midi,
croit que les grandes opérations vont commencer. Quand on lui dit qu'on en tremble à l'avance,
qu'on a peur du résultat, il répond avec assurance : « Moi, pas du tout ! Je ne crains rien
pour mon pays ! » Est-ce inconscience? Désir de
ne pas laisser deviner son inquiétude ? Ou parce
que chacun ici adopte une optique spéciale,
grâce aux lunettes que la presse et le gouverne-

ment lui chaussent sur le nez ?... Cela me rappelle un officier supérieur allemand qui s'écriait lors de l'affaire d'Agadir : « Oh ! quand la guerre éclatera, nous serons à Paris avant que les Français aient eu le temps d'arriver à mi-chemin de leur frontière. Notre plan sera de faire une guerre *si rapide* que nous ayons Paris entre les mains dès le début. » Il ne semble pas, pourtant, que ce projet se réalise !...

Depuis le commencement de la campagne, on insinuait que le Japon allait déclarer la guerre à la Russie. Aujourd'hui on croit devoir remarquer que, lié avec l'Angleterre, il ne peut rien tenter contre l'alliée russe de celle-ci. Qu'est-ce que cela nous prépare ?

Jeudi, 20 août. — L'homme à la sonnette vient de crier que les derniers numéros du landsturm sont appelés. Hier soir, les jeunes gens de dix-huit et dix-neuf ans ont été convoqués pour passer le conseil de révision à G... Décidément cela va mal !

Le bruit court que le Japon a envoyé à l'Allemagne un ultimatum d'avoir à lui céder Kiao-Tchéou sous menace de guerre..

Le charbon manque, les moyens de transport aussi ; les scieries sont arrêtées, l'électricité et l'eau nous sont choses du passé ; les lampes qui ne servaient plus depuis longtemps fument terriblement et les jours diminuent déjà. Nous sommes menacés même de n'avoir plus de pétrole longtemps. (La benzine a bien été réquisitionnée !)

Vendredi, 21 août. — Les Allemands auraient remporté deux victoires sur les Francais, l'une près de Schlestadt, l'autre à Namur !

On parle beaucoup de l'attitude, si inattendue, du Japon, que l'on avait trop tôt voulu croire un allié contre la Russie. Les jeunes Japonais qui étudient dans les universités de Marburg, Halle, Heidelberg et Berlin, et qui avaient témoigné de sympathies très germanophiles au début de cette guerre, avaient tous subitement disparu, sans tapage et à l'anglaise, depuis une dizaine de jours déjà, prenant le chemin de la Hollande, ou disant qu'ils étaient appelés chez eux par des nouvelles de famille, etc. On ne s'était pas même rendu compte encore de cet exode général quand l'ultimatum est arrivé. Il semble que tout ait été préparé de longue main, car à l'ambassade janonaise de Berlin les papiers avaient déjà été mis en sûreté depuis quelques jours. L'ambassadeur est absent, mais tout se passe avec le plus grand calme, et, cette fois, on recommande à la population d'éviter des manifestations qui pourraient amener des difficultés.

Le Japon, dans son ultimatum, ne parle même pas de ce traité d'alliance avec l'Angleterre qui l'oblige à soutenir ce pays s'il est attaqué, et d'ailleurs, « c'est l'Angleterre qui nous a attaqués », dit-on ici. Il ne cherche aucune excuse.

« Évacuez Kiao-Tchéou, laissez-nous désarmer vos navires dans la mer Jaune d'ici au 15 septembre. Répondez-nous d'ici au 23 août. » C'est bref et sec. Diable de petit peuple.

La comtesse E..... écrit de Vienne que les armées autrichiennes sont dans le royaume de Pologne, d'où les Russes reculent peu à peu, *brûlant tout sur leur passage*, selon leur coutume. Sur les frontières de Podolie et de Volhynie surtout, les incendies sont quelque chose de monstrueux par leur intensité et leurs proportions !

Mme de L... écrit aussi, de Baden-Baden, où elle se trouve retenue bien contre son gré, tant il faut de formalités pour retourner à Berlin. Elle ne sait rien de son fils, qui est à la guerre ; elle entend dire que le combat décisif aura lieu près de Belfort. Les hôtels sont, dit-elle, pleins d'étrangers que l'on ne veut plus laisser quitter la ville ; leurs promenades mêmes sont limitées ; souvent sans bagages, et sans argent, leur sort est peu enviable. Les Juifs font des affaires d'or : les dames leur vendent de très beaux bijoux pour presque rien !

Elle dit qu'on est très mécontent de la Croix-Rouge, qui coûte beaucoup, fait des dettes et ne satisfait personne. La police a dû intervenir, lors du premier passage de troupes, et lorsque les jeunes dames de la Croix-Rouge partageaient les provisions entre les soldats, tant elles faisaient mal leur affaire. Le même bruit m'était venu d'ailleurs encore.

Une autre lettre de Berlin nous dit qu'on y attend d'une minute à l'autre des détails sûrs, car on sait que des choses importantes sont en train de se passer. L'empereur était parti dans un grand état de surexcitation; depuis quelques jours on ne savait plus que faire de lui à Berlin. On dit qu'il est à Coblence. Inutile de mentionner les bruits absurdes que font circuler certains idiots : d'après eux, le gouvernement allemand publie un appel aux provinces du centre pour qu'elles accueillent les bras ouverts 10.000 familles alsaciennes à qui on fait quitter l'Alsace, pour leur sûreté !...

Nous avons fait notre promenade du côté de B... où nous avons vu les remblais et les fortifications, ainsi que le canal, de 3 mètres de profondeur sur 4 mètres de largeur, que l'on construit pour défendre la route de Berlin. Précaution bien inutile, si les Russes reculent tant que ça !...

On dit même que Pétersbourg craint une invasion allemande par la mer, et que l'on commence à s'y préparer contre une telle éventualité.

Sans autre lecture que celle des *Souvenirs de la Reine Amélie de Portugal*, ou de *la Reine Hortense en exil*, nous passons nos soirées à faire des patiences ou à raconter des anecdotes, dont les plus fraîches datent encore du printemps dernier, par exemple, celle-ci : les grandes-duchesses de Russie, folles de tango, dansaient chaque soir à Magic-City, à Paris, et avec qui se trouvait là !... La grande-duchesse Anastasie était, avec ses 54 ans, la plus emballée peut-être. Un soir, elle se rend, très grande dame comme elle sait l'être, à une réception d'ambassade. Le domestique qui lui prend son manteau des épaules lui dit, avec un sourire gouailleur : « Tu ne me reconnais pas? » Elle le toise, hautaine. Sans se troubler, il s'explique : « J'ai dansé avec toi toute la nuit !... »

Il y avait aujourd'hui une éclipse fort curieuse ; la Balinska l'a observée toute seule, tant nous avions le cœur à autre chose ! L'émoi des oiseaux m'a pourtant amusée et décrire l'affolement des oies, élément principal de la population silésienne, serait impossible. Leurs clameurs étaient assourdissantes.

Samedi, 22 août. — On nous écrit de Châtenois (baptisé par les Allemands Kestenholz !), près de Schlestadt, que les Français sont dans le pays, que l'on entend le bruit du canon tout le long du jour ; sans doute s'agit-il du combat de Weiler. Beaucoup d'habitants sont allés se réfugier dans des villes alsaciennes plus éloignées.

Ici, on nous annonce que les troupes allemandes sont entrées à Bruxelles, ont pris Tirlemont. Le roi Albert et le gouvernement avaient déjà quitté la ville pour se rendre à Anvers, et il paraît même qu'un attentat anarchiste avait été dirigé contre le roi, et qu'une bombe lui avait été jetée au moment où son automobile quittait son palais de Bruxelles. On dit que le roi et sa famille cherchent déjà à fuir, pour gagner l'Angleterre.

Pour comble, le Landrat de G... vient de téléphoner que la ville est pavoisée en l'honneur... de la prise de Nancy !... où 8 corps d'armée français ont été écrasés !...

Ici aussi on sort tous les drapeaux du village, et toutes les fenêtres seront illuminées ce soir.

Les R..., qui étaient venus déjeuner, sur leur route de Berlin à Breslau (pendant leur trajet de Berlin ici, leur auto a été arrêtée *quarante fois*), nous ont apporté des nouvelles. La joie est indescriptible à Berlin. Le prince Rupprecht de Bavière a remporté une grande victoire le 20 et le 21, à Metz, sur les Français, qui partout sont défaits, et sans aucune peine. Ils ont laissé entre les mains des Bavarois 10.000 prisonniers, 150 canons et ils étaient là 400.000, si nous voulons le croire. Le champ de bataille était, par ses dimensions, *kolossal*, et s'étendait sur une longueur de 100 kilomètres... Ma pauvre France !

Sans doute est-ce cette victoire de Metz que le Landrat nous a annoncée comme celle de Nancy. On n'aurait pourtant pas deux succès semblables à enregistrer à la fois !...

Enfin *la chance est pour nous*, crient les Allemands, et l'empereur télégraphie à sa fille, régente de Brunswick depuis que son mari est parti pour la guerre : « Dieu manifeste ouvertement sa protection sur nous. Mettez-vous tous à

genoux, et remerciez-le. » Pourquoi faire intervenir Dieu? Il me semble que le dernier pape
était sage, quand il répondit à l'Autriche qui lui
demandait sa bénédiction sur ses armées en
marche pour la Serbie : « Je puis bénir la paix
et non la guerre ! » On dit que ce pauvre pape
est mort du chagrin que lui a causé ce branle-
bas universel.

Ce ne sont que succès aussi des Autrichiens sur
les Russes !

On raconte, à Berlin, que les Allemands, déjà
maîtres de toute la Pologne russe (et, ma foi,
presque du monde entier), vont aider à s'y installer un gouvernement autonome, bien qu'ils
ne veuillent rien savoir d'une chose pareille en
Pologne allemande. On parle de nommer comme
roi un prince Louis Zamoïski : mais il n'y a pas
de Louis Zamoïski ! On pense aussi au comte
Joseph Potocki, mais surtout, je crois, à un
archiduc d'Autriche !

La femme de chambre tenait hier un discours
là-dessus avec le gros cocher, au jardin. Elle
ne cache nullement ses sympathies polonaises,
et trouvait honteuses les flatteries actuelles :
« Oh ! lui dit Johann, laissez faire ! on leur ac-
cordera des libertés, puis, quand la guerre sera
finie, on leur dira : *Ah ! mais non ! ce n'est pas
là ce que nous entendions !* »

On va jusqu'à demander que les soldats qui
sont campés près du célèbre pèlerinage de Czen-
tochau aillent y prier et y invoquer la Vierge,

afin de plaire à la population de l'endroit, à laquelle il serait bon aussi, ajoute-t-on, de faire des proclamations en *langue polonaise* (cette langue si férocement interdite depuis des années), pour réchauffer son patriotisme.

Les Polonais regardent tout cela sans témoigner grande émotion. Ils ont perdu, je crois, jusqu'à la faculté de s'émouvoir. Leur ironie grandit devant les témoignages d'une amitié aussi ardente que subite, mais ils ont conscience de leur faiblesse, ils en ont *trop* conscience, je crois, au contraire des Allemands, qui ont trop conscience de leur force. Ils seront, de leur propre aveu, *obligés* d'accepter ce qu'on leur offrira, et c'est ce sentiment qui me fait douter, pour eux, de la possibilité d'une nouvelle vie nationale.

Ils reconnaissent cependant, leur intelligence de la situation restant intacte quand il ne s'agit que de discuter, que l'autonomie sous la souveraineté russe leur serait préférable à la domination allemande, parce que, au point de vue économique, leurs débouchés sont immenses en Russie, où leurs procédés d'industrie sont encore en avance sur la nullité des Russes; tandis qu'avec l'Allemagne ils seraient en état d'infériorité. Un Polonais de mes amis connaît, à Varsovie, un cordonnier millionnaire. Un riche droguiste, qui a trois drogueries en Pologne, en a quatre en Russie, qui lui rapportent bien davantage. Une marchande de fleurs artificielles envoie ses fleurs jusqu'en Sibérie ; avec l'Allemagne, sa pratique serait très réduite, et ses fleurs, jugées moins bon marché que celles de Berlin, lui resteraient pour compte. Et c'est ainsi pour tout le reste.

L'élément juif, presque toujours allemand, qui est un si formidable appoint dans la popution des grandes villes polonaises (Lodz en est entièrement peuplée) restera cependant toujours un danger, à mon avis, et une perturbation. Ces peuples errants, qui partout sont chez eux, et n'ont nulle part de patrie, nuisent à l'unification d'un pays, l'appauvrissent en prenant tout le commerce, toute l'industrie, entre leurs mains actives, l'affaiblissent en laissant croire que rien ne peut être fait que par les Juifs. Vraiment on devrait aider puissamment le mouvement sioniste ; les Juifs hors de chez nous, ce serait une libération plus encore pour nous que pour eux ! Leur absence de sentiment national est un risque pour les zones intermédiaires, où ils s'établissent de préférence. En Alsace, comme en Pologne, ils ne partagent nullement les sentiments des habitants dont ils prennent le sol, ils y corrompent le patriotisme, et voilà tout.

Un député polonais au Reichstag, l'abbé Pospiech, rédacteur en chef de la *Gazeta Ludowa*, vient d'être arrêté et emprisonné malgré l'immunité parlementaire.

L'autorité militaire avait déjà une fois supprimé cette *Gazeta Ludowa*, trop nationale à son gré. Cela montre assez qu'il ne faut pas tout croire des bonnes paroles que l'on prodigue à la Pologne ; elle est plus expirante que jamais.

Il y a, à Berlin, 100.000 femmes sans travail. Les confectionneuses, par exemple, n'ont plus rien à faire, cela se conçoit. Déjà, il y avait eu, pendant et depuis la guerre des Balkans, un grand malaise, mais on avait compté que tout reprendrait cet hiver son cours accoutumé ; tout s'annonçait bien quand cette horreur de guerre a commencé. Ici même, l'unique tailleur du village, le seul peut-être qui n'ait pas son lopin de terre pour vivre, et qui travaillait beaucoup, pour plusieurs communes, ne sait déjà plus comment faire et renvoie son personnel. C'est un désastre général. Certes, on répète constamment que l'empereur ne voulait pas la guerre, on peut ajouter sans mensonge que le peuple ne la désirait pas davantage, et pour quelques pangermanistes qui criaient trop fort, on a, je crois, trop risqué. Je ne suis pas même sûre, après tout, qu'on ne s'en rende pas compte, malgré les fanfaronnades pénibles que nous ne cessons d'entendre.

Dans tous les cas, et bien qu'on soit convaincu que Kiao-Tchéou sera perdu, on répondra négativement au Japon, et même on ne lui répondra pas du tout. Le gouverneur a télégraphié qu'il était résolu à s'y défendre jusqu'à la mort. Les soldats qui se battront là-bas contre ces démons de Japonais n'ont à attendre aucun secours, et leur sort est tragique.

Les R... nous ont dit qu'on ignore comment le général de Bülow a été tué. On l'avait amené à Berlin dans un cercueil trop petit, et il a fallu l'en changer. On s'est aperçu alors avec étonnement qu'il n'avait reçu aucune blessure. Le derrière de la tête, seul, était martelé pour ainsi dire. On accuse les franc-tireurs, comme toujours [1].

Le bruit court qu'une armée russe, forte de *deux millions* d'hommes, s'est réunie près de Vilna. Cette fois, elle ne reculerait pas, je suppose.

Le nouvel uniforme de l'armée allemande lui crée, dit-on, une grande supériorité, car il la rend invisible à grande distance, et dans tous les cas méconnaissable, puisque, à différentes reprises, les Belges la voyaient arriver avec des cris de joie, la prenant pour l'armée anglaise. Bien entendu, cette considération est toujours suivie d'ironies sur le pantalon rouge de nos soldats français.

On prend parfois, au début de ces luttes, des mesures bien extraordinaires. Le tzar avait cru devoir ouvrir les portes des prisons à tous les bandits qu'elles contenaient. (Le kaiser en a bien fait autant : amnistie générale de tous les sacripants !) Peut-être comptait-il qu'ils allaient se battre. Au lieu de quoi, ils ont déjà mis le feu à la ville de Kalish, sans doute pour piller tout à

---

1. La vérité est que le général fut victime d'une sentinelle *allemande* trop pressée. Et nombreux ont été les cas semblables.

leur aise pendant le désordre qui en résulte-
rait.

Je ne sais pas si ce pauvre Tzar aura plus
de succès avec son manifeste à ses chers Juifs.
Il les supplie de croire à son paternel amour,
d'oublier tous les dissentiments et d'aller bravement à la guerre de leur plein gré. Je doute de
voir jamais la bravoure faire partie des caractéristiques de ces gens-là. Un médecin militaire
russe me disait une fois que, pour éviter de
servir, les Israëlites s'infligeaient, en Russie, les
maladies les plus répugnantes, les plaies les plus
horribles, qu'ils envenimaient avec un soin...
extraordinaire. Il avait vu, à son hôpital, des cas
tels que, leur vie durant, les malades restaient
estropiés.

Dimanche, 23 août. — La jeune femme du
cuisinier est arrivée ce matin toute seule ; son
mari reste en prison, *au cachot*, et jusqu'à mercredi dernier, elle a dû coucher elle aussi sur la
paille ; pendant plus d'une semaine, elle n'a pu
quitter son corset. Il y a trois semaines aujour-
d'hui qu'ils étaient partis. *Dès le mercredi
29 juillet des Français étaient arrêtés en Allemagne* et empêchés de rentrer chez eux. C'était
tout de même prématuré !

Les prisonniers sont trèsmal nourris, mais on
leur parle poliment quand ils sont Français ;
les Russes ont moins de chance. Comme cette
jeune femme ne sait pas l'allemand et qu'il lui

fallait changer souvent de train pour revenir, elle trouvait partout un employé, à qui elle avait été signalée, et qui la guidait de son mieux.

Il paraît qu'à la prison même, et tous pangermanistes cependant, les gardiens et les officiers sont loin de croire à ce que disent les journaux, et assurent les premiers qu'il faut s'en méfier. C'est ainsi qu'un jour le bruit de la prise de Belfort ayant circulé, et comme Joseph et Germaine ne pouvaient s'empêcher de rire tant ils pensaient bien que cette prise n'irait pas si vite, les soldats eux-mêmes se sont esclaffés d'une si bonne histoire. « Il faut bien », disaient-ils, « donner du courage à ceux qui partent là-bas. »

Il paraît que la tristesse qui règne dans Paris, depuis qu'on y a appris la défaite de Metz, est affreuse. J'imagine facilement quel chagrin a dû envahir tous les cœurs là-bas...

Voici le texte d'une proclamation que le grand-duc Nicolas Nicolaïewitch, généralissime de l'armée russe, fait « semer » en Galicie, par des aéroplanes :

Polonais,

L'heure a sonné enfin où les rêves de vos pères et de vos ancêtres vont se réaliser. Depuis cent cinquante ans, la Pologne a été déchirée en lambeaux, mais son âme n'est point morte. Elle vivait encore, grâce à l'espoir que, pour elle, sonnerait un jour l'heure de la résurrection et de l'entente fraternelle avec la grande Russie. Aujourd'hui, l'armée russe vous apporte la promesse solennelle de cette réconciliation. Démolissez les frontières qui divisent le peuple polonais, et réunissez-vous sous le sceptre du tout puissant Tzar ; la Russie vous attend les bras et le cœur ouverts. Elle est persuadée que le glaive polonais, qui a si victorieusement combattu les Teutons aux champs de Grunwald, n'est pas rouillé encore. Des côtes du Pacifique aux côtes de l'océan Glacial arctique, les armées russes sont en marche. L'aurore d'une ère nouvelle brille pour vous. Que la Croix vous apparaisse, à la clarté de cette aurore, comme le symbole des douleurs et de la résurrection définitive du peuple polonais.

C'est un peu creux ! mais quoi ! Peut-être assistons-nous en effet à l'aube d'une ère merveilleuse. Attendons... Aussi bien, il n'y a pas autre chose à faire qu'à être patient.

J'ai bien entendu dire autrefois, par des Russes intelligents, que c'était l'influence allemande qui empêchait la création d'une Pologne autonome. Et plus d'un, en Russie même, pensait depuis longtemps que rendre à ce pays la liberté, serait donner une grande force à la Russie, qui, sans traîner davantage à sa suite une esclave rétive, marcherait alors la main dans la main avec une alliée. A l'Autriche-Hongrie, si unie dans la guerre bien que si diverse dans la paix, on aurait alors à opposer une Russie-Pologne toute puissante.

En attendant, les Allemands continuent à crier leurs victoires sur les Russes ; c'est Eydkuhnen, c'est Stallupönen, c'est Gumbinnen ; mais la Balinska, qui connaît bien ce pays, où elle a passé son enfance, me montre sur la carte que ces Russes, partout repoussés..., avancent. Etranges victoires que celles des Allemands, si, chaque jour, ils reculent de deux stations de chemin de fer !

Ce doit être, quoi qu'on en dise, la même chose en Alsace, car les Français n'ont pas quitté la Haute-Alsace, et l'offensive pourrait reprendre, vers Mulhouse ou ailleurs. La correspondance d'un Allemand de Mulhouse, réfugié à Fribourg-en-Brisgau, laisse deviner que les Alsaciens ont reçu les Français mieux que les Allemands ne l'auraient souhaité, il la conclut ainsi : « Il est de toute nécessité que, quand, après cette guerre, ce pays sera redevenu possession allemande, on en fasse enfin une *terre* allemande. » Bien, mais comment s'y prendra-t-on ? Devine-t-on enfin qu'on a mal trouvé le chemin des cœurs, puisqu'un autre écrit que les Galiciens sont fidèles à l'Autriche et lui apportent le concours de toutes leurs sympathies, tandis qu'en Alsace la population est tout entière pour les envahisseurs. C'est là une note bien nouvelle. Elle témoigne de quelque découragement peut-être.

On publie aujourd'hui la septième liste de morts (473), mais on est unanime à dire qu'on en cache la plus grande partie, et que des hécatombes ont déjà succombé. Le *Times* a donné la première liste des morts anglais, et on s'est bien étonné, là-bas, de n'y voir que quatre officiers. Mais qui nous dira où ces Anglais se sont battus? Jamais les Allemands n'ont mentionné les avoir eus devant eux!

Le comte Clary, ministre d'Autriche à Bruxelles, a vu des moments difficiles! En une seule journée, il a dû grimper deux fois sur le toit de sa maison, pour échapper à la populace qui avait forcé ses portes, et que la police refusait de repousser. Ce sont des temps étranges que ceux-ci, quand les peuples les plus courtois montrent le plus d'acharnement contre leurs ennemis. Mais aussi, les Belges ont quelque raison d'être enragés à moitié! Quant au comte Clary, il est heureux pour lui d'être petit et maigre, sans quoi il aurait pu trouver cette gymnastique bien fatigante!

Lundi, 24 août. — Le prince Royal a rejoint le prince royal de Bavière, et prend le commandement général des forces formidables qui marchent sur la France. Ce sont, nous ont dit samedi les R..., 3 armées, l'une vers la Haute-Alsace, l'autre au centre, l'autre vers le Luxembourg, qui n'a pas osé suivre l'exemple de sa sœur belge et refuser son sol. Ces armées sont fortes de je ne sais combien de corps, et deux autres se tiennent en réserve en arrière aux deux endroits qui seraient restés vides, et leur permettent de se donner la main. Cela fait ainsi une masse compacte, qui est si bien organisée que rien ne peut lui résister. Et cette masse s'ébranle presque d'elle-même, sans commandement pour ainsi dire.

Les informations données par les journaux

sont assez fantaisistes, je crois ; la route de Luné-
ville-Blamont est prise par le prince royal qui,
parti de Longwy, marche sur Lunéville. Le Mont-
Donon est enlevé. Ailleurs, on parle de Maubeuge, qui sûrement est assez loin de là. On dit
qu'on doit être le 2 septembre à Paris ! Une brigade de cavalerie anglaise aurait été vaincue,
justement par le front de l'armée de réserve allemande qui marche sur Maubeuge, dont, paraît-
il, les fortifications sont peu de chose. C'est la
première fois que l'on mentionne les Anglais.
La princesse Reuss nous a dit, cet après-midi,
que 100.000 Anglais étaient venus au secours des
Français, « mais, ma chère, dit-elle, qu'est-ce
que cela ? » Les Russes seuls l'effraient ! Nous
lui conseillons charitablement de leur donner
du *vodka* pour s'en faire des amis, s'ils viennent
jusque chez elle !

Le Landrat est venu dans l'après-midi nous
dire, avant de le publier, que tous les étrangers
doivent passer sur la rive gauche de l'Oder ;
cette maison-ci, déjà suspecte, grâce à la Balinska
et à son voyage à Z..., en contenant beaucoup
trop, il nous conseille de partir pour Berlin sans
plus tarder. Le départ avait d'abord été fixé à
dimanche, mais une carte de Berlin nous dit que
les choses ne sont pas brillantes sur la frontière
russe, et nous partirons donc dès vendredi, afin
de n'être pas coupées et de pouvoir filer avec
nos bagages. Je verrai, dès mon arrivée, Polo
de Bernabé et tâcherai de passer au plus tôt en

Suisse, car, pour la France, il n'y faut pas songer! Ma chère France!

Mardi, 25 août. — Le maire nous apprend
que nous sommes sous sa surveillance, et ne
devons plus quitter la maison, même pour une
promenade en voiture. C'est de plus en plus
charmant. La Balinska se désole de ne pouvoir
aller demain matin à l'église, où l'on dit une
messe pour le pape. La chère créature voudrait
partir pour Cracovie, mais il lui faut pour cela
l'aide de l'ambassadeur d'Autriche, et elle doit
donc venir à Berlin avec nous.

Et penser, pendant tout ce temps, que la
France est envahie, Lunéville déjà pris; voilà
encore le pire, et ce qui fait le plus de mal :
Namur est pris aussi; ce ne sont que succès
partout; dès que paraît l'ombre d'un Allemand,
la débandade commence parmi ses ennemis.

Un télégramme du soir annonce que, sur les
frontières orientales, les choses vont « moins
bien » et qu'« il ne faut pas s'en étonner; on ne
saurait tout avoir à la fois ». La vérité, c'est que
les Russes ont encore avancé de deux stations,
puisqu'ils sont à Insterburg; et ils seront bientôt
à Koenigsberg. Une autre armée russe s'avance,
plus au sud, sur Marienburg, et leur marche
paraît bien combinée. Malgré quoi on écrit ici
que si on doit laisser le public dans l'ignorance,
pour ne pas trahir le secret des opérations, ce
public n'en doit pas moins demeurer confiant,

car de grandes possibilités sont réservées à l'Allemagne, et elle pourrait tenir tête à des forces russes encore plus considérables. En attendant, c'est, en Prusse Orientale, l'invasion dans toute son horreur ; des villages entiers sont évacués et détruits avant le passage de l'ennemi.

Le prince Royal et le prince Oscar ont reçu la Croix de fer pour leur brillante conduite à Metz, le premier de deuxième et première classe, l'autre de deuxième seulement. Le prince royal de Bavière et le prince Albert de Würtemberg ont aussi celle de deuxième et première classe. Je me demande ce que sont devenus les sentiments si français de ce petits-fils de Louis-Philippe [1].

C'est une ironie du sort que ces victoires russes que l'on n'appelle pas encore de ce nom ici, mais que l'on commence cependant à soupçonner autour de nous. On n'avait peur que de la France, c'est contre elle qu'on a dirigé l'effort principal; et ce sont les Russes, que l'on considérait avec tant de dédain, qui brillent par leurs succès !...

On ne prend pas même la peine de répondre à l'ultimatum japonais. On ordonnera à l'ambassadeur allemand à Tokio de demander ses passeports et l'on rendra ceux de l'ambassadeur japonais à Berlin, puis tout sera dit. Voici le premier

---

1. Petit-fils du duc Alexandre de Würtemberg et de la princesse Marie d'Orléans, le duc Albert de Würtemberg avait épousé, en 1893, l'archiduchesse Marguerite-Sophie d'Autriche, qui est morte en 1902, lui laissant 6 enfants qu'il fait élever, sous sa surveillance, à la française strictement. Chez lui on ne parle que le français et c'est un menu français qu'il offre à l'Empereur, quand celui-ci s'invite à dîner chez lui.

assaut du péril jaune sur le monde européen. Cela rappelle subitement, à la Balinska, les automobiles postales que l'on a inaugurées en Pologne russe il y a quelque temps! Elles sont d'un jaune criard, écrasent tout le monde, font cent malheurs, et ont reçu aussi le nom de « péril jaune ».

Jeudi, 27 août. — La Belgique, sauf Anvers, qui résiste encore, est déjà sous l'autorité du gouvernement allemand, « qui va y faire régner l'ordre et la ponctualité allemands ». Les journaux y paraissent déjà en allemand. Un gouverneur a été nommé (c'est le maréchal baron von der Goltz), avec les pleins pouvoirs de l'empereur, pour punir tous les assassinats commis sur la population allemande, et, par les francs-tireurs, sur les officiers et les soldats, sur les médecins et les blessés allemands. Quelles promesses! ce seront d'odieuses tueries! On aurait pris comme otages un cardinal (le cardinal Janssen, je crois) et quinze prêtres que l'on a menacés de fusiller immédiatement si les francs-tireurs faisaient mine de sortir encore un fusil.

On dit : « On a prié la Belgique, on l'a avertie ; puis après l'avoir châtiée une première fois, on lui a offert de se retirer de la lutte. Ses alliés, sur lesquels elle comptait, l'ont lâchement abandonnée, et aujourd'hui elle payera sa peine en plus d'une lourde contribution de guerre qu'elle a mille fois méritée. Désormais, elle sera tenue ferme dans la main de l'Allemagne, et cela pour toujours. »

Un général d'infanterie, qui a eu là la Croix de fer de première classe, le général d'Oesterley, va jusqu'à écrire : « A mon avis, la Belgique entière doit devenir allemande. Non pour donner à ces quelques millions d'épiciers l'honneur d'appartenir à l'empire allemand, mais afin que nous puissions entrer en possession de ses ports puissants, et, par là, avoir la possibilité de *tenir le couteau sous le nez de la perfide et lâche Albion.* S'il était aussi possible de nous adjoindre la Hollande, en la faisant entrer dans notre confédération, alors nous serions à l'avenir les maîtres de l'empire des mers, et la devise de notre empereur : *notre avenir est sur l'eau,* serait glorieusement réalisée ! »

On prétend que les Français se sont conduits *comme des Vandales,* dans la petite ville de Sarreburg, qu'ils ont occupée 3 jours, et dont la population les avait reçus « comme des libérateurs et des sauveurs ». L'agitation systématique que n'ont cessé de répandre les Français en Lorraine est telle qu'on n'en peut donner aucune idée à un pur esprit allemand !

En Prusse Orientale, l'invasion continue, mais on préfère parler du grand nombre de prisonniers que l'on prend aux Russes, et qui, tous, « sont si contents d'être pris. Leurs officiers sont mal armés, mal vêtus, et parfaitement abrutis ».

A Dirschau, et dans tous les villages près de la Vistule, on fait évacuer les habitants vers l'ouest, parce qu'il faut crever les digues et inonder le

pays, ce beau pays, si riche et joli, qui sera longtemps ruiné par cette absurde guerre.

On donnait hier la huitième liste de morts
(843); aujourd'hui la neuvième en accuse 956.
On hausse les chiffres peu à peu. Et cela représente tant de larmes déjà, pour l'Allemagne seulement...

Une lettre d'Alsace; on a vécu là-bas « des
jours terribles, mais tout semble se calmer un
peu ». C'est tout ce qu'on leur permet de dire.
La femme de charge recevant une carte de son
fils, soldat sur la frontière de l'ouest, n'a pu lire
que ceci : « Ma chère mère, je vais bien; nous
avons passé à...», et tout le reste de son écriture
était recouvert d'un trait épais, qui rendait impossible, aux yeux les plus exercés, de deviner...
où ils avaient passé !

Je ne sais si nous pourrons partir demain.

Les nouvelles sont mal faites pour nous récon-
forter. Sans doute, il ne faut pas tout croire, et
je devine bien des tromperies, bien des mensonges volontaires, mais il y a fatalement une part
de vérité là-dedans, et cette vérité est trop fâ-
cheuse. Je me souviens que les journaux polonais
à tendances allemandes, le *Czas* en tête[1], et la
presse allemande tout entière, disaient, il y a
quelques jours encore, que les Russes avaient
abandonné Varsovie; plus tard, il y avait même
là, disait-on, un gouvernement polonais, et,

____

1. *Le Temps*, de Cracovie.

aujourd'hui, on dément ces bruits. Mais enfin, on ne parlait pas avec l'arrogance assurée que l'on emploie à présent. Une grande victoire seule a pu les encourager ainsi.

II

A BERLIN

Berlin, samedi 29 août. — Nous sommes
parties de K... en voiture hier, à 10 heures du
matin, pour reprendre, une dernière fois, la route
de Z..., où se trouve la gare. Le soleil était brillant et chaud, malgré quoi une lourde mélan-
colie semblait peser sur toutes choses. Nous
avons laissé d'abord la Silésie pour entrer dans
le Brandebourg, et là, au lieu des arbres frui-
tiers qui bordaient notre grande route, nous
avons revu les platanes, bien plus petits et moins
touffus que ceux qui bordent nos routes françaises dans le Midi. Cette route de Z... est d'ailleurs pittoresque et jolie. On s'y sent tout de
même en Allemagne, quand ce ne serait qu'aux
tas de pierres qui bordent les chemins, et qui,
tous, affectent la forme de polyèdres réguliers.
Sans doute le nombre des cailloux est-il scrupuleusement compté !

Le paysage, vers le pont qui coupe *la pares-
seuse Obra*, est charmant d'ordinaire ; mais il
était attristé par les travaux que l'on a faits pour
la défense de Berlin. Les têtes des forêts sont cou-

pées, afin de ne point permettre à une armée ennemie de se dissimuler. Tout près de la route, les troncs étaient coupés à 1 mètre du sol, et même tout au ras. C'était un vrai massacre, bon à faire pleurer, car les arbres étaient la seule parure de cette plaine, et les forêts qui, de chaque côté et en contre-bas, bordaient la route, étaient ravissantes.

Une dernière fois, on s'arrête devant la petite maison où il faut payer péage, non pour la poussière que l'on soulève, mais pour l'entretien du chemin. Chose curieuse, les autos, qui défoncent bien plus que les voitures, ne payent rien; c'est pourquoi messieurs les landrats ont tous des autos, m'explique-t-on ; et, de fait, sauf celles des landrats, et d'un industriel qui a loué une chasse près d'ici, je n'ai jamais vu d'autos dans ce pays. On préfère avec raison les chevaux qui vont partout dans les champs et les forêts, même là où les chemins sont à peine tracés. Car tout ce qui n'est pas la grande route est laissé charitablement, par l'Etat, aux bons soins des propriétaires, qui n'entendent pas y dépenser trop d'argent. J'ai vu, vers l'Oder, pour empêcher les chemins de se défoncer, qu'on jetait en travers et côte à côte des troncs d'arbres tout entiers; on les recouvre de terre, comme en Lithuanie, et cela fait une route solide, où l'on trépide un peu, et où l'herbe pousse sous le pied des chevaux, Attila n'y ayant jamais passé, sans doute !

Parties de Z... à midi 1/2, nous ne sommes

arrivés à la gare de la Friederichstrasse qu'à
8 heures du soir. D'ordinaire, on fait ce voyage
en 3 heures !

Et quel voyage pénible ! Partout on ne voyait
que transports de blessés, départs de chevaux ;
à Francfort-sur-l'Oder, nous avons aperçu un
aviateur russe, blessé à la tête et prisonnier, que
l'on avait fait « descendre » à coups de fusil à
Kreuzburg.

A notre arrivée ici, la gare avait certainement un aspect inaccoutumé ; une grande foule,
debout et silencieuse, s'était réunie là, semblant
attendre on ne sait quoi. Mais à mesure que
notre fiacre s'approchait de la Pariserplatz, cette
foule redevenait, sous les Tilleuls, par exemple,
celle des beaux soirs d'été, dames élégantes en
toilettes claires, messieurs fort calmes. Tout Berlin paraissait être dehors.

Durant le voyage même, et avant de changer
de train à Guben, nous n'osions parler de peur
de nous trahir par nos accents étrangers. Deux
messieurs nous ont ennuyées beaucoup, en se
confiant mutuellement leur joie de tant de succès, leur espoir de voir la Belgique province
allemande (il y a là pourtant un roi et une reine
encore, mais qui y songe ?) et quinze milliards
sortir de France pour entrer dans leurs poches.
Ils se sont plaints beaucoup des Japonais, « ces
apaches », mais surtout des Anglais, desquels,
disaient-ils, on n'aurait pas attendu de tels
procédés, avec un roi cousin de leur empereur.

Grand Dieu! Le malheureux roi Albert doit savoir, lui aussi, ce que valent les liens de famille avec les Hohenzollern !

Ces aimables gens déploraient qu'à tant d'étrangers qui allaient se réfugier à Berlin (ici des regards courroucés à notre adresse) on ne fasse pas subir les mêmes traitements que ceux qu'avaient reçus les femmes et les enfants allemands en Belgique. Serons-nous coupées en petits morceaux ? Ma foi ! Nous vivons en des temps si singuliers qu'il ne faudrait pas nous en étonner trop !

La pauvre Balinska, qui, je ne sais comment, s'était égarée dans un autre compartiment, y a entendu les histoires les plus invraisemblables et les plus terrifiantes sur les espions russes.

Après Guben, nous étions avec des dames russes, qui étaient venues de Moscou aux bains de mer de Dranem et qui voulaient essayer de s'en retourner par la Suède (Stockholm-Pétersbourg. C'est, d'ailleurs, la voie qu'a prise le consul d'Autriche à Varsovie quand il a eu dernièrement à aller à Vienne). Nous les avons, par hasard, rencontrées ce matin encore sous les Tilleuls ; toutes gracieuses et toutes gaies, elles s'en revenaient de l'ambassade d'Espagne, où on leur avait donné quelque espoir de pouvoir partir. C'était presque une joie de nous retrouver, connaissances de la veille, car les visages aimables se font rares et l'on finit par craindre de se trouver bientôt sans amis. Je connais l'Allemagne pour y avoir vécu autrefois et j'y ai des amis, mais je m'aperçois que je suis presque seule dans un moment comme celui-ci. Et je pense aux pauvres étrangers dont nous parlaient ces jeunes femmes, qui, seuls dans une ville d'eau, n'ont pas de connaissances, pas d'argent, et, quelquefois, pas un morceau de pain à manger.

Les nouvelles se succèdent, rapides, foudroyantes. On disait, hier, être à cent kilomètres de Paris ; dans la rue, ce matin, nous avons entendu qu'on en était beaucoup plus près, que, dans six semaines, la France serait finie. Les Anglais sont vaincus à Maubeuge ; le fort de Manonviller, « le plus solide et le plus résistant des forts français », si je veux le croire, est pris. Il n'y a plus d'obstacles à cette marche triomphale.

A midi nous apprenons que « cinq corps d'armée russes, plus trois divisions de cavalerie, ont été vaincus et repoussés, après une bataille de trois jours, entre Ortelsburg et Gilgenburg, par les troupes du général de Hindenburg, qui vient d'être nommé commandant en chef pour la Prusse Orientale ». Il paraît que son prédécesseur ne faisait que bêtise sur bêtise — à ce que me dit un très vieux général — et que Hindenburg, qui était à l'armée de France, a été appelé très soudainement à ce commandement. *Vingt heures* après avoir reçu son ordre de partir, il était déjà à la tête de sa nouvelle armée et commençait cette glorieuse attaque. Ceci restera,

— toujours selon le vieux général, — *le fait marquant de la campagne.*

Il est certain que cette promptitude des Allemands, grâce à l'organisation parfaite de leurs moyens de transport, a quelque chose de prodigieux.

Nous n'avions rien entendu dire du commencement de cette bataille, car on taît soigneusement les événements en cours et on ne dit que ce qui est terminé.

C'était, hier aussi, une autre merveilleuse victoire des Autrichiens, après trois jours de combat également, à Krasnik; mais cela me semble marquer un recul cependant, puisque, il y a quelque temps, ils se disaient à Lublin.

Ainsi, même en faisant la part de l'exagération allemande, pour laquelle tout est « *kolossal* » (y compris les dimensions des drapeaux qui pavoisent les maisons), les choses vont, c'est de toute évidence, mal, très mal pour les alliés. On dit que le général Joffre a dû céder le commandement en chef au général Pau, que la population de Paris se soulève. (A Odessa, les révolutionnaires, poussés par les Allemands, sont en pleine insurrection et ont arraché la ville des mains du gouvernement!)

M. de Bernabé me dit que je puis partir pour la Suisse, et va me donner un passe-port. Quant à la pauvre Balinska, elle aura de la peine à partir, même par Cracovie, car elle risque, lui dit M. de Bernabé, d'être arrêtée en route. La fureur contre les Russes augmente de jour en jour. M. de Bernabé espérait encore ce matin pouvoir faire partir ceux qui, de tous côtés, le lui demandent, mais les derniers télégrammes sont mauvais. « Les Russes se sont mal conduits », dit-il avec son fin ssurire, « et on ne veut rien leur accorder ». *Se mal conduire*, c'est être victorieux sans doute, et c'est un bien mauvais signe que l'aménité que l'on témoigne aux Français. On commence à les plaindre, à les trouver très malheureux; on reconnaît qu'ils ne voulaient pas la guere. La sensibilité allemande aidant, ils verseront un pleur, je n'en doute pas, sur ce morceau du cœur français qu'ils se proposent de dévorer. Tous les visages à présent sont rayonnants. Si je dis : « les Russes avancent », on me répond : « *Oh! cela n'a pas d'importance. L'essentiel est que nous avancions en France, et nous avançons! !* » Que nous faudra-t-il voir encore?

L'ambassade d'Espagne, qui s'occupe des intérêts des Russes comme de ceux des Français, est sur les dents. Il y a ici 30.000 Russes, venus des bains de mer et des villes d'eau allemandes qu'ils avaient l'habitude de fréquenter l'été, mais où on ne les verra plus, je suppose. Ce sera une grande perte pour l'Allemagne, mais si elle est mise en quarantaine, ce n'est toujours pas moi qui la plaindrai. Je voudrais la voir au ban des nations civilisées, et, malgré sa puissance matérielle, elle y est déjà.

On a appris ce soir que les Anglais avaient
pu, devant Heligoland, et « grâce seulement à
un épais brouillard, » bien entendu, mettre à
mal les faibles forces marines allemandes qu'ils
avaient rencontrées devant eux ; mais ces insuccès passent inaperçus !

Dimanche, 30 août. — Les journaux illustrés
donnent des gravures sur l'approvisionnement
de Paris, qui se prépare pour le siège, lequel, au
su de tous, sera très long et pénible. Comment
a-t-on eu ces photos ?

On dit que la population est calme là-bas,
mais qu'elle ignore encore combien les Allemands sont proche et que les journaux ne lui
laissent rien savoir de la situation si critique, de
peur d'émeutes populaires. Il est vrai que le cas
est bien désespéré, si les Anglais, comme on le
dit, ne veulent plus venir au secours des Français, car ils ont reçu à Saint-Quentin un tel coup
sur la tête qu'ils ne se soucient pas de recommencer.

Les journaux donnent désormais les listes de
morts (aujourd'hui la treizième) sans en indi-
quer le nombre, et on cherche fiévreusement là-
dessus sans pousser la malice jusqu'à faire le
compte macabre. Bien entendu, c'est comme en
70, on s'émerveille de la faiblesse des pertes
ici, et de leur immensité de l'autre côté. Je ne
puis croire que la France soit déjà si malade.
Dieu vienne à son secours !

Un télégramme d'Amsterdam nous apprend à midi que Guesde et Sembat seraient entrés ministère par la volonté des socialistes et au-auraient fait un appel de soulèvement en masse pour *une guerre de partisans* « qui ne peut que retarder, sans l'empêcher, la ruine de celle qui s'appelait si orgueilleusement *la Grande Nation* ». Ces interprétations plus que fantaisistes, d'une déclaration ministérielle qui certainement ne peut que demander au pays de faire tout son devoir dans un grand effort contre une si effroyable nécessité, ne m'émeuvent pas beaucoup, bien qu'elles fassent tourner les têtes françaises autour de moi. Je sais assez ce qu'il faut en prendre, et surtout en laisser. Le titre même du dernier livre de Sembat : *Faites un roi, sinon faites la paix*, les induit-il pas à croire qu'il songe à rétablir la monarchie en France !!...

Le temps des légendes héroïques est revenu et nombreux sont les héros modernes qui aujourd'hui sacrifient leur vie pour la gloire de la Patrie ! C'est ainsi que le petit *Zenta*, de la marine austro-hongroise, a pris sur lui tout le poids d'une bataille navale contre *la flotte française entière.* Quand et où ? Je voudrais bien le savoir, mais on nous le laisse ignorer. Toujours est-il que ce petit croisé succomba dans la lutte contre une flotte géante. C'était une force de 2.3oo tonneaux contre trois fois 100.000. Mais les canons du *Zenta* n'en ont pas moins détruit quatre des seize cuirassés français qui le faisaient couler! « Et cela prouve bien leur valeur et que nous pouvons en être fiers ! »

Hier, on nous disait que la Turquie mobilisait; aujourd'hui la Grèce suit le mouvement. Où s'arrêtera le carnage?

Quelqu'un qui revient de chez le prince de Bülow, rentré de Norderney de très bonne heure cette année, me dit l'avoir trouvé beaucoup moins triomphant que ses compatriotes. La mort de son frère l'a terriblement attristé, et il souffre du « cauchemar horrible » de ces quatre semaines de guerre. D'après lui, l'armée française est venue très loin en Alsace, mais le général Joffre a craint, avec raison, de trop engager sa responsabilité, quand il a vu les énormes masses allemandes qui s'avançaient avec une telle cohésion.

M. de Bülow, s'il fit une faute dans la direction intérieure du pays, faute qu'il paya de sa retraite, eût été, pour les affaires extérieures, un bien meilleur diplomate que ceux que nous avons vus discourir et manœuvrer sur la carte d'Europe en ces dernières années, et il faut peut-être regretter son départ des affaires. Sans doute un congrès sera la conclusion de cette guerre. Il faut souhaiter qu'il y trouve la place que son intelligence lui fait mériter. Mais je doute qu'il s'offre de lui-même, et peut-être faudra-t-il le prier quelque peu. Sans témoigner d'aucune amertume, il ne paraît pas avoir bien haute idée de ses compatriotes et de son gouvernement...

Des feuilles spéciales publient ce soir une grande victoire sur les Russes, à Tannenberg : 3o.ooo prisonniers, dont de nombreux officiers supérieurs. (On avait bien pris dix généraux français à Metz!) On poursuit les Russes sur la frontière, et, pris de trois côtés, ils sont embour‑ bés dans les marécages des Masuren.

La bataille de Krasnik se continue, après cinq jours, à... Lemberg, qui en est si loin que per‑ sonne ne comprend plus comment ces vaincus arrivent dans le pays vainqueur. Mais les Alle‑ mands n'ont aucun doute. La victoire ne peut être que pour l'Autriche. Il faut dire aussi que les masses engagées sont telles que l'on ne pourra peut-être juger du résultat que quand tout sera terminé.

Deux jeunes officiers se sont offert hier une petite fête. Ils ont parcouru la Friederichstrasse en auto, lentement, en exhibant, à la grande joie des passants, les trophées de leurs victoires en France, un képi, un fusil, etc. ; la jubilation po‑ pulaire a été son comble, quand, au bout d'une baïonnette française, ils ont enfin brandi... un pantalon rouge, qui s'est mis à flotter au vent ! Ils ont dit être venus de la frontière en trente‑ six heures d'auto. Je voudrais qu'on m'expliquât comment ils ont pu quitter leur régiment pour venir faire à Berlin cette promenade triomphale et cette exhibition d'un goût si délicat.

Il paraît qu'il y a une grande panique à la Banque de France, et que mon pauvre pays est lui aussi dans le marais. Lille est évacuée, la garnison en est partie, les fortifications, *très anciennes, et en grande partie démolies*, ne permettant plus de défendre la ville. Le préfet est parti pour Dunkerque, un arrêté du maire a désarmé la police, et le journal ne paraît plus, de peur de tomber sous la censure allemande. La ville est donc ouverte, et attend calmement les Allemands.

Je prévois que nous aurons une horrible semaine, car on ne laissera certainement pas les Allemands s'avancer sur Paris sans combattre, et sans combattre avec acharnement. Que de morts vont encore tomber !

Nous venons d'entendre M. de Wilamovitch-Moellendorf, professeur d'histoire à l'Université, qui a fait ce soir, à la salle Beethoven, une conférence fort intéressante et applaudie dans laquelle il a dessiné l'état actuel de la situation et dont voici le résumé : « Il faut établir une différence entre le peuple français, qui est entré dans cette lutte contre son gré, et le peuple anglais, qui a froidement et longuement médité le plan de ruiner la puissance matérielle de l'Allemagne. Une différence existe aussi entre le Français, qui cherche à défendre son pays, et le Russe lourd et pesant, qui, sans aucun sentiment national, suit bêtement l'ordre que lui donne son Tzar. Pour la France, comme pour nous-mêmes, cette guerre est une nécessité, si elle veut sauver son existence. — Chaque victoire que nous rem-

portons dans l'Est sur les barbares hordes russes est pour nous une libération. Et cela non seulement parce qu'elle permettra aux fils fidèles
et vaillants de la Prusse orientale de demeurer
allemands, mais encore parce que tout succès
sur les armées de ce pays sauvage est un succès
de la civilisation et de la morale sur la brutalité
et la perversion. — Et nous ne devons pas oublier
que cette guerre nous ne l'avons pas voulue, mais
que nous y avons été obligés par l'alliance stupide de la France avec la Russie, par la confiance
imbécile de la Belgique (?), par la fourberie de
l'Angleterre, et que ce sont là les *causes qui
nous ont fait dévier de la ligne droite que jusqu'ici nous n'avions à aucun moment cessé de
suivre*. La question à laquelle cette guerre doit
répondre est celle-ci : le sanguinaire cyclope
russe doit-il continuer à s'asseoir à notre porte ?
La Russie, seule ou alliée avec l'Angleterre,
doit-elle perpétuellement nous menacer et nous
barrer la route ? C'est là le problème, tel que
l'a si bien posé M. de Bethmam-Holweg dans
son discours au Reichstag. Il n'y a plus personne pour douter de ce que doit être la solution.
L'invasion russe doit être si bien refoulée que le
droit à l'existence de notre peuple ne puisse plus
être discuté !

« Que ce problème est compliqué et comporte
plusieurs côtés, cela saute aux yeux, et aussi
qu'il n'est pas de ceux que l'on peut résoudre en
un moment. Ces choses-là ne sont pas toujours

aussi simples qu'on voudrait le dire. Sans doute il est possible que la France vaincue ait à supporter pendant longtemps les conséquences de l'alliance qui l'a ruinée. Mais pour tous ceux qui connaissent le peuple français, il y a encore d'autres possibilités. Il ne faut pas oublier que, dans le nouveau cabinet français, à côté de Delcassé, tout bouffi de vanité, à côté de Millerand, qui, de tous points, ressemble à Delcassé, se trouve maintenant Marcel Sembat, jusqu'à présent si ferme socialiste. On peut supposer que Sembat n'est plus aujourd'hui ce qu'il était lorsqu'il écrivait son livre, qu'il s'est déjà beaucoup rapproché de Millerand et de Delcassé, mais il ne faut pas compter sur une révolution à Paris, sur une juste, une sérieuse révolution. Car la France n'est plus dirigée, comme en 1870, par un gouvernement exécré du peuple, mais par une République en laquelle ce peuple se reconnaît. — Non, à ces probabilités, il serait dangereux de nous fier. Nous devons éviter de nous appuyer sur des circonstances extérieures à nous-mêmes. Nous ne devons et nous ne voulons bâtir que sur les certitudes que peuvent nous donner toutes les actions brillantes, toute la bravoure de nos armées, et toute notre volonté de tout supporter sans reculer.

« Que notre armée, jusqu'à la fin, sera victorieuse de tous les côtés, nous le sentons depuis longtemps. Jusqu'à la fin, elle soutiendra cette lutte gigantesque.

« Et il faut qu'il en soit ainsi. Nous devons faire taire le Tzarisme autoritaire qui nous écrase. Nous avons droit à l'air et à la lumière, que l'on nous prendrait si nous étions vaincus. Et cette théorie que, victorieux d'un côté, nous pouvons ne pas l'être de l'autre, est fausse, elle n'a aucune valeur puisqu'elle nous conteste le droit à la vie. C'est pourquoi nous accueillons avec une joie si reconnaissante, et tellement au-dessus de toute expression, la victoire de Tannenberg, cette épopée grandiose de l'armée de Prusse Orientale. C'est pourquoi tous nos vœux vont vers la vaillante armée autrichienne, qui lutte depuis 4 jours en Pologne. C'est pourquoi nous avons l'espoir et la confiance que le peuple allemand a, en vérité, la puissance morale d'accomplir tout cela. »

Moralité : « Il faut à tout prix vaincre la Russie. »

On raconte sur ces Russes de telles horreurs que je n'y puis croire : dans la Prusse Orientale, ils auraient coupé les mains et la langue à de pauvres petits enfants ! C'est là un degré de sauvagerie que mon esprit se refuse à admettre, mais je suppose qu'en France on dit la même chose des Allemands.

On cultive encore en Allemagne le « vers de circonstance ». Je cueille cet échantillon de goût et de finesse dans le *Lokal-Anzeiger* d'aujourd'hui :

DER KRANKE FRANZOSE [1]

Ein blass Franzoschen kroch ins Bett
In einem deutschen Lazarett...
Ein Doktor schnell ihm untersucht
Und lachelnd in die Listen bucht :
« Hat Nicotin-Vergiftung !...
Sein Herz schlagt schwar, sein Puls geht matt,
Weil man Sie so vertobakt hat.

MAX BEWER

NOUS SOMMES PRÊTS [2]

Die Franzosen renommieren
« Wir sind fertig » Krieg zu fuhren
Nun wir konnten promptest dienen,
« Fertig » sind auch wir, *mit ihnen !*

P.-M.

Mardi, 1ᵉʳ septembre. — Un jeune prêtre d'Alsace m'écrit qu'il a failli être fusillé pour avoir fait sonner les cloches de son église le jour de l'Assomption; on l'accusait de vouloir ainsi témoigner de la joie des Alsaciens à voir revenir les Français qui étaient alors au val de Weiler. Un village, près de chez lui, a été complètement brûlé par les Allemands, pour la seule raison que les Français y étaient entrés et bien que

1. LE FRANÇAIS MALADE

Un blême petit Français se tord dans le lit
D'un hôpital allemand...
Un docteur vite l'examine,
Et inscrit en riant sur sa fiche :
« Intoxication de nicotine !
Son cœur est faible, son pouls lent,
Parce qu'il s'est trop *entabaqué !* »

2. Aux Français, renommés pour leur :
« Nous sommes prêts » à faire la guerre ;
Maintenant nous avons pu répondre promptement
« Nous en avons fini aussi, *avec vous* ».

(*Etre prêt* et *avoir fini* se rendent par le même mot *fertig.*)

les habitants ne se soient livrés à aucune manifestation, de peur des représailles prussiennes. C'est une véritable terreur que l'Allemagne fait régner aujourd'hui sur ce malheureux pays, dont tant de fils, pourtant, servent sous le drapeau impérial.

D'une Autrichienne, nous recevons ces lignes : « Vous pouvez penser dans quel état d'esprit nous sommes, avec la terrible bataille qui se livre en Galicie. *C'est toute notre existence qui en dépend.* Dieu donne la victoire aux Autrichiens ! » Et cette bataille dure encore. La dernière dépêche autrichienne disait avant-hier soir : « Le moral de nos troupes est excellent » ; celle de hier : « Nos troupes gardent ourageusement leurs positions. » Mais dans une lutte pareille, où les Russes, moins bien disciplinés et exercés sans doute, ont tout l'avantage du nombre, toute la force que leur donne leur nature primitive, le succès ne sera-t-il pas pour eux ? Le soldat autrichien se fatiguera, s'énervera, se découragera ; le soldat russe, sans pensée, entêté, silencieux, restera d'abord inébranlable, puis, une fois poussé par ceux qui lui arrivent sur les talons... il avancera.

Les journaux ne disent rien de nouveau et reviennent, sans fin, toujours sur les mêmes histoires. Il semble qu'on n'est plus à 100 kilomètres de Paris, comme on l'annonçait hier de façon si sensationnelle, mais à 150 suivant certains, à 80 (à Compiègne), suivant d'autres. L'opinion se répand, dans quelques milieux, qu'on laissera Paris *ouvert* et sans défense, sans garnison, pour lui éviter les horreurs d'un bombardement !

Tandis que nous nous promenions hier soir sous les Tilleuls, nous avons eu les oreilles rebattues des prouesses d'un aviateur allemand qui avait survolé Paris et y avait jeté une bombe, sans toutefois causer aucun dommage. Quelques heures plus tard, c'étaient trois bombes et trois dirigeables !

La foule, devant le palais du kronprinz surtout, est dans un enthousiasme indescriptible, mais il me semble qu'elle ne sait pas trop pourquoi.

A onze heures du soir, une *extra-blatt* annonçait une nouvelle victoire en Prusse Orientale, à Neidenburg : 60.000 prisonniers, dont deux généraux en chef, beaucoup de canons et de munitions pris. Les Russes reculent toujours vers la frontière. Ce matin, ces 60.000 prisonniers sont devenus 70.000, et ce soir ils seront 80.000, je n'en doute pas !

Mais de l'avis d'un Allemand que j'ai vu hier, les pertes sont partout épouvantables *et on renonce à les compter désormais.*

Deux vieux généraux en retraite sont venus hier soir avec leur Croix de fer de 1870 sur le revers de leur habit, ce qui, autrefois, ne se faisait jamais. Ils ont dit que les pertes des Allemands, dans les combats d'Alsace, avaient dépassé de beaucoup celles des Français, ce qui dément les informations de la presse. Un député polonais au Reichstag, M..., qui était là, a contredit de la même manière d'autres nouvelles fantaisistes, par lesquelles des journalistes qui n'avaient rien vu affirmaient que seule l'infanterie russe valait quelque chose, que l'artillerie était infecte et ne portait pas, qu'il ne fallait rien craindre pour le sort des Autrichiens à Lemberg. M..., qui revenait de Posen, avait vu un officier qui s'était battu avec les Russes et qui lui avait dit que leur infanterie était mauvaise, parce qu'on avait appris aux soldats à tirer par-dessus leur tête, couchés à plat ventre, et que par cela même leur tir était souvent perdu, mais qu'en revanche leur artillerie était merveilleuse et *terrible*.

Je n'entends plus parler depuis dimanche que de ces terribles « 42 cm = Mörser » dont l'Allemagne possède une vingtaine, paraît-il, et qui, avec des obus de 2 mètres de long sur 42 centimètres de large, font des trouées telles que deux suffisent pour détruire un fort ! On s'en est déjà servi pour abattre le fort Loucin, à Liège, et je crois aussi à Manonviller. Pourvu qu'on ne s'en serve pas sur Paris ! Il paraît qu'on les avait achetés dans le plus grand secret, que les quarante officiers qui avaient composé la commission d'achat en ignoraient tout eux-mêmes. Les artilleurs n'en connaissent pas le maniement et il faut, pour les faire partir, les ingénieurs qui les ont construits et qui se servent pour cela d'une étincelle électrique, mais doivent filer rapidement en auto s'ils ne veulent pas sauter en l'air en même temps que ces obus, qui, de fait, prennent la verticale avant de retomber avec une force extraordinaire. Les Allemands se montrent très fiers de cette invention et de leur maison Krupp; cependant, il m'est revenu, de deux côtés bien différents, que ces mortiers ne venaient nullement de chez Krupp, mais de l'étranger. Un seul obus coûte 30.000 marks, dit l'un, 20.000, dit l'autre, enfin très cher.

M... est très fâché contre Mgr Likowski, et ne s'est pas gêné pour lui dire que, si les Russes entraient à Posen, ils le pendraient par les pieds, pour avoir dit, dans sa lettre pastorale, tant de mal d'eux et tant de bien des Allemands. En revanche, l'empereur était si content de ces dispositions germanophiles chez un Polonais qu'il a envoyé audit Monseigneur un télégramme long comme ça ! Ces télégrammes de félicitations semblent être l'occupation principale de notre Guillaume; il en envoie de tous les côtés, et les journaux remplissent aisément leur colonne à les reproduire, ce qui les tire d'un grand embarras.

Ils sont pleins aussi des violations du droit des gens et du droit des peuples auxquelles se livrent tous ceux qui ne sont pas Allemands. Sur la violation de la neutralité belge, ce peuple-ci est très curieux à entendre; c'était pour lui un *droit,* mais les autres puissances n'ont point de droit !

Ils se plaignent amèrement de ce que, dans les cartouchières des soldats français et anglais morts ou blessés à Maubeuge, on a trouvé ce qu'on appelle ici des « Dum-Dum Geschosse », que le droit des gens interdit, parce qu'elles déchirent les plaies de façon horrible et les rendent inguérissables.

Il paraît que les Serbes s'en servent aussi. Toutefois, de la Serbie, on ne dit plus grand'chose. On nous a pendant longtemps entretenus du bombardement de Belgrade. Maintenant, qu'il soit enfin terminé ou non, nous savons seulement, aujourd'hui, qu'un général russe prend le haut commandement de l'armée serbe et que des troupes russes iront au secours des soldats serbes par le Danube. (Ce qui est une violation de la neutralité roumaine et bulgare! Ah! comme on voudrait voir la Roumanie et la Bulgarie prendre fait et cause pour la Triple Alliance!)

Les troupes monténégrines sont déjà sous le commandement du général russe Potapow.

On dit que Paris est dans le désespoir, ce que je conçois aisément; que le Bois de Boulogne est rempli de bétail pour l'approvisionnement de la place en vue du siège; que le champ de courses de Longchamp est couvert de 2.000 bœufs et de 10.000 moutons et qu'à Suresnes on a amené des centaines de veaux !

C'est aujourd'hui seulement que les journaux

connaissent le départ (ils disent la fuite, bien entendu) de la reine des Belges pour l'Angleterre, départ que nous connaissions depuis dimanche. Mais nous savons qu'elle n'est partie que pour mettre ses enfants en sûreté et qu'elle a l'intention de revenir.

Berlin a son plus bel aspect. Il est comme toujours merveilleusement propre et soigné, et cela lui tient lieu de beauté, de caractère et de charme. Le Tiergarten est frais et ombreux; les grandes artères de la ville sont larges et claires, avec des parterres de verdure et de fleurs entre les deux chaussées dans l'une desquelles montent les voitures et les autos, tandis qu'elles descendent dans l'autre. Partout de l'air et de la lumière. Les yeux français sont bien étonnés de voir à Charlottenburg, dans la longue avenue si droite que forment l'avenue de Bismarck, l'avenue de l'Empereur, etc., le tram glisser sur un gazon vert tendre, entre deux parterres fleuris. Sur le Kurfürstendamm, les jeunes peupliers sont si jolis! Je suis sortie seule ce soir, malgré toutes les objurgations, et j'ai été charmée de l'extraordinaire bonne grâce de tous, cochers de fiacre, conducteurs de tram, concierges, etc., pour une Française qui parle très mal leur langue et qui craignait presque les insultes. Aucun signe extérieur de l'état de guerre, sauf la foule immense qui stationne devant les vitrines où les journaux exposent leurs fantastiques télégrammes, et un long convoi de chevaux réquisitionnés qui traversait la ville et arrêtait la circulation, vers la place de Postdam. Ces pauvres bêtes ont à subir de véritables massacres, et, dans l'Est, des champs entiers étaient littéralement couverts de leurs cadavres, après la bataille de Tannenberg.

Le *Berliner Tageblatt* d'aujourd'hui contient en feuilleton un article d'un écrivain, Suédois de naissance, Aage Madelung, qui habite ici après avoir vécu longtemps en Russie, sur laquelle il a écrit un roman : *Die Gezeichneten*[1]. Cet article est un véritable appel aux armes et dit clairement aux Suédois que « c'est l'heure unique où ils peuvent montrer s'ils sont vraiment des hommes ou seulement des poltrons, et s'ils veulent verser leur sang pour leurs frères germains !» L'Allemagne semble chercher partout des alliés; quel besoin en a-t-elle puisqu' « elle peut vaincre seule [2] »? On dit que le docteur Swen Hedin est aussi un fervent ami de l'Allemagne.

Mercredi, 2 septembre. — On avait annoncé avec pompe qu'à midi il y aurait, par la porte de Brandenburg, la Pariserplatz et les Linden, un défilé des canons pris à l'ennemi, que l'on transportait de la caserne d'artillerie de Moabit jusque devant le Château royal (du côté du Lustgarten, en face de la statue du vieux Fritz, où ils resteraient exposés). Ma curiosité m'a jetée à la

1. *Les Marques.*
2. On trouvera la traduction de l'article de **A.** Madelung à l'Appendice (I).

fenêtre. J'ai vu la place noire de monde, autant que les toilettes criardes des femmes lui permettaient d'être noire! On a attendu longtemps, et, pour tromper l'attente, on a acclamé un amiral qui passait en auto. Puis enfin, musique en tête, est venu un drapeau, français sans doute, peut-être celui qu'on avait pris à Lagarde, ce qui m'a serré le cœur, bien que d'aucuns m'aient assuré lui avoir vu les couleurs russes ; ma vue est basse ! Après quoi, onze canons ont défilé, très grands, vert foncé : c'étaient les canons russes ; puis trois canons belges et deux français. Ces derniers resteront devant le palais du kronprinz. Tout cela, et les soldats qui les accompagnaient, porté par des chevaux russes pris à l'ennemi et du plus misérable aspect, chevaux de paysans qui traînaient les transports, je pense.

Les monuments de Moltke, de Bismarck, du vieil Empereur, sont décorés de couronnes et de fleurs et il y a aussi l'anniversaire de la bataille de Sedan, que l'on fête ici par toutes sortes de manifestations patriotiques. Les écoles ont congé.

L'armée russe de Galicie est commandée, me dit la Balinska, par ce même général Paul de Rennenkampf, qui s'est fait connaître dans la guerre russo-japonaise et dont j'ai toujours entendu parler comme d'un véritable sauvage, qui, dans sa maison même, ne va jamais sans son fouet de cuir, pour frapper à droite ou à gauche si quelque chose ne lui plaît pas. Il a un affreux caractère, et ne veut s'entendre avec personne. Dans la petite ville polonaise où il vient parfois en été, il terrorise à tel point les enfants, que ceux-ci ne sortent presque pas des greniers tant qu'il est par là ! Il passe, dans tous les cas, pour un des meilleurs généraux de l'armée russe. Il commandait, avant cette guerre, la section militaire de Vilna (2ᵉ, 3ᵉ, 4ᵉ et 20ᵉ corps). Son fils se bat, me dit-on, dans l'armée autrichienne; n'est-ce pas terrible ?

Les nouvelles sont désastreuses pour nous; ce sont des aéroplanes et des dirigeables allemands qui planent sur Paris et lancent des bombes près de la Bibliothèque nationale, de la gare Saint-Lazare, de l'Opéra. C'est une « bataille dans les airs » qui se livre au-dessus de Paris. C'est le gouvernement français, où règne la mésentente et qui se transporte à Lyon. C'est une mutinerie qui a éclaté au 15ᵉ corps, à Lunéville, et qui a été cause de la défaite. C'est Givet qui est pris. Enfin c'est, entre Reims et Verdun, la défaite de dix corps d'armée français par les armées du kronprinz et du kronprinz de Bavière de nouveau réunies[1]. L'empereur est arrivé là aussi et a passé la nuit au milieu des troupes, ce qui est bien le signe de la certitude où l'on est de tenir Paris ! La joie, à cette dernière nouvelle, a été telle que les chants et les hourras ont éclaté, à onze heures du soir, devant l'am-

---

1. Cette nouvelle était des plus fantaisistes, comme on sait, les opérations, à cette date, ayant été de peu d'importance.

bassade de France. Comme celle-ci est vide, volets fermés, sans drapeau, semblable à une tombe, c'est tout de même une assez pauvre manifestation. J'en ai pourtant le cœur crevé.

Et, pour mon réconfort, on prétend savoir, d'après des informations militaires sûres, que les forts de Paris n'ont aucune espèce de valeur, aucune chance de résistance. Ils ont tous été bâtis avant 1886, ne sont pas du tout établis d'après les progrès modernes, et ne sont faits que de terre et de moellons. L'avis général, ici, est qu'on entrera dans Paris aussi facilement que dans Bruxelles.

On dit que le roi Albert essaie de reconstituer une petite armée. En attendant, des dirigeables allemands survolent Anvers, qu'ils bombardent, en faisant beaucoup de mal, et en tuant même des gens inoffensifs. Voilà pour le droit des gens.

J'avais voulu partir avant-hier, l'aimable M. de Bernabé ayant eu l'obligeance de me donner dès dimanche mon passe-port, mais je serais obligée, pour gagner Lausanne, de traverser la Bavière, le Tyrol, la Suisse allemande, etc. Je ne me sens pas le courage de tenter un pareil voyage dans de si mauvaises circonstances et j'attendrai ici un train direct vers la Suisse ou vers la France.

Jeudi, 3 septembre. — Le gouvernement français s'est retiré non à Lyon, mais à Bordeaux.

Le Président de la République aussi. On est très dur ici pour M. Poincaré, qui n'a pu arriver à la Présidence qu'en flattant le parti nationaliste et les sentiments chauvins des Français. Au lieu de reconnaître les sentiments pacifiques de l'Allemagne, *qui ne demandait que l'amitié de la France*, il s'est fait, à en croire l'opinion berlinoise, l'instrument de Grey, d'Iswolsky, et des grands-ducs russes, qui tous voulaient la guerre. Aussi met-on généreusement sur ses épaules la responsabilité de l'état actuel de la France. On le traite communément de « faible, lâche, vaniteux personnage ». Il n'est pourtant pas seul au pilori : il y a encore M. Iswolsky, auquel on prête un rôle des plus machiavéliques et bien exagéré à mon sens. Ce serait un nouveau Méphistophélès, « le Cagliostro de la politique », ainsi quel 'appelle un vieux diplomate morose qui a fréquenté Paris. On lui reproche d'avoir, comme l'Impératrice Eugénie en 70, appelé « ma guerre » cette guerre, de l'avoir préparée de concert avec Édouard VII. Il y a enfin Edward Grey, dont le nom ne va jamais sans l'épithète de *menteur*. (Londres s'appelle, à présent, *la fabrique de mensonges*.) En vérité, M. Poincaré est encore le moins maltraité! Il s'est laissé duper par Iswolsky et Grey !

La guerre, affirme-t-on, peut, sans aucune gêne pour l'Allemagne, durer encore longtemps « puisque l'armée allemande vit aux frais de la France »; le peuple français voudrait la paix, mais le parti des « patriotards à tout prix » le pousse à plus de fierté et à résister jusqu'à la dernière goutte de sang ; ce parti appelle « agents allemands » ceux qui parlent de traiter déjà.

Les aviateurs allemands volent chaque soir au-dessus de Paris, vers sept heures, alors que les boulevards sont le plus animés, et ils font beaucoup de dégâts. Ils ne cachent pas qu'ils visent les grands monuments tels que la Banque de France, la Bibliothèque nationale et les grandes gares (Lyon, Saint-Lazare). Vers la gare Saint-Lazare, ils ont tué quatre personnes et en ont blessé grièvement plusieurs. Voilà de quoi être fier !

Un aviateur a laissé tomber cet aimable message aux Parisiens : « La forêt de Compiègne est en flammes ! Au revoir, après-demain, dans Paris ! » La veille, de la même manière, on avait appris aux pauvres gens que l'armée allemande était tout près.

La panique est affreuse à Paris, si j'en crois le correspondant du *Giornale d'Italia,* que je cite : « Les chefs-d'œuvre du Louvre, les trésors de la Banque de France ont aussi été emballés et dirigés sur le Midi. Chacun s'aperçoit enfin, mais trop tard, combien le sénateur Humbert avait raison de donner l'alarme ! Il n'y a plus dans Paris que des soldats de la réserve et de la territoriale, *la plupart sans uniformes et sans armes.* Les canons manquent aussi, bien que la fabrique du Creusot travaille nuit et jour pour

fournir les pièces de canonnerie. Les idées révolutionnaires envahissent toutes les classes. La
rancune est grande contre les députés..... Cette
panique grandit, non seulement à Paris, mais
dans toute la France. J'ai le sentiment de vivre
dans une atmosphère de ténèbres de plus en plus
obscures, tant la terreur est excessive de catastrophes encore plus grandes. *Les Russes sont si
loin, et les Allemands si près!* ne cesse de répéter la foule. » Aimable correspondant ! Celui de
la *Tribuna* chante sur le même ton et ajoute que
les soldats eux-mêmes *fuient* et ont perdu tout
courage : « Nous avons vu nous-mêmes, dit-il,
des canons rester abandonnés au milieu des
rues et des enfants jouer avec. » Femmes et enfants quittent Paris en masse. On donne même
des billets gratis à tous ceux qui veulent profiter des derniers trains possibles, car bientôt on
ne pourra plus partir.

Les journaux français, ajoute ce correspondant, ne disent rien, ou seulement des mensonges,
à cette population affolée qui semble avoir tout à
fait « perdu le sens ». Les journalistes n'ont pas
la permission de suivre les opérations militaires,
sauf le correspondant du *Times*, mais aussi la
vente de ce journal est-elle interdite en France.

A Lemberg, il est difficile de comprendre ce
qui se passe ; quand on veut consulter une carte
on est effaré des proportions que prennent ces
opérations. J'entends dire, depuis hier, que les
Allemands envoient des renforts aux Autri-

chiens. Vraiment leurs réserves sont inépuisables ! Ils disent avoir encore un million de volontaires déjà exercés et prêts à partir. A Berlin, on n'a pas levé le Landsturm, ni même la Landwehr, le peuple raisonnant un peu plus que celui des campagnes, et l'enthousiasme ayant besoin d'être maintenu. Enfin, ils disent que l'aile gauche autrichienne est victorieuse avec le général de Auffenberg, qui a fait 30.000 prisonniers et pris 200 canons. (On en avait pris 160 à Tannenberg. Que fait-on de tous ces canons ? C'était bien la peine d'en amener si peu ici l'autre jour !) Mais au centre, à Lemberg, on reconnaît maintenant que la position est *difficile*.

Vendredi, 4 septembre. — « La cavalerie allemande est devant Paris. Sauf Maubeuge, tous les forts du nord de la France sont entre les mains des Allemands. Les Français reculent derrière la Marne. » Voilà le titre de ce télégramme du grand quartier général :

Pour l'attaque du fort avancé de Givet, nous avons, comme pour le siège de Namur, employé les lourdes « motorbatteries » que les Autrichiens nous avaient envoyées et qui ont toute la solidité, la force et la précision qu'on en attendait. Elles nous ont rendu le plus grand service. Les forts de Hirson, Condé, les Ayvelles, la Fère et Laon ont été pris sans combat.

Ainsi tous les forts du Nord de la France, sauf Maubeuge, sont entre nos mains.

L'attaque de Reims continue.

La cavalerie de l'armée du général en chef de Kluck s'étend jusqu'à Paris.

L'armée de l'Ouest a traversé l'Aisne et marche sur la Marne. Il y a déjà des postes avancés jusqu'à la Marne.

L'ennemi recule devant les armées des généraux de Kluck, de Bülow [1], de Hausen et du duc de Würtemberg et se retire derrière la Marne. L'armée du prince royal, qui l'a repoussé à Verdun, le poursuivra vers le sud.

Les armées du prince royal de Bavière et du général de Hœringen sont toujours en lutte contre des forces ennemies dans la Lorraine française.

Des détachements français et allemands se battent sans interruption dans la Haute-Alsace.

Dans l'Est, les troupes du général de Hindenburg recueillent de nouveaux fruits de leur victoire [2]. Le nombre des prisonniers grandit chaque jour ; il dépasse maintenant 90.000 hommes. On ne peut encore savoir le nombre exact de canons et de munitions embourbés dans les bois et les marécages de la Prusse Orientale. Ce n'est pas deux, mais probablement trois généraux en chef de l'armée russe qui ont été faits prisonniers ; d'après des sources russes, un général russe a été tué.

Le chef du quartier général,

DE STEIN

La présence du kaiser en France fait ici grande impression. On cultive cette impression avec soin. Voici un télégramme de leur champ de bataille de l'Ouest :

---

1. Un autre frère du chancelier.

2. De Tannenberg ; le pays est là extrêmement difficile pour qui ne le connaît pas, avec ses marais et ses lacs. C'est ce qui explique la défaite russe.

Grand quartier général, 3 septembre.

Pour la première fois depuis que des combats ont été livrés ici dans l'Ouest, Sa Majesté est venue sur le front, le jour anniversaire de la bataille de Sedan. La rencontre de Sa Majesté et du Prince Royal a eu lieu près de Sorbey. De là, l'Empereur a poursuivi en auto jusqu'au régiment des Grenadiers du Roi, n° 7, dont le commandant est, comme on sait, le Prince Oscar. Là, l'Empereur a fait à ce régiment un discours qui a été reçu par des hourras et s'est terminé par le chant de l'hymne national. *Rien ne peut décrire la beauté de ces instants ; le soleil couchant éclairait cette scène et on n'entendait que le tonnerre assourdi de la grande voix des canons, dans la direction de Verdun, comme si les horreurs de la guerre disparaissaient sous l'éclat rayonnant d'un monde nouveau et idéal...*

Je ne puis qu'arrêter, sur une si belle phrase, ce télégramme trop long, et d'ailleurs vide de sens ou à peu près.

Des aviateurs allemands sont allés jeter des proclamations en Pologne russe, pour la prier... de se soulever contre la Russie. Le grand-duc Nicolas, de son côté, ayant appris que quelques Polonais passaient à l'Autriche, a, toujours par la voie aérienne, jeté un arrêté pour prévenir que tout Polonais coupable de cette trahison serait, non seulement arrêté, mais *fusillé sur l'heure et sans procès !*

La Balinska trouve ses compatriotes stupides d'attendre quelque chose de bon de l'Autriche. Elle dit, non sans raison, que puisqu'ils n'ont que la bravoure, sans l'initiative (et on ne peut nier qu'ils sont braves ; à tout instant, quand on parle, ici ou à Lemberg, de l'intrépidité d'un officier, on lui voit un nom polonais), ils doivent faire ce que le moment présent leur impose... sans plus.

Il paraît que la population ruthène de Galicie, que l'Autriche flattait tant, lui joue de mauvais tours et sert la Russie de tout son pouvoir. Ces Ruthènes peuplent les deux provinces russes de Podolie et de Volhynie. C'est une race slave dont la langue même ressemble au russe. Nulle part le problème des races n'était plus compliqué pour l'Autriche qu'en Galicie. C'était là non seulement une bataille nationale perpétuelle, mais encore une bataille sociale qu'il fallait sans cesse livrer : le paysan est ruthène, mais sur lui domine l'aristocratie polonaise (Potocki, Lubomirski, Zamoïski, Badeni, etc.); or, le paysan ruthène ne reste pas passif; il a le sentiment très vif de sa nationalité, et l'aristocratie polonaise ou le gouvernement autrichien ont eu souvent maille à partir avec lui; durant ces dernières années surtout, ils ont dû lui faire plus d'une concession : c'est ainsi que l'enseignement du ruthène a fini par être admis dans les écoles populaires à côté du polonais. On avait même voulu faire de l'université de Lemberg une université ruthène, mais les Polonais ont été encore assez forts pour l'empêcher.

C'est cette question qui rend si difficile la bataille de Lemberg; si la population ruthène dépasse la population polonaise en énergie, et si elle veut s'assujettir à la Russie, on ne pourra guère l'en empêcher. Sans doute, elle sera moins libre sous la domination tzariste : elle n'aura ni écoles, ni journaux, et elle le sait bien ; mais la révolte est, là-bas, surtout celle du paysan contre le seigneur polonais possesseur de son sol. Il eût fallu une réforme agraire, *la terre ruthène au paysan ruthène*. Cette réforme, l'Autriche n'a pu l'accomplir, car le gouvernement de Vienne a capitulé devant l'aristocratie galicienne, de même que, dans d'autres pays, la monarchie a capitulé devant la noblesse.

Là, comme partout, la Russie a intrigué depuis des années par des démagogues et des propagandistes d'idées avancées, qui ont trouvé un excellent terrain dans le mécontentement du peuple ruthène. Il est donc parfaitement logique, puisque l'Autriche n'a pas voulu aider ce peuple à reprendre son sol, que celui-ci se mette au service du tzarisme.

Il paraît qu'on s'est aperçu de colonnes de fumée diversement colorées, de signaux de couleur, la nuit, qui indiquaient aux Russes où se trouvaient l'infanterie, l'artillerie autrichiennes, etc. Des faits de ce genre avaient déjà eu lieu, lors de la bataille de Gumbinnen, où il y avait eu des trahisons dans la population polonaise ; la roue d'un des moulins à vent qui abondent là, tout comme en Silésie, tournait quelquefois en sens contraire du vent et toujours dans la direction où marchaient les troupes allemandes.

Un officier qui le remarqua fit alors tourner la roue en sens inverse et l'ennemi, aussitôt, prit une autre route!...

A midi, on nous annonce que Boulogne-sur-Mer a été complètement évacué par les troupes françaises et anglaises.De l'autre côté, les feuil-les ne tarissent pas sur la victoire du général de Auffenberg,mais reconnaissent pourtant le recul des Autrichiens ; les Russes descendent mainte-nant jusqu'à Mikolajow et Rohatyn.

Un Allemand m'a dit hier qu'on avait rappelé cinq corps d'armée de France pour les envoyer au secours des Autrichiens.On ne dit rien de cela dans les journaux,naturellement,mais les Russes ont quarante divisions d'infanterie et onze de cavalerie en Galicie, et de nouveaux renforts leur arrivent sans trêve. Ils perdent beaucoup de monde, disent les Autrichiens, et c'est sur ces pertes que l'on compte pour les empêcher d'avan-cer. Je crois qu'il ne restera nulle part d'hommes valides après cette horrible guerre.

.   .   .   .

On dit ce soir que Reims s'est déjà rendu, grâce à la seule peur que lui ont inspirée le 42 cm = Mörser et les motorbatteries autrichiennes. Voici les vallées de la Marne entre les mains des enne-mis, et, Amiens étant tombée aussi, la vallée de l'Oise.Ainsi,plus rien ne les arrête. Notre armée, demeurée en Lorraine, est coupée du reste de la France. Les armes allemandes sont-elles telles que rien ne peut leur résister?En 1870, on avait l'impression d'une lutte, les forts tenaient des jours, des semaines, des mois ; maintenant... on tombe sans combat. Peut-être les forteresses ne servent-elles plus à rien dans la guerre moderne ; peut-être l'armée française (car elle doit exister quelque part, j'imagine) préfère-t-elle ne pas perdre les soldats de ses forteresses afin de les avoir tous en mains, pour une attaque ultérieure..

M. de Bülow, qui est venu ici cette après-midi, pense que la guerre sera longue, aucun des adversaires ne voulant, apparemment, lâcher prise le premier. La France une fois à terre, ce sera le tour de l'Angleterre, etc. Quel triste état de choses? Le général de Bülow a fait jusqu'à ce jour, à lui seul, 13.000 prisonniers en France et pris 350 canons.

Senlis et Creil sont déjà des postes allemands.

Il paraît que, dans leur fuite éperdue, les soldats français abandonnent armes et canons, à tel point que les Allemands, qui avancent avec une rapidité extraordinaire, *n'ont même pas le temps de les ramasser !*

Samedi, 5 septembre. — On se bat toujours autour de Lemberg, mais on continue néanmoins à ne pas douter du succès final. Un Allemand me dit : « Nous avons envoyé des renforts aux Autrichiens et dans deux jours tout sera terminé. » C'est une arme puissante pour un peuple que cette belle et inaltérable confiance, que rien ne saurait ébranler.

Le *Vorwärts* d'aujourd'hui, donnant une esquisse du soldat français et du soldat russe,a grandement raison de montrer le Français enthousiaste, ardent, intrépide à l'attaque; mais tout de suite nerveux devant l'obstacle et la retraite, et, aussitôt, criant qu'il est vaincu, qu'il est trahi. Son intelligence même, son imagination excessive le mettent face à face avec les pires possibilités. Le Russe, brute impassible, n'a pas de nerfs, pas même de pensée; il reste où on l'a mis; vaincu, il recule, se reprend, se remet en marche sans fatigue, et par sa ténacité parvient à vaincre à son heure. Les généraux russes ne sont pas des génies, ils sont sans grands élans, ils ne discutent pas le pour ou le contre d'une attaque, aussi ne connaissent-ils jamais l'hésitation, et, une fois partis en avant, ils poursuivent leur route envers et contre tout et tous.

C'est ainsi qu'ils immobilisent toute l'armée autrichienne qui avait cru prendre le royaume de Pologne sans coup férir. Les pertes russes se réparent à mesure, les vides se comblent instantanément. On reste confondu devant cette force brutale, inexorable. L'Allemagne reconnaît aujourd'hui que l'armée russe est de force à lutter contre la meilleure, la mieux aguerrie, la plus disciplinée!

C'est là-dessus qu'on n'avait pas compté; on n'avait cru trouver de la résistance que du côté français. Hélas! je ne doute plus que Paris soit pris bientôt! Que ce ne sera pas la fin de la guerre avec la France, tout le monde le sent bien ici ; et qu'il faudra ensuite continuer à se battre au cœur même du pays, pied à pied, par petits combats, qui épuiseront et vainqueurs et vaincus. Ma pauvre France, si riche et si belle !...

Les journaux de Paris, *le Temps* en tête, suivent le gouvernement à Bordeaux, où ils ne paraîtront plus que sous forme de bulletins, l'encre et le papier manquant. Je ne vois pas *l'Illustration* (qui figure sur la liste) réduite à un télégramme !

Les éditions du soir disent que, « pour des raisons toutes stratégiques », Lemberg a dû être évacué par les troupes autrichiennes et que « les Russes en y entrant sont venus dans une maison vide ». Lemberg était, paraît-il, « une très mauvaise position militaire »... « La retraite des Autrichiens s'est effectuée dans un ordre parfait, qui prouve une fois de plus leur habileté et leur énergie ! » Le plus étrange, c'est que les titres, toujours sensationnels depuis le commencement de la guerre, ne mentionnaient pas du tout Lemberg, mais encore et toujours la victoire du général de Auffenberg à Komarow, ses 30.000 prisonniers, ses 200 canons pris aux Russes. Cette victoire a empêché, dit-on, la jonction des deux armées russes du nord et de l'est de la Galicie, et fait que « leur effort est un coup de couteau porté dans l'herbe ».

On a trouvé, dans les poches de prisonniers russes, des proclamations du grand-duc Nicolas

au peuple ruthène de Galicie. Il lui demande de
quitter le joug autrichien pour reconnaître l'appel du tsar à tous ses enfants slaves ; il leur dit
qu'ils sont des *Russes* et que « pas un seul Russe
ne doit demeurer l'esclave de l'Autriche ». Les
Autrichiens sont surtout furieux de l'appellation
de *Schwabe*, qu'il leur a donnée. En Alsace, on
appelle aussi un Allemand un *Schwob !*

Dimanche, 6 septembre.—On ne fait que parler avec admiration de l'évacuation volontaire
de Lemberg « due à des considérations d'humanité autant qu'à des raisons militaires », et de la
poursuite qu'on mène contre les Russes, des
prisonniers qu'on leur fait ! C'est fatigant à la
longue, car on répète les mêmes succès dix fois,
vingt fois, en termes semblables d'abord, pour
recommencer ensuite en termes différents.

Il est à remarquer que cette évacuation de
Lemberg, qui avait eu lieu dès le 3 au matin,
n'a été publiée ici que le 5 au soir.

Je sais, de source certaine, que l'on a dû aussi
évacuer, bien plus au sud, la ville ruthène de
Halicz.

On nous apprend que l'attaque de Nancy est
commencée sous le commandement de l'empereur lui-même, ce qui, pense-t-on, sera plus dur
que tout le reste au chauvinisme des Nancéens,
desquels on n'oublie pas de rappeler « les inju-
res contre les Allemands ».

On dit que les vivres leur manquent déjà.

On sait assez d'ailleurs ce que sont ces brillants commandements. Même ici, ils n'en imposent pas beaucoup et un Allemand, ardent patriote pourtant, me disait à propos de la Croix de fer donnée au kronprinz, et des faits héroïques qu'on lui attribuait : « Oh ! il est si idiot que ses officiers ont certainement tout fait, puis, pour le flatter, ils auront mis tous leurs lauriers sur ses épaules ! »

Maubeuge, pris, est en flammes. Termonde aussi, que je croyais pris depuis longtemps. Il me semble qu'on n'avance guère devant Anvers. Je voudrais tant que Paris soit épargné ! On voudrait bien, ici, que la France fît promptement la paix : on dit qu'elle y aurait tout avantage, qu'on se montrerait très *coulant*, etc.

Je sens bien que, malgré les dangers de l'heure présente, il est difficile de traiter. Si seulement nous étions victorieux à Nancy ! La plus grande partie de l'armée française y est, dit-on, concentrée. Et on prévoit déjà que ce sera bientôt une capitulation comme celle de Sedan ! toute l'armée française prisonnière !... Le cœur se serre à une telle pensée, mais je ne puis m'empêcher de croire, parfois, que cette attaque de Nancy marque surtout un retour en arrière de l'armée allemande, qui pourrait bien être obligée de respecter Paris. On m'assure que des troupes russes vont débarquer au Havre. Ah ! si elles pouvaient avoir le temps de tomber sur le dos des Allemands ! Déjà, on leur a pris une *Feldpost*. Ils l'avouent aujourd'hui, et c'est ainsi que les Français ont été mis au courant de mouvements qu'on aurait voulu garder secrets. A mon avis, s'ils marchent plutôt vers la Lorraine que vers Paris maintenant, c'est parce que leurs forces ne sont plus suffisantes, puisqu'ils doivent en détacher une partie pour se défendre contre la Russie, et ils ont peur de se laisser couper en pays ennemi.

Dans les hautes sphères, on prétend sans vergogne, pour préparer cette volte-face, que c'est l'empereur qui ne veut pas assiéger une ville comme Paris, toujours pour des considérations d'humanité, mais je ne me laisse pas prendre à ces contes, car ces considérations humanitaires n'ont jamais empêché l'Allemand de brûler et de saccager les coins de France où il passait ; on l'a assez vu à l'œuvre en 1870.

L'empereur, d'ailleurs, dans la guerre actuelle, n'a qu'une valeur toute passive. Le grand état-major l'avait d'abord suivi à Coblence, puis il est revenu seul à Berlin, dans son énorme bâtiment, en face du monument de Moltke, gardé nuit et jour par la police : toutes les rues avoisinantes sont barrées. Là, dans le calme le plus absolu, travaille le général de Moltke [1], avec une centaine d'officiers triés sur le volet.

Ils ont, pour les mettre au courant, fils télégraphiques et téléphoniques, antennes de T. S. F., d'immenses cartes et des jalons. Tout marche *automatiquement* pour ainsi dire et à distance ;

1. Neveu du précédent.

c'est une machine qui manœuvre sur les frontières et dont la force dynamique est ici. Tous les plans ont été conçus par le général de Schlieffen, mort depuis, mais on n'a qu'à tirer des cartons pour tout trouver en ordre et à sa place.

L'empereur ne s'est mêlé en rien de tout cela. On a poussé un grand soupir de soulagement quand il a décampé, tant on avait peur qu'il ne brouille tout en voulant commander. Je pense qu'il a tremblé devant une telle responsabilité, et il a bien fait, car si quelque chose va mal, du moins ne pourra-t-on s'en prendre à lui !

Tous ces rouages fonctionnent si bien que la rapidité des mouvements est extraordinaire. Et pas de hâte, pas de précipitation, pas d'accident. C'est le triomphe de la discipline, de l'ordre et de la méthode.

Quand, en temps de manœuvres, on avait des officiers étrangers, on savait diriger leur attention sur de tout autres points que ceux qui devaient rester secrets !

On se moque beaucoup de Clemenceau, « nouveau stratège et stratège civil comme on peut l'attendre d'un pays républicain », qui a voulu, dans *l'Homme Libre*, défendre la tactique de temporisation du général Joffre et montrer qu'il avait réussi « à étrangler l'armée allemande entre la Lorraine et Paris ». Il peut voir à présent, dit-on, les effets glorieux de cette tactique dans la prise sûre et imminente de Nancy. Les choses, pourtant, ne me paraissent pas si déses-

pérées. Que Dieu donne la victoire à l'armée
française ! On en dit tant de mal ! La cavalerie française n'est rien : elle a beaucoup perdu,
dans ces dernières années, par suite du service
de deux ans ; les chevaux sont bons, les cavaliers détestables. Tandis que le cavalier allemand
est l'ami, le frère de son cheval, qu'il aime et
qu'il soigne, le cavalier français ne voit, dans sa
bête, qu'une corvée ennuyeuse...

Est-il possible que tout soit si mal en France ?
Que le Français n'ait plus ni sentiment du devoir,
ni courage, ni amour du métier des armes, ni
discipline, comme on le répète sans se lasser ?

On veut par là, je le comprends, donner
espoir et confiance au soldat allemand ; mais
faut-il donc employer de tels moyens pour
enflammer son héroïsme ? La cavalerie française
n'existe pas ; « ce sont des troupes de chasseurs
qui vont à l'aventure, et qui ne sauraient résister à nos superbes corps de cavaliers si bien
équipés et aguerris. Dans l'attaque à l'arme
blanche, elle est passable encore ; pour le reste,
elle est désastreuse. » Et enfin : « *Ou est-elle*, cette
cavalerie ? Nous entendons dire que la nôtre
rase Paris ; d'où vient qu'elle ne rencontre pas
un seul cavalier français ? »

On a beau savoir que ces lourdes railleries
allemandes ne sont que mensonges, on souffre,
quand on est Française, de voir ces mensonges
se colporter dans la presse, passer de là dans le
peuple allemand, qui prend toutes ses idées dans

les journaux. Et il n'y a pas une seule feuille qui ne descende à ces procédés ! Aussi, du haut en bas de l'échelle, aristocrates et bourgeois, ouvriers et paysans, tous ont un grand dédain, aujourd'hui, de ceux qui, seuls, leur faisaient peur avant la guerre...

J'ai eu enfin une lettre de Mulhouse ce matin. On y a vécu des heures épouvantables, depuis le départ des Français, qui y étaient restés une semaine. Maintenant un calme relatif y est revenu. Sera-ce pour longtemps ? Dans les environs, on se bat encore...

Un télégramme de Londres dit que Cambon, Grey et Benckendorff ont eu une entrevue, de laquelle il résulte que leurs trois puissances lutteront *ensemble* jusqu'à la fin, que l'une d'elles ne saurait traiter séparément. Cela me donne un peu d'espoir. Mais je ne vois pas trop, si la France était vaincue et si l'Angleterre luttait ensuite, sur mer et aux colonies, jusqu'au printemps, ce que pourrait faire la France sans traiter.

Le docteur de Wilamowitch-Moellendorff nous a fait ce soir, dans la salle des fêtes de l'hôtel de ville de Charlottenburg, une autre conférence fort intéressante dont voici le résumé, sans commentaires ni discussions inutiles :

« Il y a déjà des gens qui croient à la fin de la guerre et pensent pouvoir, à la manière des grands politiques, remanier la carte de l'Europe et du monde entier. Cela nous ramène de quarante-quatre ans en arrière, quand, après la bataille de Sedan, les plus grands personnages, généraux aussi bien qu'hommes d'État, croyaient la lutte terminée. Ceci doit nous servir de leçon ; sachons voir aujourd'hui, bien clairement, que nous ne pourrons vaincre nos ennemis par un regard de haine, car la haine rend aveugle, mais uniquement *par un regard lucide sur notre force et leur faiblesse*. Nous voulons que notre force dépasse la leur, mais nous ne devons pas oublier que nul ne peut mieux que nous travailler pour le bien de l'humanité entière. Tenons-nous-en à la manière allemande : Nous voulons connaître toujours la vérité, parce que nous savons la regarder en face, sans crainte et sans reproche.

« La France que nous avons aujourd'hui devant nous n'est plus la France qui, autrefois, voulait prendre sa revanche de Sadowa, par rancune de ne pouvoir réaliser son ancien rêve de domination sur l'Europe. Ce qu'elle demande, à présent, c'est seulement *sa revanche de la paix de Francfort*. Nous ne devons pas nous laisser entraîner à contester qu'elle en a le droit. Ce sont là des sentiments que nous pouvons comprendre, bien que nous ne comprenions pas la haine que le peuple français, *poussé par son gouvernement, s'est laissé imposer* envers nous. *Ce peuple est naturellement amical et facile à vivre*. De lui-même, il aimerait l'Allemagne. Mais le gouvernement qui le régit, et qui a commis tant de fautes politiques, a eu conscience d'avoir perdu sa confiance. *Pour la retenir*, il cherche à égarer l'opinion vers d'autres voies, afin de lui faire accepter cette guerre qu'il ne voulait pas, qu'il n'eût jamais voulue sans cela. Mais la France a fait l'abandon de sa liberté, et *la République marche sous le commandement du tzar*. Et cela ne s'arrête pas là. La France si fière, la France de Jeanne d'Arc, qu'elle honore comme une sainte, a appelé l'Angleterre à son aide.

« Du côté de la Russie aussi, ce n'est pas au peuple qu'il faut s'en prendre. L'instinct naturel du peuple russe, c'est d'accepter le testament de Pierre le Grand, l'héritage de Catherine II, *c'est la marche vers Constantinople,* vers la ville sainte. Ce désir est profondément ancré dans tous les cœurs russes, et *la libération des Slaves* n'est qu'un mot de combat. La Russie prétend par cette guerre arracher à l'Autriche ses frères slaves, mais là n'est pas la vraie raison. La raison véritable, c'est qu'il s'est formé en Russie toute une société, le tzar en tête, *qui est tellement corrompue* qu'elle a laissé voir ses faiblesses au peuple, et qu'elle a désiré cette guerre, *pour essayer de retenir ce peuple,* qu'elle sentait lui échapper. C'est ainsi qu'on a laissé tomber l'ancienne amitié avec la Prusse. Je dis : Dieu en soit loué ! (Ici la salle, qui était comble, a applaudi avec frénésie !) Nous nous sentons aujourd'hui tout différents du vieil empereur, qui, né en 1797, avait encore toutes les idées de ce temps ; tout différents aussi de Bismarck. L'amitié de la Russie était pour lui un point essentiel de sa politique et de sa diplomatie. Nous voulons aujourd'hui *que la main propre et loyale de l'Allemagne ne demeure pas plus longtemps dans la main malpropre et déshonnête de la Russie.*(Encore des bravos !) La Russie a repoussé la Prusse, pour marcher avec son ennemi héréditaire l'Angleterre. Et maintenant, nous avons contre nous la coalition des trois puissances. *Sur le champ diplomatique nous sommes complètement battus* et nos armées ont maintenant pour mission d'améliorer cet état de choses. Cette coalition a fait déjà beaucoup pour nous ; sans elle, nous n'aurions jamais su que, malgré nos différences de partis, notre unité demeure intacte ! Nous sommes unis parce que nous ne nous sentons pas les pièces séparées d'une machine, mais parce que le dernier des servants d'artillerie sait qu'il est l'homme sur lequel la patrie repose et en qui elle a mis toute sa confiance. Nous sommes un peuple d'hommes libres et notre soldat est un homme libre. Nous sommes un peuple de frères unis dans l'honneur et le guerrier allemand a le cœur trop grand pour accomplir de plein gré l'assassinat et le ravage. Ce sont là des choses auxquelles, de sa nature, il n'est pas enclin. Il nous est déjà assez pénible d'en venir à des moyens extrêmes que nous réprouvons. Nous nous sentons ravalés au rang des brutes, quand nous devons agir ainsi. Mais nous y sommes forcés, et nous pouvons seulement espérer que notre peuple, en agissant de la sorte à l'étranger, *ne perd pas conscience de lui-même* et qu'il se rappelle qu'il doit donner la preuve de la plus haute civilisation. Voyez nos ennemis : parce que nos Zeppelins ont jeté des bombes au-dessus d'Anvers, c'est une violation du droit des gens, tandis que les Français s'étaient flattés de voler au-dessus de Nuremberg, ville ouverte, et de la bombarder. Leur volonté de le faire a été vaincue par leur incapacité seulement. D'ailleurs, *qu'entend-on au juste par le droit des gens?* Le temps présent nous enseigne que le droit des gens, comme tous les autres droits, n'a aucune valeur quand il n'est pas soutenu par une puissance suffisante pour se faire respecter. Un État ne peut être sûr de n'être pas violé que s'il a à son service une armée de fer, comme les États-Unis, par exemple. Si le soldat français n'hésite pas à frapper un ennemi par derrière, le droit des gens ne peut rien lui enseigner. Et si le soldat allemand respecte les femmes et les enfants, ce n'est pas parce que le droit des gens le lui ordonne, mais parce que *son cœur* lui dicte sa conduite. Certes, il est terrible et épouvantable de penser à tous les trésors matériels et intellectuels qui se perdent en ce moment. Et nous ne sommes encore qu'au commencement! Toutefois, nous pouvons déjà voir en rêve une image d'un avenir meilleur : *C'est une image de la paix et*

de la fraternite de tous les peuples de la terre.
Quand l'Allemagne et l'Autriche seront victorieuses, le jour viendra où elles auront la puissance *de diriger le monde dans la paix,* et si
le monde ne veut pas la paix de son plein gré,
elles l'y obligeront par la force. Nous ne dési-
rons pas voir s'élever à notre profit un empire
napoléonien. Non ; nous voulons, dans les temps
futurs, *une harmonie parfaite des peuples,* où
l'Angleterre et la France, bien qu'elles sortent
vaincues de la guerre présente, aient encore leur
place et leur rôle à jouer. *Nous ne faisons pas la
guerre contre les Slaves.* Nous voulons les servir,
et, au contact des Germains, les amener promptement à notre état de civilisation qu'ils ignorent.
Car nous sommes la nation des esprits grands
et puissants, qui, pendant un siècle, a travaillé à
la création de la civilisation germanique, et, par
là, au développement de la puissance germanique. Guillaume de Humboldt doit demeurer le
précepteur et le maître des Allemands, et cette
parole prophétique de Schiller doit s'accomplir :
« *Chaque peuple a son jour dans l'histoire,
mais le jour du peuple allemand doit être une
moisson pour le monde entier.* » Maintenant,
c'est l'heure de lutter et de souffrir. Déjà des
torrents de sang et des torrents de larmes ont
coulé, des torrents plus grands encore seront
répandus avant que vienne la fin, *et chaque
maison verra le deuil et la douleur.* Mais nous
voulons combattre, puisque la destinée de l'heure

présente le veut ainsi, le regard fixé sur cette certitude, qu'en avant, par l'espoir, la foi et les actes, nous sommes avec Dieu, pour le Roi et le peuple. » Zim boum boum !

Lundi, 7 septembre. — Le chancelier a lu au Reichstag un long message de l'empereur au peuple américain, où il essaye, par les plus belles phrases qu'il peut trouver, de tourner l'opinion publique en faveur de l'Allemagne — en montrant qu'il a, jusqu'au dernier moment, voulu maintenir la paix, et acquérir même l'amitié de ses voisins, malgré l'attitude de l'Angleterre qui ne songeait plus, depuis des années, qu'à dévorer l'Allemagne. Il revient sur tous les griefs imaginables, espérant que l'Amérique se souviendra de sa vieille inimitié avec la Grande-Bretagne. Il répète que, si l'Allemagne n'avait pas dû, bien malgré elle, violer la neutralité belge, on sait assez que la France ne s'en serait pas privée ; il énumère les torts de la Russie, du Japon, des habitants de la Belgique, etc. : « Des jeunes filles allaient jusque sur les champs de bataille, crever les yeux de nos blessés ; des fonctionnaires emmenaient les officiers allemands à table, et, là, les égorgaient traîtreusement. » Puis, viennent les balles Dum-Dum, etc., etc. Jamais il n'y eut un peuple aussi persécuté, et avec moins de motifs, que celui-ci. Bref, confiant dans l'intelligence des Américains, Sa Majesté les prie de ne pas croire *les calomnies* qu'on va colporter jusque chez eux, car les malheureux Allemands ne défendent que leur droit à l'existence, et agissent, en tous lieux et en toutes circonstances, comme de bons petits agneaux. L'Allemagne, depuis cinq semaines, se bat non seulement contre un océan d'ennemis, mais encore contre un océan de calomnies, qui soulève contre elle la haine du monde entier. Et voici qu'une mission franco-belge se rend aux Etats-Unis pour étendre le champ du mensonge. Le télégraphe ne leur suffisait plus!

La comtesse E... est toujours à Vienne, où elle passe ses journées à l'hôpital, auprès des blessés, seul moyen de ne pas trop penser à ses soucis personnels. Elle écrit, par l'entremise d'une ambassade, que son plus jeune fils est avec l'armée victorieuse près de Lublin, qu'il est bien portant et plein d'espoir, mais son auto était dans un tel état après ces 3 semaines de service qu'il l'a renvoyée à Vienne, où elle a besoin d'une longue réparation. Le chauffeur a raconté des choses fort intéressantes, mais que l'on n'ose pas écrire!... Qui pourra jamais faire l'histoire de cette guerre quand tout doit être gardé secret.

A Lemberg, il y a eu des combats affreux sur leurs terres. Celles des Zamoïski déjà avaient été dévastées.

La comtesse venait d'apprendre l'évacuation de Lemberg et croyait, comme tout le monde là-bas, que c'était chose comprise dans le plan militaire, et tout à fait logique. Les Ruthènes ont donné toute leur bonne volonté à faire triompher la Russie! Ils ont pillé, saccagé les terres des seigneurs polonais, incendié et fourni toutes les indications possibles aux troupes d'invasion! La comtesse avait entendu dire que Iswolsky s'était rendu en Italie. « Pourvu, s'écrie-t-elle, qu'il ne soit pas pas allé soulever le seul pays qui ne soit pas encore mêlé à cette guerre! » Quelle confiance en cette alliée!!

Le Dr Friederich Hirth, professeur à l'Université de Vienne, publie une « lettre par-dessus les frontières », qui fait ma joie, car je n'ai jamais rien lu de plus ampoulé, de plus fou, de plus envieux, de plus absurde! Pour comble, elle est adressée à M. R..., « membre bien connu de l'Académie française » et secrétaire perpétuel, je crois. Or, M. Roujon est mort l'hiver dernier pourtant, et il n'y a pas d'erreur possible, c'est bien de lui qu'il s'agit, puisqu'elle ne saurait en rien, d'après le contenu, viser M. Lamy. Quels comédiens que ces « intellectuels » allemands [1]!

La reine des Belges revient auprès de son mari. Le roi s'est splendidement conduit ; il a la main toute déchirée par une balle. On dit que les Belges ont inondé Malines en ouvrant les digues pour barrer la route d'Anvers. Ici, on affirme que cela ne servira à rien et que les

---

1. On trouvera cette lettre traduite à l'Appendice (II).

canons Krupp ont assez de portée pour envoyer
leurs obus par-dessus le pays inondé.

Mardi, 8 septembre. — Une patrouille de
uhlans est entrée dans Reims, s'est emparée, à
elle seule, de la ville qui ne résistait pas, a pris
le maire comme otage, etc. Les Allemands ont
pu mettre la main sur dix biplans, vingt mono-
plans, quarante moteurs Gnôme, etc., etc., le
tout en parfait état, et d'une valeur de plus de
un million de marks.

Le télégramme du grand quartier général est,
ce soir, ainsi conçu : « Maubeuge est entre nos
mains : 40.000 prisonniers dont quatre généraux, 400 canons et beaucoup de munitions ! »

Quelqu'un qui vient de Dresde me dit avoir
visité les prisonniers, qui tant Russes que Français sont amenés en grand nombre en Saxe. Il
a été frappé de trouver aux Russes une allure
plus soignée, plus virile qu'aux Français. Sans
doute les Russes sont moins intelligents, mais
ils sont plus forts, mieux équipés, moins abattus, paraît-il.

La pauvre Balinska essaye de partir pour sa
Pologne, par la Suède et Pétersbourg, mais cela
même n'est pas facile. On a organisé pourtant,
samedi et aujourd'hui, des transports pour les
Russes (juifs la plupart du temps), qui affluent
ici en trop grand nombre (60.000) et dont on
aimerait bien se défaire. On en avait casé une
partie dans les baraquements de Döberitz, mais

on a besoin maintenant de ces baraques pour les prisonniers de guerre! La Balinska a peur du long et pénible voyage qu'elle aura à entreprendre, car chacun sera numéroté, étiqueté, et aura, vraisemblablement, peu de place pour ses aises. Sans compter que les Allemands ont posé des mines partout, et que la liste des bateaux qu'ils font sauter ainsi, et des morts que cela entraîne, croît chaque jour considérablement.

Nous sommes allées aujourd'hui à l'hôpital Sainte-Hedwige, où il y a déjà 350 blessés (pas un seul Français); les malheureux ont des visages à faire pitié, mais le plus étrange c'est qu'ils n'ont pas de blessures graves : ce sont des balles ici et là; l'un a le bras bandé, l'autre la tête; cependant ils ont attrapé des maladies telles que pneumonies, rhumatismes, fièvres, et quand nous nous en sommes étonnées, ils nous ont expliqué qu'ils étaient restés trois ou quatre semaines sans changer de linge, ou sans quitter leurs bottes, couchant sur la terre même parfois, car la paille était rare. On a voulu aller *très vite* afin de surprendre l'ennemi, le paralyser et l'empêcher de se ressaisir, et il semble qu'on ait tout sacrifié à cela; les vies mêmes n'ont pas été ménagées et toutes les morts ne seront pas dues aux étrangers, mais bien plutôt à l'imprudence et à la folle témérité des chefs.

De ces blessés, nous avons entendu combien étaient mensongers les racontars des journaux, qui parlent sans cesse de la lâcheté « des Français fuyards et poltrons ». A cette bataille de la Meuse, ils nous ont assuré les avoir vus « se battre comme des lions » ; voilà qui entre mieux dans les vieilles traditions de l'honneur français. Quelle pitié que ces calomnies, volontairement colportées dans tout ce pays, et qui nous peignent des prisonniers français « applaudissant à la nouvelle que l'armée allemande est devant Paris », et disant à ceux qui s'en étonnent : « Oui, nous applaudissons, car ce sera la fin de la guerre. » Et les femmes de Paris, courant aux fortifications pour les démolir, dans leur horreur de la guerre, et les hommes les suivant, comme bien on pense ! C'est surtout dans les dépêches des correspondants à Paris des journaux italiens et du *Journal de Zurich*, que l'on puise ces informations édifiantes, et on devrait, à Paris, chasser ces journalistes de la *Stampa*, de la *Tribuna*, du *Giornale d'Italia*, ou, sans autre forme, les plonger dans la Seine ! Celui de la *Gazetta del Popolo*, qui a suivi le gouvernement à Bordeaux, fait du beau travail. D'après lui, « la plus grande partie du 15e corps d'armée a déserté devant Metz, et il a fallu fusiller plus de trois cents hommes et nombre d'officiers ! » De quelles armes se sert-on con_ tre nous? N'est-ce pas pire que les Dum-Dum? J'entends dire partout autour de moi que la France aura perdu tout son prestige à cette guerre. C'est son gouvernement imbécile, ce sont ses ministres, pour lesquels l'épithète de voleur est encore la plus amène, c'est son découragement si prompt, c'est sa faible natalité, c'est tout enfin. A tel point qu'une dame de l'aristocratie allemande étant allée dire adieu à son amie Mme de Faramond, femme de l'attaché naval, qui partait pour rejoindre son mari à Copenhague, ceci a été pris en très mauvaise part. Mme de Faramond est Américaine, mais son mari étant Français, vous comprenez, ma chère! Et ce sera bientôt une honte d'être né sous le joli ciel de France.

Le vieux général de Bissing[1] et sa femme étaient hier au désespoir : on venait de leur apprendre la mort de leur fils *unique*, tué à l'ennemi, sans spécifier à quel endroit. Aujourd'hui, de les voir tout joyeux, on croyait qu'ils en avaient perdu le sens ? Leur enfant n'est pas mort, mais seulement blessé et prisonnier quelque part en France[2] ; son cheval avait été tué et avait roulé sur lui, ce qui avait donné lieu à cette méprise, trop rare malheureusement.

Les morts ne se comptent plus, en effet : déjà quatre dans la seule maison de Lippe, et deux Saxe-Meiningen, etc.

Le régisseur de K... écrit que les derniers hommes du village sont partis, le jardinier et le petit groom compris, et même M. F..., qui est

1. Aujourd'hui gouverneur de Belgique, à la place du maréchal von der Goltz.

2. Le lieutenant baron de Bissing, d'abord soigné à l'hôpital militaire de Caen, est, depuis la fin septembre, interné au dépôt de prisonniers de Fougères.

tout cacochyme; depuis le 14 août, pas une seule famille n'a eu de nouvelles des partis et l'on commence à murmurer. M. von der Beck, notre pauvre Landrat, a été cassé du jour au lendemain, par le ministre de l'Intérieur, sur ordre de l'empereur. On dit, vaguement, qu'il avait fait beaucoup de bêtises. Je soupçonne que c'est le général de Scheffer qui s'était plaint de lui, car il ne décolérait pas de ces projets d'inondation, et des forêts coupées pour protéger Berlin. Le général prend le commandement de l'armée de Posen. Il pourra ainsi veiller sur K... si le besoin s'en fait sentir.

Le pauvre Landrat a demandé à prendre du service, malgré ses soixante ans, mais, me dit une Allemande, « il n'a plus de dents dans la bouche, qu'en pourra-t-on faire? » Fait-on aussi la guerre avec les dents, Seigneur !

On exerçait aujourd'hui des volontaires dans l'allée de la Victoire et près du grand-quartier général, quand notre auto passait. Ils n'avaient pas d'uniformes, seulement des brassards blancs ; quelques-uns avaient l'air de n'avoir pas quinze ans et de s'exercer sans grand enthousiasme.

Jeudi, 10 septembre. — La vie devient par trop assommante. Ce sont toujours des victoires à droite et à gauche. Tout le monde pourtant ne se met pas à l'unisson. On commence à reprocher à l'état-major allemand d'être « le plus menteur de tous les états-majors », et cet accent de vérité me fait grand plaisir tout en m'étonnant. Il paraît qu'on a appris, de source anglaise il est vrai que, si les Allemands se trouvaient entre Creil et Senlis, c'était parce qu'ils avaient voulu assiéger Amiens, et avaient été repoussés là, après une bataille de trois jours. L'état-major allemand n'en a rien dit et on lui reproche de ne jamais ouvrir le bec que pour revenir sur de vieux succès, parfois bien hypothétiques. Des faits de la guerre, on ne remplirait pas deux colonnes de journal, depuis des semaines ! Et pourtant quelle pluie de papiers sur nous, ô mes aïeux !

On blâme aussi l'état-major de ses continuels changements de tactique, qui ne sont pas, quoi qu'il veuille en dire, le fait de sa propre volonté, mais la conséquence de plusieurs insuccès. On trouve, non sans raison, qu'il s'est rendu ridicule avec ses menaces sur Paris, ses histoires de Dum-Dum, etc., qui rencontrent encore pourtant bien des oreilles crédules.

L'empereur vient de déclarer que tout prisonnier qui sera trouvé en possession de balles Dum-Dum sera fusillé sur l'heure. Un Allemand est tout heureux de me l'apprendre et ajoute que les Russes eux-mêmes, pourtant si sauvages, ne s'en sont jamais servis contre les Japonais.

Ce soir, un jeune homme, sujet allemand bien que son nom soit des plus anciens et des plus illustres de France, nous apprend en catimini qu'il y a eu *une défaite*, que les choses vont mieux pour la France ; qu'on cache ici, le plus longtemps possible, ce que la lettre de remerciement du général Joffre au ministre Kitchener, lettre déjà connue dans la presse, laisse cependant deviner. Je suis sortie ce soir, et j'ai été surprise de voir que la fièvre joyeuse d'il y a quelques jours s'apaisait : les visages sont plus graves ; on achète et on lit les journaux sans commentaires ; les moqueries contre les adversaires se sont arrêtées. S'est-on assez gaussé de l'idée du tzar, de faire vendre de petits drapeaux russes dans les rues de Pétersbourg, pour donner le profit de cette vente (déjà 30.000 marks) au premier Russe qui entrerait à Berlin !

De l'aveu général il n'y a plus d'argent ; il n'y aura bientôt plus de munitions, puisque le kaiser ordonne aux soldats de les ménager ; il n'y aura plus d'hommes, non plus, si on continue à les épargner aussi peu. Alors?...

Devant Lemberg, une autre bataille ; mais le grand état-major nous prévient charitablement qu'il n'en donnera aucun détail avant que tout soit terminé ! Quatre corps d'armée allemands ont été rappelés de France pour soutenir les Autrichiens.

On a enfin pu recevoir, ce matin, une lettre de la comtesse H. Elle est restée à la campagne, en Volhynie, et y restera le plus longtemps possible avec son mari et ses fils, trop jeunes encore pour être appelés sous les drapeaux, mais qui ont une dangereuse envie de s'enrôler ! Sa lettre

est du 16 août! et arrive par Odessa-Constanti-
nople, grâce à un piqueur anglais qui essayait
de rentrer chez lui. Tout s'est passé *avec ordre*
en Russie, quoi qu'on en ait dit ici. Les récoltes
étaient presque finies, et achetées d'un bon prix
par les intendances militaires. Naturellement,
domestiques, chevaux, autos, tout cela avait été
réquisitionné, mais c'était chose inévitable. Le
journal de Kief leur arrive le lendemain, ceux de
Varsovie et de Pétersbourg avec plus de retard,
mais la poste locale fonctionne et, en somme, ce
qu'il y a de plus pénible, pour elle comme pour
nous, c'est de ne rien savoir des parents et des
amis de l'étranger...

Samedi, 12 septembre. — Il est bien curieux
de voir que la liste des prisonniers étrangers
(220.000, de toutes les nations ennemies, depuis
le commencement de la guerre) ne comprend
que deux généraux français. Que sont devenus
les dix qui avaient été pris à la bataille de la
Meuse, et les quatre de Maubeuge, sans compter
tous les autres dont on nous avait tant parlé?

Vraiment, il semble qu'ici cela commence à
branler dans le manche. Nous étions entrés, cette
après-midi, dans une église, où nous avons vu
bien des larmes, entendu bien des sanglots. Il y
avait là pourtant beaucoup d'hommes. On se
décourage, et les télégrammes du grand-quartier général et les insanités de la presse ne réussissent plus à calmer les angoisses.

Il paraît que cette seconde bataille de Lemberg *va très mal*, bien qu'on cherche à nous persuader du contraire. Et la position des armées allemandes en France est loin d'être bonne. On avoue que le général de Kluck a dû reculer, *pour des raisons stratégiques*, entre Meaux et Montmirail. Enfin, il y a toute une division de cavalerie de la Garde qui a disparu, volatilisée dans les airs. Depuis trois jours, on ne sait plus où elle est, ni ce qu'elle fait. Et l'émotion est cachée du gros public, mais grande néanmoins, car c'est là que servent tous les grands noms de la noblesse allemande, tels que les Ratibor, etc.

J'ai vu Otto Friederichs [1], qui est fort en peine de sa précieuse bibliothèque de Neuilly, de ses manuscrits et de ses collections, ramassées, depuis trente années, avec tant d'amour et de soin. Je l'ai rassuré, car je ne crois pas nos Français aussi barbares que leurs voisins. Il n'a pu rentrer en France, et le voilà infirmier de la Croix-Rouge à Oberschœneweide; ce qu'il y voit est atroce parfois : des géants si meurtris qu'ils pleurent comme des enfants quand on les touche; des plaies horribles; un malheureux, blessé de trois balles au moins dans chaque membre, et rendu aveugle, sans remède possible, par le sable qu'une grenade, éclatant près de lui, a fait jaillir avec violence dans ses pauvres yeux (il est marié, et père de famille!); un autre, paralysé complètement, bien que *sans blessure*, par la

1. L'historien naundorffiste.

pression d'air d'un obus qui passait près de lui. Peu ont la chance de celui à qui une balle, entrée derrière l'oreille gauche et ressortie sur le front, au-dessus de l'œil droit, n'a fait aucun mal ; il cause, rit, lit les journaux à ses camarades, et ne souffre pas !...

Le *Vorwärtz*, qui avait déjà convaincu de mensonge la presse pangermaniste et nationaliste, et démenti plus d'un des *assassinats* prêtés aux francs-tireurs belges, affirme qu'il n'est pas vrai qu'à Louvain prêtres et étudiants aient marché contre les soldats allemands. Les prêtres, au contraire, ont essayé de retenir la population exaspérée, mais, là comme ailleurs, je suppose que les Allemands ont voulu se donner prétexte à représailles, et ils ont accusé leurs adversaires d'horreurs sans nom, afin de pouvoir donner libre cours à leurs sauvages instincts de meurtre et de pillage. Pauvre Louvain !

Vraiment c'est trop facile de donner comme excuses à toutes les horreurs commises par les troupes prusiennes, les attaques des francs-tireurs. Le télégramme du chancelier à l'Amérique, le 7 septembre, et celui de l'empereur au président Wilson, le 8 septembre, ne sauraient être considérés comme des preuves suffisantes. Ce ne sont pas là des documents sérieux, car rien de ce qu'ils contiennent n'est précisé. Il y aura des enquêtes, je l'espère, sur tous ces faits. Et je ne serais point étonnée de voir l'Allemagne sortir de cette guerre couverte de honte ! Déjà il se trouve des voix, même dans ce pays esclave, pour demander pourquoi, alors que les balles Dum-Dum abondent dans les poches des prisonniers français, on ne trouve jamais *un seul blessé*, un seul tué, atteint par ces balles. Les mensonges n'auront qu'un temps, il faudra apporter ses documents et se laisser juger devant l'histoire.

On me répète constamment que l'Allemagne aurait bien voulu se faire de la France une alliée véritable ; qu'une alliance franco-allemande aurait fait de ces deux pays une telle puissance que jamais l'Europe n'aurait osé troubler la paix. Je réponds que les moyens qu'on a employés pour attirer la France dans cette tendre union m'ont toujours paru manquer d'habileté, pour ne pas dire davantage. On s'aperçoit aujourd'hui que l'alliance avec l'Autriche pourrait conduire au désastre... Tant pis !

Il paraît qu'on voudrait bien faire revenir l'empereur, car sa présence au milieu des troupes lui crée une situation assez fausse et n'est pas sans causer quelque étonnement, quand on réfléchit qu'il n'y exerce aucun commandement. S'il ne s'agit pour lui, en effet, que d'envoyer quelques télégrammes de remerciements, il peut le faire de Berlin !

Lundi, 14 septembre. — Le général de Hindenburg continue ses glorieux succès dans la Prusse Orientale (on nous avait pourtant appris qu'il n'y avait plus là *un seul Russe :* contre qui donc s'y bat-on ?) et fait chaque jour 10, 20 ou 30.000 prisonniers, mais on ne dit pas où ! Il est évident que l'attaque des Russes sur Kœnigsberg est chose manquée ! Quant à la bataille de Lemberg, il est facile de comprendre, malgré les phrases contournées et tarabiscotées du grand quartier général, que la victoire s'annonce pour les Russes, les Autrichiens trouvant nécessaire d'aller s'abriter et se reposer, après ces trois semaines de combat, derrière les murs de Przemysl.

Près de Paris, la bataille a « une tout à fait bonne tournure pour nous », dit-on ici.

A Anvers une tentative de sortie des Belges a été repoussée.

Quelqu'un qui a eu des nouvelles de France nous dit que toute la noblesse y est sous les armes, le Duc de Doudeauville, son beau-frère le prince Léon Radziwill[1], déjà naturalisé français, etc.

On m'a dit, cet après-midi, avoir appris la mort du colonel de Reuter, celui-là même qui commandait à Saverne le 99e régiment d'infanterie lors des incartades du célèbre Förstner. Il avait été envoyé à Francfort, à la tête du 12e régiment de grenadiers, et c'est en France, où ce régiment se battait, qu'il aurait été tué. Son père, qui commandait le même régiment, avait été tué en 1870 à Spicheren. Il paraît que le colonel de Reuter avait eu, ainsi que son entourage, le pressentiment, dès le commencement de cette guerre, qu'il aurait le même sort que son père.

1. Maire d'Ermenonville.

D'ailleurs, les officiers allemands tombent comme des mouches. Quelques-uns, quoi qu'on en dise, doivent être bien inexpérimentés, car si un jeune homme de grande famille s'engage, on lui donne aussitôt un grade, alors même qu'il n'a jamais servi et ne connaît pas l'exercice. Le jeune comte Otto de Rechberg m'écrit ce matin qu'il est lieutenant au 26e dragons, en garnison à Cannstatt. Comme il appartient à une maison médiatisée[1], il n'avait pas de service à faire, et passe de son université à l'armée avec le grade de lieutenant ! Pour le moment, il est à l'abri des mauvais coups, ayant fait une chute de cheval, mais ces très jeunes gens doivent facilement perdre la tête sur le champ de bataille et se jeter en avant avec trop d'imprudence, car leur bravoure est indéniable !

Les frères d'Otto de Rechberg, plus âgés que lui, et déjà chevaliers de Saint-Georges [2], ne peuvent donc se battre. Ils ont mis leurs autos au service des ordres religieux, et suivent les armées jusque sur les champs de bataille, pour aider les prêtres auprès des blessés qui désirent recevoir les secours de l'Eglise.

Il paraît que pour un soldat français ou anglais qui tombe, on voit crouler trois ou quatre Alle-

---

1. On appelle ainsi les familles autrefois régnantes qui ont cédé leur droit de souveraineté, mais conservé de nombreux privilèges (exemption de certains impôts, du service militaire, etc.).

2. L'ordre de Saint-Georges de Bavière, défenseur de l'Immaculée Conception, est très recherché des grandes familles catholiques allemandes.

mands, et cela par la faute même de leurs chefs, qui agissent comme s'ils avaient derrière eux d'inépuisables réserves ! J'ai visité aujourd'hui l'hôpital Sainte-Elisabeth, qui a 200 blessés ; ils racontent des choses incroyables. On leur fait faire soixante et soixante-dix kilomètres par jour, *presque sans manger*, pour ne pas perdre de temps ! ils sont dans de piteux états !

Voici que la Norvège proteste ardemment contre les calomnies qui circulent à l'étranger sur l'Allemagne. Toutes les flatteries du kaiser à l'endroit des Norvégiens auront du moins servi à lui en faire des amis, tandis qu'on est, ici, plein d'amertume au sujet des Boërs, qui se solidarisent avec l'Angleterre, et « oublient que tant d'Allemands sont allés les aider, quand ils luttaient contre elle » ! J'ai entendu un Norvégien rappeller justement que, lors de cette guerre, le tzar avait proposé au kaiser d'attaquer l'Angleterre, ce que le kaiser avait refusé ; que l'Allemagne, loin d'aider les ennemis de la Russie à la frapper dans le dos, durant sa guerre avec le Japon, avait au contraire fait de son mieux pour l'aider à conclure une paix honorable. « Si l'empereur Guillaume II l'avait voulu, l'Allemagne aurait pu à ce moment-là donner le coup de mort à la Russie. » Il nous cite le discours de Guillaume II à Brême, le 22 mars 1905, et ne se gêne pas pour crier que si aujourd'hui la guerre est déchaînée sur l'Europe, ce n'est pas la faute de l'Allemagne, mais bien de la Russie et de la France, qui violèrent ses frontières avant toute déclaration ; de la Belgique, qui avait conclu un traité avec la France. Quant à la violation de la neutralité belge, elle est *parfaitement conforme au droit des peuples* (?).

Durant les quarante-quatre dernières années, il n'y a pas eu un autre pays qui ai fait autant que l'Allemagne pour conserver la paix avec les autres nations civilisées. Ses conquêtes ont été faites sur le champ de bataille de la civilisation, avec les armes de l'esprit, et non par l'épée sur des espaces géographiques, et toute sa politique est là pour en témoigner. La cause allemande est juste. Et tout homme sain d'esprit et de jugement doit le reconnaître bien haut devant le monde entier !

La foi est une belle chose !

Dans les *Evening News,* Sir George Pragnell raconte plaisamment que, durant les trois dernières années, des milliers de copies des commandements suivants circulaient dans l'empire allemand :

Les dix commandements du bon citoyen allemand :

1) Avant toute autre chose, songe aux intérêts de tes propres compatriotes.

2) N'oublie jamais qu'en achetant des produits étrangers tu causes un dommage à ton propre pays.

3) Ton argent ne doit payer aucun autre service qu'un service allemand.

4) Ne te sers jamais des produits d'une fabrique allemande, si les machines y sont de fabrication étrangère.

5) Ne permets à personne de servir sur ta table des mets de provenance étrangère.

6) Ecris sur du papier allemand, avec une plume allemande, et ne te sers que de buvard allemand.

7) Seuls, la farine allemande, les fruits allemands peuvent donner à ton corps la force et l'énergie allemandes.

8) Si tu ne veux pas boire du café Maltz, du moins ne bois que le café des colonies allemandes.

9) N'emploie que des étoffes allemandes pour te vêtir, et des chapeaux allemands pour couvrir ton chef.

10) Ne te laisse pas écarter de ces règles par les perfidies étrangères ; reste toujours fermement persuadé que, malgré tout ce que tu peux entendre dire d'autre, les produits allemands sont les seuls qu'un citoyen de la patrie allemande peut employer.

On a beau prétendre ici que ces commandements sont une trouvaille de Sir George Pragnell lui-même, ils répondent parfaitement à l'esprit national !... Et n'ai-je pas vu en Alsace combien on regardait « de travers » ceux qui se servaient de produits étrangers ?

Il signor Arnaldo Cipolla, correspondant de la *Stampa* à Paris, écrit à son journal que les nouvelles des victoires allemandes sur la Russie causent en France *des ravages terribles*.

Car personne n'ignore plus que, depuis le commencement de la guerre, les Français ont compté davantage sur l'armée russe que sur leurs propres forces ou celles de leur autre alliée. A tel point qu'on s'intéressait bien plus, ici, aux messages de télégraphie sans fil que la Tour Eiffel pouvait recevoir des stations russes, sur les faits et gestes des armées moscovites, qu'aux nouvelles des troupes du général Joffre. Partout, dans tous les écrits, à la première colonne des journaux, dans toutes les conversations, même avec les gens les plus simples, dans le ton des dépêches du ministre de la Guerre, dans la littérature populaire, on pouvait remarquer cet espoir tenace que, déjà durant le premier mois de la guerre, l'Allemagne aurait à partager ses forces sur le territoire français, pour en envoyer une grande partie sur le front russe. La certitude que maintenant il ne faut plus garder aucun espoir de voir l'attaque allemande diminuer en force a fini par pénétrer dans l'esprit français, etc., etc.

Mais la fin de cet article est à noter. Le sieur Cipolla expose qu'il ne faut pas oublier que l'élément qui joue le premier rôle, dans la vie française, c'est la femme :

La femme française a vu, dès le commencement, bien mieux que les hommes de son pays, que la France serait très rapidement vaincue dans la guerre. Dans le secret de son cœur, elle a senti le malheur et le désespoir de sa maison, désertée par père et mari ; elle sait instinctivement le peu de valeur qu'il faut accorder aux fanfaronnades militaires ; instinctivement, elle hait la guerre, qui lui dérobe tout ce qu'elle aime et ne lui laisse que des pleurs, qui arrête toute vie dans les affaires industrielles et autres ; aussi, et de cela je suis sûr, fera-t-elle tout son possible pour lutter contre les cabales diplomatiques, contre les grands discours militaires, contre les plus étroits devoirs internationaux qui pourraient entraver l'avenir et l'honneur de la France, et nous la verrons, dans le Paris de demain, dans ce Paris envahi par les vainqueurs, se lever pour proclamer son droit à la vie. Et tous les hommes la suivront.

M. Cipolla n'a sûrement jamais rencontré une Française. En vérité, la *Stampa* est bien informée ! Les Allemands sont loin d'être en si bonne posture en France, puisque, outre les quatre corps d'armée qu'on a rappelés de là-bas pour la Galicie et les quatre qui sont immobilisés en Belgique, il y en a trois devant Anvers seulement. On dit ici que, outre que la situation est très difficile là-bas pour les armées allemandes, on s'y trouve déjà un peu gêné par le manque d'hommes.

En revanche, il paraît que *Il Messagero* soulève une véritable agitation à Rome et à Gênes, en faveur des Français et contre l'Autriche et l'Allemagne. Ce journal du moins répond aux véritables sentiments du peuple italien, nettement francophile et hostile à l'Autriche. Il ne se gêne pas pour parler des victoires françaises sur la Marne (que l'on voudrait tant nous cacher) et du recul des armées impériales ! Il paraît qu'autrefois *Il Messagero* ne cessait de réclamer ouvertement la rupture de la Triple Alliance par l'Italie ; que, maintenant, plus diplomatique, il demande une modification du cabinet, espérant obtenir l'une par l'autre. Il lui faut, dit-il, un « grand ministère » avec « des membres de tous les partis, qui saurait protéger les intérêts vitaux du pays. A la tête de ce ministère de coalition pourrait très bien demeurer Salandra ».

Mardi, 15 septembre. — A Rome, un petit-fils de Crispi, l'avocat Tommaso Palamenghi, raconte que, dans l'esprit de Crispi, la politique d'alliance avec l'Autriche avait pour but de faire de l'Italie une force dans la Triple Alliance, justement par une attitude de bienveillante neutralité en cas de conflit européen! Palamenghi se fait fort de le prouver par des documents qu'il a conservés là-dessus.

M. Bolatti, l'ambassadeur d'Italie, a l'air bien agacé ! Peut-être a-t-il des ennuis ici par suite de la surexcitation croissante du peuple italien, qui ne montre aucune docilité à suivre les idées tripliciennes de son gouvernement.

Quand on a dit ce soir à M. Bolatti que les choses allaient bien pour la France, il a paru étonné et a répondu : « Pas en ce moment, pourtant, puisque les Allemands ont réussi hier à repasser la Marne. » Ceci évidemment serait pour eux un grand point. Toutefois l'agence Wolff nous encourageait ce soir à ne pas nous décourager de l'absence de nouvelles de l'Ouest. On ne peut nous en donner « parce qu'il n'y en a pas !... M. de Bethmann-Hollweg avait déjà dit, dans son discours du 4 août, que la lutte serait longue et difficile surtout contre la France... Il faut avoir de la patience et faire confiance à ceux qui se battent, *en se taisant*. Il faut être reconnaissant de ce que, à l'heure actuelle, le sol de la patrie est libéré en Prusse Orientale. N'en demandons pas trop à la fois. On sait assez que la France se laissera saigner jusqu'à la dernière goutte avant de se reconnaître vaincue ; son armée n'est pas la première venue et tout ne saurait aller en un clin d'œil. La victoire n'est encore, là, *qu'une probabilité*. » Ces choses-là me sont exquises, car je devine assez ce qu'elles signifient !...

Un officier, blessé à Saint-Quentin, me dit ne s'être pas couché pendant ses trois semaines de campagne. « Et à trente-trois ans on aime déjà un bon lit ! » Il est navré et consterné de tout ce qu'il a vu. A son avis, le plan allemand, qui consistait à prendre Paris comme dans un casse-noix, entre l'armée qui avançait par la Belgique et celle de Lorraine, est tout à fait raté.

Un député du Reichstag nous dit que « Joffre fait des merveilles ». Tant mieux ! L'infanterie française tire mal, dit-il pourtant, parce que dès le début on enseigne au jeune soldat à viser à de trop grandes distances. En revanche, l'artillerie est parfaite.

Je remarque de plus en plus à Berlin que la société se divise en deux partis : celui des banquiers industriels, commerçants, etc., veut la paix et commence à le dire ; l'autre, tout militaire, accuse le premier de trahison et entoure étroitement l'empereur, qui ne sait où donner de la tête, et que l'on a très peur de voir passer dans l'autre camp, où il était jusqu'à l'an dernier ; aussi le surveille-t-on... de près ! Il est, paraît-il, très singulier — quand il y a un succès, vite il parle de conclure la paix, au grand désespoir du militaire ; quand il y a... autre chose qu'un succès il crie : « Non, non, il faut une victoire encore !... »

Son fils Joachim est mieux. Il est soigné ici

par l'impératrice. Sa blessure n'était pas grave,
et elle lui aura aidé à faire oublier une peccadille
de jeunesse : M. de Bethmann-Hollweg a un fils
quelque peu léger, qui un beau jour, en s'éveil-
lant, s'aperçut qu'il lui fallait emprunter 300.000
marks. Il fit part de son souci au prince Joachim
qui lui répondit gaiement :

« Qu'à cela ne tienne ! Empruntez, et je si-
gnerai. » Grand émoi du père Bethmann quand
la douloureuse lui parvint ! Il paya, puis s'en
alla conter la chose à l'empereur, qui, pour une
si indiscrète signature, envoya son Benjamin
en pénitence à l'armée de l'Est.

Pauvre impératrice ! Avoir six fils, et six fils
sous les armes. Mais peut-être toutes les mères,
ici, sont-elles des Spartiates ! Une dame me disait hier : « Je ne puis assez dire combien j'admire Mme de V... Elle a perdu son *unique*
enfant, à la guerre, et, loin de le pleurer, elle
est plus *joyeuse*, plus active, plus vaillante que
jamais, *regrettant seulement de n'en avoir pas
d'autres pour les sacrifier de la même manière.*

Il devient même de bon ton de ne plus porter le
deuil de ceux qui tombent au champ d'honneur.

La société est quelque peu bizarre à Berlin, depuis quelques années. La jeunesse est
élevée dans la plus grande liberté; les jeunes
filles circulent, seules ou en groupes, avec les
allures les moins modestes et les plus garçon-
nières. Gants et chapeaux sont choses inconnues
des jeunes générations. Les vieilles personnes

déplorent amèrement l'absence de toute éducation religieuse. Le kronprinz a donné le ton de l'émancipation, et cela jusqu'à inviter les jeunes filles à ses bals sans leurs mères, et le « je les prends sous mes ailes » de la kronprinzessin ne rassure personne.

On dit que le parti militaire a les dents de plus en plus longues et creuses. Il demandera à la France trente milliards (dont on aurait, évidemment, grand besoin ici pour se remettre à flot), la Lorraine, la Champagne, tout le pays occupé enfin !

Encore ce pays se présente-t-il comme le défenseur de la liberté ! Le *Vorwärtz*, si honni autrefois des gens de bonne compagnie et devenu si à la mode à présent qu'on se l'arrache (car il est le *seul* journal qui ne prenne pas son public pour un ramassis d'idiots), attaque fortement le Dr de Bethmann-Holweg aujourd'hui, à propos de sa lettre au Ritzaus de Copenhague, et lui dit tout carrément ses petites vérités [1].

Mercredi, 16 septembre. — Il est vrai que les nouvelles sont moins bonnes pour la France ; cependant, on répète sur toutes les gammes que les troupes anglaises débarquent sans interruption là-bas, et il me semble que c'est pour nous préparer à comprendre que, contre le nombre... on ne peut rien, tout comme à Lem-

[1]. On trouvera à l'Appendice (III et IV) la communication de M. de Bethmann-Holweg au Ritzaus et l'article du *Vorwärtz*.

berg. Je me rappelle, aussi, qu'on n'a jamais reconnu ici *aucun* insuccès, et jamais on n'a voulu entendre que Lemberg était une défaite ; je m'attends donc à une victoire française sur la Marne.

Qu'on ne nous parle pas toujours, en France, des sentiments francophiles de l'Italie. De Rome nous arrive un tableau lamentable de l'état de la France, dressé par quelqu'un qui revenait de Paris. Nos pauvres troupes sont exténuées et ont atteint *la limite extrême de leur force ;* nos soldats se font traîner, comme des enfants!... Les nuits sans sommeil, la fatigue continuelle les ont absolument abrutis. Tous témoignent de la même *indescriptible* misère. Les officiers sont aussi découragés que leurs hommes. On ne rencontre plus d'optimisme nulle part.

Mais on ne nous dit pas dans quel état est l'armée allemande ! Les troupes anglaises, assure-t-on, ont déjà perdu 16.000 hommes sur la Marne ; quant aux Français, ils ne savent plus où mettre leurs blessés tant il y en a. Pour les Allemands, sans doute n'ont-ils pas perdu un seul soldat et sont-ils frais et dispos ?

Dans les instructions données aux instituteurs pour la rentrée scolaire, on fait ressortir l'importance qu'il y a, aux leçons de gymnastique, à habituer les garçons à faire de *longues marches rapides sans fatigue* « parce que nous devons beaucoup de nos victoires d'à présent à nos pieds ».

Le docteur Ricklin, d'Altkirch, qui est membre du Reichstag pour le centre, a sans doute très peur pour sa vilaine peau, car il ne sait assez comment faire savoir, par ses messages au Reichstag, combien les Alsaciens ont *peu de sympathie* pour la France, maudissent les soldats français et Wetterlé, etc.

On accuse ici « Grey le fossoyeur » [1] de vouloir enterrer l'empire des Indes que Disraëli prit tant de peine à édifier. La vérité est que les Allemands voulaient provoquer une révolte aux Indes, et que, furieux de n'y avoir pas réussi, ils colportent des nouvelles assez étranges, et dont eux-mêmes n'osent d'ailleurs garantir l'authenticité. Le Japon aurait promis à l'Angleterre de réduire toute tentative révolutionnaire aux Indes à l'impuissance, mais cela à des conditions toutes draconiennes : un milliard d'abord, toute liberté de faire ce qu'il voudrait en Chine ensuite ; puis de circuler librement dans les colonies anglaises d'Asie, etc., etc. C'est le ministre d'Allemagne à La Haye qui a appris cela par son collègue de Pékin, et qui veut faire une campagne là-dessus. On remarque ici que, même si cette nouvelle n'est pas vraie, elle peut le devenir d'un moment à l'autre, car l'alliance que Sir Edward Grey a conclue avec le Japon le 31 juillet 1911 pour un nouveau laps de dix années prévoit ce cas. Une de ses clauses vise aussi

---

1. Der Totengräber Grey, *Berliner Tageblatt* du 16 septembre, édition du soir.

« l'intégrité de la Chine », dont l'ancien traité du 12 août 1905 ne parlait pas, parce qu'il n'avait pas encore été question des Indes. C'est ainsi que Grey porte le coup mortel à l'autorité et au prestige britanniques en Asie... et qu'il mettra en pièces l'empire mondial des Anglais... L'ombre de Disraëli, qui avait su si bien contenir le déluge russe en Europe et en Asie, se lèvera sûrement pour le maudire !

Dans tous les cas, un voyageur qui connaît bien le Japon, et y a séjourné longtemps, nous assure que ce pays, à l'instigation de l'Angleterre (cette bête noire des Allemands !) cherchait « le coup à faire ». D'après lui, l'opinion publique serait là-bas nettement pour l'Allemagne et contre la Russie, mais là encore le gouvernement a été le plus fort, et il n'a pas été difficile de persuader à ce petit peuple accapareur que Kiao-Tchéou devait lui revenir de droit. Les finances japonaises sont dans un marasme cruel, et le Japon, sans fausse honte, aurait demandé « un honorable petit cadeau » à l'Angleterre (pour prix de son activité contre l'Allemagne) qui, honorablement, ne pouvait le refuser, et offrit un emprunt de 125 millions de yen [1]. Pas bête, le Japon répliqua qu'il ne demandait pas un prêt, mais un don de 170 millions de yen ; et l'Angleterre céda, pour 110 millions ?

Il paraît que les Russes se sont très bien con-

1. Le yen vaut presque dix francs.

duits en Galicie. Vraiment, je connais des Polonais qui commencent à les estimer ! Ils ont agi de toutes façons autrement qu'on ne s'y attendait. On avait dit que leur mobilisation serait lente ; elle a été très rapide (si rapide que les Allemands prétendent qu'elle était faite avant la guerre). On avait cru qu'ils reculeraient, et ils ont avancé, sauf l'échec sur Kœnigsberg ; que leurs troupes seraient mal équipées et d'une mauvaise tenue, et elles se montrent parfaites. A Lemberg ils se sont conduits comme des *gentlemen*, compliment qu'on ne saurait faire aux Allemands en campagne. Le 3 septembre, à trois heures de l'après-midi, ils ont fait leur entrée dans la ville et le général Rudzki a été nommé commandant de la place. Il est allé immédiatement faire une visite aux archevêques des trois rites, Mgr Bilezewki, de l'église romaine-catholique ; Mgr le comte Szepticki, de l'église grecque-catholique (unie) et Mgr Téodorowicz, de l'église arménienne, ainsi qu'à l'évêque Bandurski, si connu pour son patriotisme. Il a vu encore les principaux membres de la municipalité, et a rendu le docteur Stahl responsable de la tranquillité de la ville. Le général a déclaré que le peuple n'avait rien à craindre pourvu qu'il restât paisible. Un seul bataillon russe est resté dans la ville pour maintenir l'ordre. Les Russes payent tout ce qu'ils achètent et ne commettent aucun dommage. Ils empêchent même les paysans ruthènes de se livrer au pillage. Les principaux bâtiments et monuments sont surveillés. La ville n'a rien à redouter. La seule anxiété, c'est d'y voir revenir les Autrichiens, car alors toute la courtoisie des Russes ne les empêcherait pas de se défendre des pieds et des dents, et il y aurait sûrement des dégâts. Trois des journaux de Lemberg continuent à paraître régulièrement.

La Galicie comprend 81 cercles, et déjà au 30 août les Russes en occupaient 23 ! Un véritable exode des habitants de la Galicie orientale a commencé vers l'Ouest ; à Vienne seulement on en a vu arriver 80.000. Il s'y est formé un comité sous la présidence du ministre Bilinski ; ce comité a réuni dès le début 500.000 francs et il accorde sa protection, a-t-il déclaré, sans regarder aux confessions, ce qui est bien heureux pour le grand nombre des Juifs errants.

Quand les Autrichiens se sont repliés sur Przemysl, ils en ont chassé les Ruthènes, comme un élément trop peu sûr. Aussitôt 2.000 Ruthènes se sont convertis au rite romain, d'orthodoxes qu'ils étaient, afin d'avoir la permission de rester ! Il paraît que le commandant autrichien de Lemberg avait vu dès le début de la guerre que les Ruthènes conduisaient le mouvement russophile, et il avait dit au Statthalter de Galicie, Koritowski, avec qui il cherchait un remède à tout cela : « Nous sommes ici sur un terrain ennemi et non sur une terre de l'empire autrichien. » Koritowski a dû être bien surpris, car j'ai toujours entendu que, sûr qu'il était des Polonais, il favorisait en toutes circonstances les Ruthènes, afin de les flatter et de les attacher au gouvernement autrichien !

Un acteur comique, bien connu ici pour sa drôlerie, Victor Arnold, dont le système nerveux n'avait pu résister aux nouvelles de batailles et de mort, et qui était devenu fou, vient de se suicider dans la maison de santé où on avait dû l'interner, près de Dresde ! Il paraît que plusieurs cas de cette « maladie de la guerre » se sont déclarés. Déjà, au commencement, il y avait eu une épidémie de suicides à Berlin !

Une lettre d'Alsace me laisse comprendre que les communications par chemin de fer, autour de Mulhouse, ne sont pas rétablies et que les cols des Vosges donnent assez de peine à garder.

Vendredi, 18 septembre. — M. de Bülow se moque tout le premier des exagérations effrénées de la presse. Il paraît cependant que la situation des Allemands s'améliore sur la Marne, tandis que celle des Français empire... Cette horrible bataille n'aura donc jamais de fin ? Du reste, on est presque sans nouvelles en ces derniers temps, et, affirme M. de Bülow, « les racontars des journaux ne sont qu'idioties ! »

M. de Bülow voit toutes choses sous un horizon très noir. Tout cela, dit-il, ne mène *à rien*. Les dépenses, les pertes en hommes et en forces matérielles sont effrayantes ! Bref, il n'est

pas de ceux qui voient l'avenir couleur de rose
pour l'Allemagne, malgré les succès dont on far-
cit les oreilles de ce bon peuple. (Aujourd'hui,
on nous apprend que deux corps d'armée français, le 13e et le 14e, ont été complètement battus
au sud de Noyon!) Malheureusement, il ne parle
qu'en petit comité; il lui déplairait souveraine-
ment de jouer au pontife; vraiment, il est bien
peu de sa race, et si sa conversation spirituelle
et aisée, son intelligence déliée, son intuition
très fine lui donnent partout la première place,
il l'occupe avec une modestie tant soit peu iro-
nique d'amateur qui n'y veut pas toucher. Il sait
d'ailleurs exécuter, d'un coup de patte, qui l'en-
nuie. Quand on lui parle de l'Italie, il prend des
airs détachés et distraits, et regarde le plafond
ou le pied d'une table. Y retournera-t-il cet hiver
comme à l'ordinaire? Il n'en sait rien... On ne
fait pas de projets en ce moment... Encore un bon
apôtre, au fond, et je suppose qu'il était bien
informé, dès le début, par toutes ses accointan-
ces à Rome, pour savoir qu'il ne fallait pas compter sur l'intervention italienne.

Il est curieux que je n'ai jamais entendu même
une personne s'étonner de l'attitude de l'Italie.
Il semble qu'on savait à l'avance à quoi s'en
tenir, dans les milieux diplomatiques. Sans doute
avait-on tâté le terrain!

Le Dr Volkmann raconte, dans la *Münchener
medizinischen Wochenschrifft*, qui est une revue
médicale des plus sérieuse, un fait bizarre, qui

montre qu'on n'est pas à bout d'invention pour trouver des armes de guerre, et qu'avec les aviateurs il faudra craindre non seulement les bombes, mais encore *les flèches*. Il paraît qu'un régiment, qui se reposait, le 1ᵉʳ septembre, vers cinq heures de l'après-midi, près d'une ville que l'on ne désigne pas autrement que par L..., mais que je suppose être en France, vit un aviateur évoluer à 1.200 ou 1.500 mètres au-dessus de lui. Un soldat, qui était étendu de tout son long avec ceux de sa compagnie, ressentit bientôt une vive douleur au pied droit. Il crut d'abord que c'était son voisin qui lui donnait un coup de pied, mais ce voisin se mit à crier aussitôt, et un cheval commença à hennir douloureusement. Il tira alors son pied, où il trouva une flèche enfoncée à un centimètre et demi. Il l'arracha et courut à ses camarades, atteints aussi entre temps. L'un avait les deux joues traversées, l'autre avait le pied littéralement cloué au sol, un troisième avait reçu la flèche dans le dos, un quatrième dans la bouche! Le cheval l'avait reçue au-dessus de l'œil. Les blessures n'étaient pas graves (ce n'était là qu'un essai, sans doute); mais ces bons garçons étaient si étonnés qu'il leur fallut un moment pour comprendre ce qui leur arrivait! Ils purent se panser rapidement et se mettre à l'abri de ces projectiles nouveaux... ou du moins si anciens qu'on ne pensait pas les voir reparaître sur un champ de bataille moderne... Ils ont rapporté ces flèches et elles ont été examinées ; — elles ne pourraient, dit-on, causer la mort que si elles atteignaient la tête. Elles se composent d'une tige d'acier de dix à quinze centimètres de long, et la partie inférieure de cette tige, massive à une de ses extrémités, est amincie en pointe à l'autre. La partie supérieure est formée de six lamelles, ce qui lui donne la forme d'une étoile, et c'est grâce à cette disposition que ces flèches volent toujours la pointe dirigée vers le sol.

Ce n'est pas M. Asquith, mais Sir Edward Grey, qui répond à l'attaque du chancelier dans le *Rheinisch-Westfälische Zeitung*. Sa réponse est excellente, courte et digne. Il y déclare que, quand le chancelier demande si l'on peut croire que l'Angleterre aurait défendu la neutralité de la Belgique au cas où la France l'aurait menacée, il est facile de lui répondre que oui ; on peut se rendre compte, en consultant le *Livre Blanc*, que Sir Edward Grey avait posé directement à la France cette question : promettait-elle de respecter la neutralité de la Belgique, aussi longtemps qu'aucune autre puissance ne l'attaquerait ? Le gouvernement français avait répondu par l'affirmative. C'était aussi chose entendue entre M. Poincaré et le roi Albert. L'Angleterre, en 1870, *avait suivi le même point de vue* qu'aujourd'hui ; Bismarck avait voulu aussi faire traverser la Belgique aux armées allemandes, mais sur la demande énergique de l'Angleterre il avait dû y renoncer.

Sir Edward Grey réfute tout aussi bien les allusions à la neutralité des Etats scandinaves et à la loyauté des colonies anglaises. Bref, M. le Dr de Bethmann-Hollweg a perdu une excellente occasion de continuer sans fin sa rêverie si chère, et c'est assez mal à propos, cette fois, qu'il a quitté son bien-aimé piano. Je remarque d'ailleurs que cet homme, excellent dans la vie privée, n'a su se concilier la sympathie d'aucun parti, et les journaux paraissent toujours enregistrer avec un malin plaisir ce qui peut lui déplaire. Celui-là encore, avec Guillaume, sera un bouc émissaire.

L'opinion, ici, est que les troupes coloniales anglaises n'ont aucune valeur. Après le succès de l'Allemagne sur la Marne, qui ne saurait se faire attendre bien longtemps, la France et l'Angleterre n'auront qu'à faire la paix sans tarder.

Mais on a encore envoyé de nouvelles troupes au secours des Autrichiens.

Dimanche, 20 septembre. — Ceux-ci sont dans une assez mauvaise posture. Cracovie même a été évacué, de crainte d'un siège, à ce que nous apprennent des correspondances privées. Le premier plan des Autrichiens, d'envahir la Russie par le Royaume, s'est aujourd'hui retourné contre eux, et on craint qu'une armée russe n'envahisse encore la Galicie par le Royaume. Vienne est plein de fuyards. Une grande partie de l'aristocratie polonaise d'Autriche y est arrivé, la plupart du temps sans argent, et se trouve sans abri et sans ressources.

Les terres qui se trouvent autour de Przemysl, comme celles qui se trouvaient autour de Lemberg, vont être affreusement piétinées, et sont déjà couvertes de trains de ravitaillement pour la forteresse. Ce n'est pas l'occupation russe qui est à craindre, mais une bataille, qui amènerait de terribles dégâts, les forêts risquant alors d'être incendiées. Les pauvres paysans avaient fait leurs ensemencements à grand'peine, par suite de l'absence de chevaux, et ils s'affolent à la pensée de voir tout cela si compromis.

En France, les événements ne vont pas vite. L'Allemagne pourrait rencontrer là quelques revers qui donneraient à réfléchir, mais « les gouvernements ne paraissent pas être encore disposés à la paix », dit-on ici. « Il faudrait que les peuples les y obligent. C'est une guerre d'envie et de haine contre la pure et noble Allemagne. » Il me semble que de l'envie et de la haine, c'est surtout dans cet empire sacro-saint qu'on en trouverait ! La France fait, devant l'histoire, une tout autre figure que sa voisine, heureusement, et nous avons de quoi être fiers, non jaloux !

J'ai entendu, hier au soir, que l'armée du kronprinz était assez embarrassée d'elle-même. On dit que si les Allemands peuvent bousculer le centre du front français et faire avancer leur armée de Lorraine par la Meuse, entre Épinal et Toul, la position française sera critique ; mais que si les alliés peuvent tenir bon et battre l'aile droite allemande, pour jeter ensuite leur cavalerie dans le dos des Allemands, au nord, les Allemands seraient alors pris entre deux feux et auraient un mauvais quart d'heure à passer. Les deux partis ont donc des chances. Celui qui aura la victoire acquerra par là de grands avantages, si la fatigue... ne l'empêche pas de poursuivre. « Mais il est ridicule, dit le *Vorwärtz*, de ne parler que de la fatigue des troupes ennemies, celle des nôtres étant au moins égales. Comment pourrait-on admettre que Français et Anglais seuls se lassent, à cette guerre sans merci ? »

Il paraît qu'en Haute-Alsace les combats ont recommencé dans les alentours de Mulhouse, à Sennheim[1], où les Allemands ont remporté un brillant succès.

Aujourd'hui nous arrive un *Journal de Genève*, mais il est du 3 août! On renonce à le lire! Le ministre du Mexique, qui, je ne sais comment, reçoit régulièrement son *Corriere della Sera*, nous le fait passer charitablement depuis deux ou trois jours. Ce journal est très francophile, mais à qui faut-il entendre? La *Tribuna* nous est, elle, très hostile... L'agence Stéfani, qui fournit au *Corriere* ses dépêches, peut être, dans son genre, aussi partiale que l'agence Wolff.

____
1. Cernay.

Les lettres quotidiennes de Luigi Barzini sont extrêmement intéressantes, par le détail toujours pittoresque et charmant, par la vie intense et la vaillance qui les animent. Il va sans dire que le *Corriere* n'est jamais cité par les journaux allemands en quête d'informations !

On parle, pour le poste de ministre des finances... en Belgique, du baron Schwabach, Israélite fort entendu aux affaires, qui a su s'insinuer dans le meilleur monde, et passe même pour être assez avant dans les bonnes grâces impériales. Mais n'est-ce pas bien se presser ? On s'occupe déjà aussi de la mission scolaire qui aura à dresser les nouveaux programmes des écoles belges, devenues allemandes, et « où l'enseignement de la morale a été jusqu'ici chose inconnue, malgré le cléricalisme ardent du pays... *C'est cette absence de morale qui fait de ce peuple les lâches francs-tireurs que l'on sait !* »

Lundi, 21 *septembre.* — Rien de nouveau nulle part !... Les journaux disent toujours que l'on a remporté des victoires, repoussé des adversaires, mais... personne n'y croit plus, je pense, car les visages que l'on croise dans les rues ne sont guère conquérants. Otto Friederichs, qui est revenu ce matin, me dit qu'en France les Allemands ont reculé sur *plusieurs points*. Une autre personne, très bien informée, m'affirme qu'ici on voudrait bien la paix, mais qu'on se trouve dans une situation telle qu'on ne sait comment s'y prendre pour la conclure. Les choses ont, en effet, marché tout autrement qu'on ne l'avait pensé au début ; on croyait passer en Belgique comme le zéphir passe sur la rose, et parce qu'on y a trouvé des résistances, qu'on s'est montré très sévère dans la répression de ces résistances, on est fort embarrassé de savoir quoi faire de ce pays soi-disant conquis, qui *donne un mal énorme* et immobilise des corps d'armée bien nécessaires ailleurs. Le siège d'Anvers est, paraît-il, d'une difficulté inouïe ; on voudrait bien s'en aller, mais... quand on a nommé un gouverneur !...

Puis on s'était flatté de ne trouver aucune velléité de résistance en France, et voici que les Français font bien plus encore que de résister ; cela dérange tous les plans ! On aimerait, là encore, sortir du guêpier où on s'est jeté si étourdiment, mais...

Et, enfin, on avait cru que l'Autriche ferait une autre figure ! On est bien ébahi de la voir laisser tant de prisonniers (200.000 jusqu'à ce jour, si ce qu'on dit est vrai) entre les mains des Russes ! C'est pourtant assez selon les habitudes autrichiennes, car, en 1866, les Prussiens les prenaient déjà avec une déconcertante facilité. Le nouvel ambassadeur d'Autriche, prince de Hohenlohe, qui, par parenthèse, ne paraît pas être seulement la moitié d'un intrigant, est le mari d'une archiduchesse, fille de l'archiduc Frédéric, généralissime autrichien, de quoi elle est, disent les mauvaises langues, très honteuse. Ce n'est pourtant pas la faute de ce pauvre archiduc si ses soldats se laissent prendre comme des alouettes au miroir !

Bref, le pauvre empereur Guillaume, dont on ne sait jamais exactement où il est, est bien malheureux ; sans commandement et sans gloire, il gémit sous le poids d'une lourde responsabilité, car on commence à dire, ici, qu'il s'est lancé là dedans bien légèrement. Sur ma foi, ce peuple est étonnant de lui donner maintenant tous les torts. Il me semble que sa plus grande faute est de n'avoir pas écrasé le parti militaire il y a quelques années, et d'avoir peut-être un peu trop mérité son surnom de *Reise-Kaiser*. Parce que gouverner lui était parfois ennuyeux, ce qui se comprend assez, il partait trop souvent pour une lointaine promenade...

Pour tout compliquer encore davantage, les Autrichiens auraient été obligés d'envoyer quatre corps d'armée sur leurs frontières italiennes, tant le peuple italien se montre remuant et peu disposé à écouter les admonestations de son gouvernement.

Dans tous les cas, on continue à tromper le public le plus qu'on peut. Maintenant, on lui met dans l'esprit, ou dans l'entêtement qui lui sert d'esprit, que ce ne sont pas les Français qui font tant de résistance en France, mais les Anglais, et surtout les Écossais (!), car des Français on serait venu à bout sans peine, ils ne savent pas se battre, chacun sait ça. C'est, d'ailleurs, pour tout la même chose : les soins que l'on donne aux blessés allemands en France laissent beaucoup à désirer, et les médecins français ignorent totalement l'asepsie, et l'antisepsie ! Il y a Bordeaux des malheureux qui, blessés et couchés depuis quinze jours, sont encore dans leurs uniformes gris, sans draps, ni couvertures ! etc...

Mardi, 22 septembre. — On disait hier au soir que la bataille s'engageait maintenant autour de Reims, ce qui prouve le recul des Prussiens. Mais que va devenir la belle cathédrale ? On prétendait bien que toutes les précautions possibles seraient prises par les deux états-majors allemand et français, mais la note des journaux ce matin me fait tout craindre, car ils se plaignent de ce que les Français ont placé leurs batteries justement derrière la cathédrale, de sorte qu'« un malheur peut arriver, et que l'on ne se gênera pas, ensuite, pour l'inscrire à notre compte ». Je m'attends presque, pour demain, à l'annonce de ce « malheur ». Mais comme il y a des blessés allemands dans la vaste cathédrale, peut-être sera-t-elle ménagée. Je veux l'espérer.

La comtesse E... a pu écrire par le courrier des Affaires étrangères. Cela va plus vite que la poste actuelle, et... c'est plus sûr ; on peut en dire davantage ! Elle a dû, à son grand regret, renoncer à aller embrasser ses fils à Cracovie.

L'aller eût été chose facile, avec le train de la Croix de Malte du prince Lichnowski, mais, pour le retour, elle aurait trouvé les communications de chemin de fer coupées par le transport des troupes *allemandes*. (Je me demande où on peut encore en prendre puisque celles qui sont en France sont *indispensables* là, et qu'on y en voudrait bien davantage!) Les Russes sont devant Przemysl, et, par nécessité stratégique absolue, on a dû couper, incendier tous les environs de la forteresse, dans un rayon de six kilomètres ; c'est une véritable dévastation. Leur terre de L..., où elle avait installé un hôpital, a dû être évacuée, sur ordre militaire, par les habitants et même les blessés ; il n'y reste qu'un garde d'écurie anglais et un vieux veilleur de nuit, pour surveiller les quartiers d'intendance qui s'y sont installés. Il paraît que la file des voitures et des autos remplit les cours et même le parc. Comme les domestiques étaient tous au service, les femmes se sont enfuies à Vienne, où le logement de la comtesse est bondé de ces pauvres créatures et de leurs enfants. Les sœurs mêmes de l'hôpital sont parties, aussitôt après leurs blessés.

Il paraît que les Russes attaqueront Przemysl aussi vers le nord, autant que par l'est ; qu'ils arrivent sur Rzeszow et Jaroslaw, et qu'il y a eu dans les environs des combats déjà. Un employé de la banque, qui en revenait, racontait avoir vu des soldats en fuite de tous les côtés.

L'armée autrichienne est absolument *décimée* et *démoralisée*. Les officiers russes blessés et soignés à Vienne disent, d'ailleurs, que les leurs ont beaucoup souffert aussi et ce ne sont partout que cadavres et mares de sang. Ils disent encore que les munitions vont bientôt leur manquer. C'est véritablement un carnage universel. Les soldats autrichiens, eux, meurent presque de faim, et se nourrissent de feuilles de betteraves et de pommes de terre crues, quand ils en trouvent sur leur passage. Ce doit être la même chose dans les armées allemandes, car les servantes, ici, reçoivent des lettres de leurs maris, frères ou fiancés disant toutes combien ils souffrent de n'avoir pas de quoi manger. De fait, c'est une cruelle privation pour un Allemand !

Malgré tout cela, il paraît qu'à Vienne, comme a Berlin, on trouve que tout va très bien, et il est bien indifférent au gouvernement que la Galicie soit ruinée ! C'est dans l'ordre naturel des choses. La Pologne peut souffrir ; elle est là pour sauver le reste de l'empire. Il n'y a que les Polonais pour trouver la chose mauvaise, et qui donc, dans un moment pareil, songerait à les écouter ?

Les 70.000 fuyards polonais arrivés à Vienne ne reçoivent aucun secours, et c'est tout juste si on ne leur donne pas des billets de retour pour se débarrasser de ces *ennuyeuses gens*. On est furieux, en effet, de ce que les Polonais du Royaume n'aient pas commencé, en temps opportun, la révolution sur laquelle on comptait à

Vienne contre la Russie. Aussi ne veut-on rien faire pour eux en Autriche, bien qu'ils se soient battus si bravement, et au premier rang. Ce sera l'occasion d'un nouveau partage de la Pologne, et tout sera dit! Le gouvernement de Vienne a un véritable talent pour se rendre populaire!

Sur les frontières de Galicie, les fuyards ont pu trouver, à de certains endroits, des wagons, des trains entiers abandonnés, et quand ils ne se sont pas sentis le courage d'aller plus loin, ils s'y sont installés. Les femmes y font la cuisine, la lessive; la marmaille y pullule à son aise. Tout un orphelinat de petits garçons s'en est allé ainsi; une centaine d'enfants, marchant droit devant eux, sur la grand'route, sans savoir où, cherchant quelque chose à mettre sous leurs petites dents, et ayant perdu toute direction, complètement livrés à eux-mêmes. On ne s'explique pas comment ce pauvre petit troupeau errait de la sorte, et ce qu'étaient devenues les personnes qui auraient dû le surveiller et le protéger. Les pauvrets ont été confiés à des religieuses qui fuyaient aussi, fourrés dans un train et dirigés sur Linz, où un couvent leur a donné asile. A-t-on jamais rien entendu de plus lamentable !

Il paraît qu'on ne souffle mot des défaites au vieil empereur, et que c'est à qui lui fera le mieux croire que tout marche à souhait!

Quant au peuple autrichien, il gémit beaucoup,

voyant l'Autriche écrasée, croyant la France déjà exterminée, que l'Allemagne et la Russie vont conclure la paix sur les cadavres de leurs alliées respectives, qui, dit-il, « n'ont cependant marché que par solidarité ! »

Si l'heure était moins tragique, on rirait de voir l'Autriche se poser ainsi en victime du militarisme allemand. Qui donc a commencé à mettre le feu à l'Europe?

. . . .

C'est fait ! La cathédrale de Reims est en flammes ! L'archevêché aussi, sans doute. On ne peut taire son indignation en apprenant de telles catastrophes !

Les explications sont fort embrouillées : c'est une poutre, c'est un échafaudage qui a provoqué *l'accident*, on ne sait comment. C'est à tort que les Français prétendent que les Allemands ont *visé exprès* la cathédrale. L'état-major allemand avait pris toutes les précautions imaginables, et on a donc bien vu, durant les quelques jours que la ville est restée entre leurs mains, que rien n'avait été détérioré. *C'est l'état-major français qui n'a pas rempli son devoir,* en ne veillant pas, après avoir repris la ville (un point que nous ignorions jusque-là), à ce que la cathédrale n'entre pas dans la ligne de feu.

Les Allemands sont fortement offusqués d'être traités de Huns; et pour ce qui est de Louvain, qu'on leur reproche à nouveau, les dégâts ont été très grossis, etc.

Un certain malaise perce dans ces phrases. On veut bien dire que la population de Reims était furieuse et ne parlait de rien moins que d'exterminer les blessés allemands ; mais on a l'honnêteté de reconnaître que les médecins français ont réussi à sauver ces blessés des flammes, au péril de leur propre vie.

Des nouvelles privées nous confirment que les Français seraient encore sur la frontière allemande et que des bruits de paix circulent. M. de Witte commencerait à préparer ses petits papiers ! La France demanderait à l'Allemagne trois milliards, la partie de Lorraine cédée en 1870 et la neutralisation d'une Alsace autonome. Ma foi ! il fait si bon être en état neutre quand on a l'Allemagne pour voisine !

Un officier me dit que la guerre ne saurait durer plus longtemps que jusqu'à la fin d'octobre, mais que les préliminaires d'un traité seront très longs. Toujours d'après lui, la grande ambition des Français, en ce moment, serait de faire le kronprinz prisonnier. Ce ne serait pas si sot !

Un Alsacien, que j'ai rencontré dans la soirée, m'assure qu'on peut maintenant atteindre Mulhouse en auto, à partir de Francfort. Lui-même a fait le voyage il y a quelques jours. Il a trouvé tout complètement dévasté. Les Alsaciens s'y étant précipités au-devant des troupes françaises dont ils baisaient même les chevaux, les Allemands ont été extrêmement féroces aussitôt qu'ils

ont pu reprendre le dessus. La fabrique Bernheim a été incendiée; le couvent d'Oelenberg
aussi, pour avoir donné asile à des soldats français. Partout aux alentours de la ville, ce jeune
homme a vu des monticules sous lesquels sont
ensevelis soixante, quatre-vingts cadavres. Mais
il m'affirme qu'il est vrai, comme on le disait ici,
que les Français n'ont payé aucun de leurs achats.
C'est du joli! Et nous voilà avec une belle réputation, surtout ici, où on ne sait guère parler
d'autre chose que des pillages et des vols commis par nos soldats, aussi bien sur leur propre
territoire que sur le territoire allemand. Ce qu'on
oublie de dire, c'est que la pauvre Champagne
a été soumise à un pillage en règle, organisé par
les officiers allemands eux-mêmes, à tel point
que, dans un château occupé par le kronprinz
et son état-major, toute une collection de vieux
tableaux et d'objets précieux a disparu, sans
doute pour venir orner quelque palais princier
de ce côté du Rhin. Ceci ne saurait étonner que
ceux qui ne connaissent pas la mentalité allemande. En 1870, M. de Perponcher, officier prussien, envoyait à sa femme un superbe tapis oriental provenant du château de Saint-Cloud; et ses
camarades envoyaient, de leur côté, des vases de
Chine, des bijoux, des pendules surtout (ce qui
leur avait valu, en France, le sobriquet de « pendulards) ». Un officier d'état-major du roi Guillaume, n'ayant fait aucun envoi de ce genre, par
indifférence bien plus que par pudeur, était rap

pelé à l'ordre par sa femme qui lui écrivait :
« Tu es le seul à ne pas savoir profiter de ces
bonnes occasions ! »

Nous sommes retournées cet après-midi à
Sainte-Hedwige, où de nouveaux blessés venaient d'arriver. L'un d'eux avait gardé son premier pansement depuis huit jours. Il était si
affaibli et malade que c'était à faire pleurer. Il
voulait encore faire le courageux, mais en nous
disant qu'il se sentait déjà beaucoup mieux, le
malheureux a pris mal. C'est un effroyable spectacle que celui de ces pauvres gens. A beaucoup
d'entre eux, partis depuis le début de la guerre,
on avait caché que l'Allemagne eût tant d'ennemis alliés contre elle, et ils ne savaient rien de
la situation. Ils rapportent que les combats sur
la Marne dépassent en horreur tout ce qu'on
peut imaginer. Ils ont été fortement impression-
nés surtout par la façon dont les Français se
battent et assurent qu'on n'a jamais vu tant
d'ardeur et d'héroïsme au combat. Un officier
d'artillerie, très grièvement atteint, a dit à la
sœur supérieure, devant moi, qu'il ne savait pas
Française : « Ah ! ma mère, notre artillerie est
excellente, mais elle n'est rien en comparaison
de la merveilleuse artillerie des Français. Et ce
qu'ils tirent bien ! »

Le premier médecin de Sainte-Hedwige, le
Dr Wirsing, un Bavarois que je m'étonnais de
ne pas trouver là, dirige aujourd'hui l'hôpital
militaire de Metz. Déjà son frère, le major, a été

tué, son neveu grièvement blessé et son fils amputé après d'affreuses blessures. Quelle horrible guerre ! Le cri général est celui-ci : quand donc cela finira-t-il ?

L'ancienne supérieure de Sainte-Hedwige, que j'avais connue il y a cinq ans et qui avait été rappelée comme assistante à la maison-mère des sœurs de Saint-Charles, à Trèves, a été envoyée sur le théâtre de la guerre à la tête de quatre cents sœurs de son ordre sur la demande du gouvernement, et ses dons remarquables d'organisatrice la font beaucoup apprécier. Certes, elle n'a pas le temps d'écrire, car elle a tant de blessés qu'on se demande s'il restera encore des hommes valides après tant de calamités.

La cathédrale de Senlis est brûlée, elle aussi, et les ravages apportés en Champagne par les Allemands leur vaudraient le surnom de *Hordes d'Attila*, si déjà ils ne l'avaient mérité en Belgique. La réprobation sera universelle et le renom de l'Allemagne dans l'histoire pourrait être tout autre que celui qu'elle avait rêvé.

La prédiction d'un vieux berger fixe au 4 novembre la signature de la paix. Cette même prédiction avait indiqué sans erreur la date du traité de Francfort. On voudrait ajouter foi à ces histoires de bonne femme, car on ne sait comment sortir de ce cauchemar odieux.

Le cuisinier a enfin pu rentrer ce soir. Il pourra rester ici sous surveillance. Nombreux étaient, nous dit-il, les Français emprisonnés avec lui, et cela avant même l'ouverture des hostilités.

Jeudi, 24 septembre. — M. Bolatti, sortant hier soir après son dîner, se voit brusquement arrêté, d'un coup sec et assez dur sur l'épaule, par un des innombrables agents de police qui circulent et stationnent partout, le pistolet tout chargé à la ceinture : « Vous êtes un étranger? — Oui, je suis un étranger. — Qui êtes-vous? — Je suis un étranger. — Pas tant d'histoires! Votre nom? — Voilà une carte de visite : je suis l'ambassadeur de... — Non, ce n'est pas vrai ; vous n'êtes pas l'ambassadeur.— Mais, enfin, je sors de chez moi, voici mon adresse : Victoria Strasse, etc.!... » Là-dessus, deux messieurs corrects, agents aussi mais en civil, s'avancent et expliquent à M. Bolatti, qu'ils venaient enfin de reconnaître, qu'ils le filaient depuis l'ambassade, parce qu'il ressemblait à M. Barrère, l'ambassadeur français à Rome! Tout cela est bien fou. M. Barrère est plus grand, et puis, que viendrait-il faire à Berlin?

En attendant, les réquisitions continuent, et dans certaines rues, comme celles qui avoisinent la Bellevue Strasse, on entend durant toute la nuit partir chevaux et voitures. Dans la journée on veille encore à ne pas offusquer le regard, mais nous avons pourtant rencontré cet après-midi une immense charrette, chargée de pauvres cercueils, qui nous a fait mal au cœur.

Ce qu'il y en avait de ces affreuses boîtes !

La ville a beaucoup changé d'aspect depuis notre arrivée. Elle manque totalement, aujourd'hui, d'animation et de gaieté. Les pluies d'automne qui ont commencé et la chute mélancolique des feuilles achèvent de lui donner un air de deuil. Tous les noms d'enseignes anglais ou français ont dû céder la place à des noms allemands. C'est ainsi que le restaurant *Picadilly* est devenu *Vaterland*. A l'Hôtel Bristol, on s'est trouvé si perplexe qu'on a laissé *Hôtel* seulement et le reste demeure en blanc, ce qui a l'air assez stupide ; et tout est dans ce goût.

Toutefois, il faut reconnaître que ceux-là exagèrent qui nous conseillent de ne plus parler français dans la rue, si nous ne voulons pas être houspillées. Je fais *exprès* de jacasser dans ma langue, quand je vais faire une course, ou que je me rends, tous les trois jours, à la police (où nous sommes tenues de venir en personne faire vérifier notre présence), sous l'escorte de la Balinska. J'aimerais assez rompre la monotonie des jours par une petite aventure qui me donnerait quelque chose d'intéressant à raconter, lors de mon retour en France ; car, enfin, j'y rentrerai bien une fois ou l'autre ! Mais toute la peine que je me donne pour me procurer une petite émotion est bien inutile. Les agents me regardent, bonasses, au fond, sous leur raideur voulue. Les promeneurs nous examinent, sourient même quelquefois, mais je dois avouer

que je n'ai jamais rencontré un œil hostile.
Deux officiers, que nous n'avions pas vus derrière nous, ont ri, hier, parce que la Balinska,
moqueuse à ses heures, détaillait avec ironie
l'allure, toute allemande, prétendait-elle, d'un
groupe de dames, devant nous.

Cette Balinska me jouait le tour de s'accro-
cher à moi et de m'arrêter net au milieu de la
chaussée où filaient voitures et autos, dans sa
frayeur irraisonnée ! J'ai dû le lui défendre, car
il me déplairait d'être écrasée ici, et je traverse,
la laissant seule sur l'autre trottoir, où elle attend
pendant un petit quart-heure une intervention
divine et un arrêt de la circulation. De mes signes éperdus elle n'a cure. Quelquefois, un bon
diable d'agent prend en pitié sa détresse comique et la « traverse », sans lui demander son
passeport. L'autre jour, c'est un gamin d'une
douzaine d'années, déjà encombré d'un panier,
qui lui prend la main rondement, lui aide à éviter les trams, et disparaît ensuite avant qu'elle
ait eu le temps de lui donner 20 pfennigs, la
lente personne !

C'est comme au Tiergarten, je n'ai jamais vu
un signe d'hostilité. Des enfants s'y amusent « à
faire la guerre », des gens inoccupés se promè-
nent et lisent. Un bambin de six ans est venu
l'autre jour s'asseoir auprès de moi, parce qu'il
m'avait vue rire de ses pirouettes, et m'a dit en
français : « Tu es Française, Madame ? — Mais
oui, bonhomme. » Là-dessus une longue conver-

sation : ce Monsieur a un nom français ; chez lui on parle français, et, le dimanche, c'est à l'église protestante française qu'on va. Pourtant « mon papa il est colonel et il fait la guerre en France ». Ce petit descendant d'un émigré de la Révocation a les yeux noirs et vifs des Cévenols. Il va à la recherche de son gros petit frère, resté sagement chez sa bonne, qui le laisse venir à moi sans discussion. Celui-là jargonne encore en un patois étrange. Je ne comprends ni son allemand, ni son français. Pourtant, quand je lui demande : « Es-tu sage ? » il sait ôter son pouce de sa bouche pour répliquer promptement : « quelquefois », et il est visible qu'il comprend le sens dubitatif du mot !

J'ai toujours remarqué qu'on est très fier, en Allemagne, quand on a dans les veines une goutte de sang français !

On m'avait raconté, l'autre jour, que des maîtresses de maison renvoyaient leurs bonnes d'enfants françaises ou anglaises, ne voulant plus avoir d'étrangères auprès d'eux, et cela m'avait beaucoup indignée, car ces pauvres filles, ne pouvant rentrer dans leur pays, se trouvent alors réduites à la misère. Mais j'en vois, maintenant que je vais chaque jour promener au Tiergarten, le tout même nombre que par le passé, et je suppose qu'il ne faut pas généraliser sur quelques cas. Personnellement, je remarque qu'on est toujours affable pour un Français ou une Française, et je ne crois pas qu'une Allemande ferait, à Paris, la même expérience pour son propre compte. Au bureau de police, on ne témoigne jamais que d'une grande courtoisie aux étrangers qui viennent, comme nous, faire timbrer leur carte ; toujours on répond poliment à leurs questions et on se dérange souvent pour leur donner des renseignements. Sans doute j'ai eu, à deux reprises, des déconvenues, dans deux maisons qui m'étaient familières et amies autrefois, mais je me garderai d'en tirer des conclusions, car... dans toutes deux, les maîtresses de maison étaient Françaises, et, tout simplement, elles avaient peur de se compromettre !!...

La protestation que le prince de Monaco a adressée à M. Poincaré, à propos de la destruction de la cathédrale de Reims, fait grande impression ici, car il ne se gêne pas pour y dire qu'elle caractérise *un peuple, une armée, une dynastie*. Le dernier mot est assez cruel de la part d'un hôte assidu de la semaine de Kiel !

Nous sommes allées chez le libraire, et les titres des livres, des brochures et des revues montrent assez combien on chauffe ardemment le chauvinisme : *Un Peuple en armes. Le plus grand trompeur de l'humanité, le roi Edouard VII. Un nouveau Sedan*, etc., etc. Et ce ne sont partout que des cartes et gravures patriotiques !

Dans les rues et sur les places on vend, suspendues à des ficelles élastiques, où ils dansent piteusement, de petits soldats russes, français et anglais. Le goût ni l'esprit n'ont rien à y voir, d'ailleurs !

Le docteur Max Nordau, prisonnier à Bordeaux ainsi que le comte Karolyi, surpris, comme lui, par les événements à Paris, à la déclaration de guerre, a écrit à des amis qu'il est fort bien traité et ses compagnons aussi. Tous ne parlent pas ainsi. En Angleterre, c'est une véritable persécution contre tout ce qui porte seulement un nom allemand, et les sujets anglais d'origine allemande qui habitent l'île ont dû changer de nom pour ne pas être molestés.

Je crains qu'on ne soit, en Alsace, moins tranquille qu'on ne voudrait nous le faire croire ici, car on m'écrit de Colmar que, bien qu'on ne voie plus de Français, on entend sans répit le bruit du canon; les Allemands ont sûrement du mal à défendre leurs cols. Je veux essayer de gagner la Suisse ; on me dit, à la gare, que je puis le faire, en passant par Lindau.

III

COMMENT J'AI PU QUITTER L'ALLEMAGNE

Samedi, 26 septembre. — Bien que nous sachions que le bombardement de Jaroslaw, de Przemysl, etc., est commencé, nul n'en souffle mot ; le nom de Przemysl n'a pas encore été prononcé, mais tout le monde a pu comprendre, je suppose, ce que c'était que cette place forte dont parlaient les communiqués de l'état-major, où il fallait concentrer les troupes après l'évacuation *volontaire* de Lemberg. On ne dit jamais rien maintenant de la Galicie, sinon des choses datant d'il y a trois semaines, ou bien on se contente laconiquement de remarquer *qu'il ne s'y passe rien pour le moment*. Les troupes prennent du repos et voilà tout. Ce soir, pourtant, comme je cherchais avec impatience dans un journal des nouvelles de ce côté, je trouve cet entrefilet remarquable :

La position de l'armée autrichienne.

Télégramme de Vienne, 26 septembre :

Le fait que nos forces se sont établies après la bataille de Lemberg dans l'espace situé à l'ouest du San a permis à la presse de l'Entente d'interpréter ce mouvement dans le sens qui lui plaisait, et de donner là-dessus des commentaires absolument risibles et des nouvelles parfaitement fausses sur la position de notre armée. On doit pourtant savoir que ce mouvement a été tout à fait *volontaire* de notre part, et la preuve c'est que l'ennemi n'a nullement cherché à nous en empêcher. Il n'est pas vrai non plus que, ainsi que le disent les ennemis, ils nous aient poursuivis sur la ligne du San. Ils ont seulement pu, en amenant un grand déploiement de troupes, avec leur artillerie de campagne et beaucoup de munitions, s'attaquer à de petites places très faibles et mal défendues que nous avions déjà *volontairement évacuées*. La nouvelle étonnante, venue de Londres, que deux forts de Przemysl sont déjà tombés est naturellement *tout aussi fantastique*. Sur le champ de bataille des Balkans, la position est aussi demeurée, comme le dit très nettement le dernier communiqué, *invariablement bonne*.

> *L'adjoint en chef d'état-major,*
> DE HŒFER, *major-général.*

Mais quelqu'un m'a parlé pourtant de succès serbes. Il est pénible de ne rien savoir jamais de précis. Sur la France, on n'est pas mieux renseigné, car je suppose que le voyage de MM. Poincaré, Viviani et Briand à Londres, pour y conférer avec les grands personnages de l'Angleterre, est une de ces informations dont il ne faut pas attendre confirmation. Les Allemands ont été battus sur la Marne, j'en ai la conviction, bien qu'on ne veuille pas l'avouer. On se bat sur l'Aisne et on ne veut pas de demandes indiscrètes, alors on nous dit : « Nous avons pris deux forts et le Camp des Romains, nous avons brisé la ligne française, nous sommes sûrs du succès etc., etc. » Il faut renoncer à rien connaître, avant la fin, de l'histoire de cette guerre. Encore n'est-ce pas ici qu'il faudra, après la paix, venir apprendre cette histoire. Je n'en suis pas moins très angoissée, car les mortiers de 42 sont déjà installés devant Verdun et j'ai entendu dire que rien ne résistait à cette horreur ! Je crois aussi que les Allemands ont reçu là-bas des renforts (cinq corps d'armée) qui leur permettent de tenir tête encore en France.

A l'ambassade d'Amérique on ne sait rien, ou peut-être fait-on semblant de ne rien savoir. A l'ambassade d'Autriche, on sait, mais on ne dit pas, ce que j'ai cependant appris aujourd'hui de bonne source, que l'armée autrichienne essaye tant bien que mal de se reconstituer entre Tarnow et Cracovie, et ce sera dans cet espace, selon toute probabilité, qu'aura lieu la prochaine bataille. Pourvu que la jolie Cracovie soit épargnée !

Les fuyards de Galicie répandent, comme il est de mode en pareil cas, les bruits les plus insensés : les Russes auraient recruté tous les hommes encore en âge de se battre sur le territoire conquis, et les auraient envoyés sur la frontière du Caucase pour défendre l'Empire des Tzars ! Le partage des terres entre les paysans ruthènes serait déjà commencé, etc. A rien de cela il ne faut croire. Mais ce qui est certain, c'est que tous les pouvoirs publics en Galicie orientale, Statthalter, postes, gendarmeries, banques, etc., se sont retirés en Moldavie.

En Galicie occidentale, cela ne va guère mieux, et tout est à craindre. Cependant, les autorités n'ont pas encore évacué Cracovie. On n'a fait partir que la population civile.

Il y a déjà de nombreux cas de choléra en Galicie ; le gouvernement autrichien parle seulement de *maladies contagieuses* contre lesquelles on saura se défendre. Je sais aussi que la dysenterie a fait son apparition dans l'armée austro-hongroise. Nous avons appris indirectement qu'un jeune officier de notre connaissance en était atteint, mais ni ses lettres, ni celles de sa famille n'en soufflent mot. La consigne est sévère, en Autriche autant qu'ici.

Après Lemberg, le 50ᵉ régiment hongrois était réduit à trente officiers et dix-huit hommes. Les Hongrois se plaignent beaucoup d'être plus exposés que les Autrichiens.

J'ai rencontré tout à l'heure une bande de jeunes soldats blessés, à qui on avait offert des billets de cinéma, et qui s'en allaient, le front bandé, le bras en écharpe ou le pied traînant, contents, je crois, d'en avoir fini pour un temps avec les batailles et de pouvoir les contempler de loin sur un écran. Je dis, pour un temps, car ceux qui ne sont pas plus grièvement blessés auront naturellement à repartir sitôt guéris.

Toute la juiverie russe se trouve réunie, tant que

le jour dure, devant les bureaux du Comité israélite de la *Steglitzerstrasse,* qui leur fournit les secours nécessaires pour être rapatriés, quand d'autres trains seront formés. Il n'y en aura point cette semaine, mais les huit ou dix convois précédents en ont emmené une bonne partie. (Ils sont, je crois, de 2.000 chacun.) Il est vrai que, tous les jours, il débarque d'autres pauvres diables, qui arrivent de la province et affluent sur Berlin pour essayer de quitter l'Allemagne avant l'hiver. Je n'ai jamais rien vu de si finaud que ces visages, qui essayent en vain de paraître stupides, et où se concentre toute la ruse de l'humanité. Le gouvernement russe avait d'abord envoyé de l'argent pour ses sujets à l'ambassade d'Espagne, car il traite bien ses « chers juifs » en ce moment (bien qu'ici on cherche à les exciter par le souvenir désagréable de persécutions très peu lointaines, en somme). Mais ces 500.000 roubles n'ont jamais suffi, et de riches israélites allemands ont alors desserré les cordons de leurs vastes bourses. J'ai toujours dit que la solidarité de ce peuple était admirable. En attendant, ils sont encore si nombreux ici que leur comité de secours se voit obligé de les faire venir par rang alphabétique, s'il veut s'y reconnaître. Demain dimanche, de dix heures à midi, il recevra les personnes dont le nom va de A à F ; lundi, de trois à six, celles dont le nom va de G à K ; mardi, de L à O ; jeudi, de P à T ; et ainsi de suite. La *Steglitzerstrasse* sera une vraie

Cour des Miracles pour toute la semaine! J'ai vu une fois déjà ce spectacle, ces gens rangés en un long troupeau, les femmes sur le trottoir, les hommes sur la chaussée; j'ai vu ces distributions d'argent que leur faisait leur Comité (un patriarche cossu, un éphèbe élégant et une dame… corpulente!) et j'ai été aussi horrifiée de la malpropreté de ces êtres minables qu'amusée, touchée presque, de leur soumission docile, patiente, aux agents de police qui, très bourrument, maintenaient un ordre que personne, je crois, ne songeait à troubler. Les qualités indéniables de cette race juive en feront, sans doute, un des peuples de l'avenir. Ils auront, d'ici là, à oublier beaucoup; pour ce qui est d'apprendre, on peut se fier à eux.

Dimanche, 27 septembre. — Comme parler français a toujours été un brevet de bon goût et de raffinement dans la bonne société berlinoise, les gens qui veulent se faufiler dans ladite société, mais qui n'ont pas assez ou point du tout de quartiers de noblesse, ne voudraient parler que cette langue. Mme C… est une riche Israélite; elle a fini par s'introduire ici et là, après s'être convertie au catholicisme, comme il convient. Son français fait la joie des mauvaises langues, ainsi que ses naïvetés et les allures d'Egérie qu'elle voudrait se donner auprès de quelques grands personnages. Elle voudrait avoir un salon, diriger la politique et tout au monde.

M. de B... est extrêmement satirique, sous des dehors sérieux. Elle est, pour lui, une proie toute trouvée, et il se divertit ensuite à raconter ses... erreurs de langage, parfois fort comiques, ou à imiter son accent, comique aussi. Ce matin, la dame arrive à la messe, en retard selon sa coutume, et suivie, comme toujours, du domestique qui porte son livre et que l'on a fini par surnommer *son suivant*. A la sortie, elle se trouve nez à nez avec M. de B..., qui, bien que luthérien et un peu mécréant, attend sa femme en bon époux, tout en regardant celles des autres, et on devine assez à sa mine qu'il se trouve le mieux partagé. Son œil s'illumine, pourtant, quand il aperçoit la dame au suivant. Il l'aborde, l'air important. « Eh bien ! Madame, savez-vous que les nouvelles, ce matin... — Pour l'amour de Dieu ! « prenez donc garde ! » s'écrie la dame très effarée, prenez donc garde, *mon derrière* il parle français ! » M. de B... fut seul à pouvoir conserver la dignité de son maintien. Tout le monde a ri ! Mme C... n'a rien compris, et elle était quelque peu choquée d'une hilarité aussi indécente sur les marches des saints lieux !...

. . . .

Le communiqué du grand quartier général annonce ce matin que l'ennemi, grâce à ses chemins de fer, a essayé une attaque violente sur l'aile droite allemande, attaque qui a été repoussée ; qu'à Bapaume une division française a été

battue par un faible détachement allemand;
que, sur le centre du front de bataille, les Allemands continuent à avancer; que les forts attaqués au sud de Verdun ont cessé leur feu; que
l'artillerie allemande avance toujours davantage,
avec des forces qui ont repoussé l'ennemi sur
la rive gauche de la Meuse; partout ailleurs la
situation reste la même. Après quoi, le *Berliner
Tageblatt*, à court de nouvelles, pose à ses lec-
teurs cette question de circonstance : « *Le Théâtre Allemand* [1] *peut-il encore jouer du Shakespeare?* » C'est le directeur de ce théâtre qui se
demandait s'il ne fallait pas bannir le grand
Willy de sa maison, et il avait écrit aux hommes éminents de ce pays la lettre la plus folle,
leur posant ce dilemme : un théâtre qui représente aussi essentiellement les sentiments de la
nation, et qui a à cœur l'honneur du pays, peut-
il jouer du Shakespeare ou non? « Devons-nous,
disait-il, considérer Shakespeare comme un
Anglais, et son œuvre comme une manifestation
de l'esprit anglais, ou bien doit-il nous apparaî-
tre comme un grand caractère de l'humanité,
que l'Allemagne a fait sien une fois, qu'elle veut
garder fermement et ne rendre à personne? »
De peur, je crois, du ridicule, tous ont répliqué
qu'on ne pouvait le chasser du Théâtre Allemand. M. de Bethmann-Hollweg a répondu par
cette simple phrase : « Shakespeare appartient

---

1. Le *Deutsche Theater* est l'équivalent, à Berlin, de la Comédie-
Française; on y joue surtout du classique.

au monde entier. » Le professeur Harnack :.
« Ah! si toutes les questions de théâtre étaient
aussi faciles à résoudre que celle-là! Shakespeare a été joué, et sera toujours joué, dans le
monde entier. Nous ne nous séparerons donc pas.
du plus grand ancêtre de notre culture!» Le professeur Max Liebermann : « Shakespeare appartient au monde et vous devez jouer ses œuvres.»
Le bourgmestre, conseiller privé Georg Reicke :
« D'abord, c'est avec les vivants que nous sommes en guerre, non avec les morts. Ensuite, le
plus grand nombre des trésors intellectuels de
l'humanité appartiennent au monde civilisé tout
entier, et non plus seulement à leur patrie. Enfin.
Shakespeare en particulier est, depuis un siècle,.
tellement entré dans notre chair et dans notre
sang, à nous Allemands, que nous le regardons.
comme un des nôtres. Une preuve? Chacune des.
représentations chez Max Reinhardt. »

Les professeurs de Wilamowitch-Moellendorf
et Gustav Rœthe ont écrit dans le même sens.
Maximilien Harden va plus loin et ajoute que
c'est justement maintenant qu'il faut jouer
Shakespeare, surtout *Henri IV* et *Henri V*, car
le désir ardent de toute l'Allemagne éclate dans.
l'appel de l'aimable héros :

Auf Nach Calais! Von dort geschwind nach England
Nie nahten Froh're ihm von Frankreichs Strand [1].

Aujourd'hui la trente-cinquième liste des.

1. Hardi ! Vers Calais ! De là volons vers l'Angleterre !
Jamais, il n'y eut, venant de la côte française, d'hommes plus.
joyeux d'y aborder.

Aujourd'hui la trente-cinquième liste des morts, donnée, d'ailleurs, sans plus de détails que d'habitude : le nombre des morts de tel régiment, et c'est tout. Si vous voulez en savoir plus long, allez au ministère de la Guerre ; là on vend des listes ; vingt pfennig pour savoir si votre fils, votre frère ou votre mari est parmi les tués ; c'est donnant, donnant.

La cavalerie est décimée, on ne sait plus assez où prendre des chevaux, la race aura disparu après la guerre! En Autriche, il n'y avait plus de cavalerie déjà durant les derniers jours de la bataille de Lemberg.

J'ai su, de source sûre, qu'il n'était pas du tout vrai que la Patti ait été injuriée à Carlsbad, ainsi qu'elle s'en est plainte. Pendant son séjour là-bas, il n'y a eu qu'une seule manifestation contre les étrangers, et elle était dirigée... contre le cuisinier français de l'Hôtel Savoy, qui avait fait l'insolent. Tous les étrangers, y compris le noble couple Cederstrœm, ont été traités le mieux du monde, ont pu circuler partout et parler dans leur langue. Quand le consul américain eut enfin obtenu pour les Anglais, à la fin d'août, l'autorisation de partir, on leur a même donné un train spécial des plus confortables pour les conduire, avec tous leurs bagages, à la frontière d'un état neutre, et les autorités de la ville, bourgmestre, commissaire, etc., se trouvaient sur le quai pour leur dire adieu. Il y avait là des membres du Parlement anglais et de grands personnages, et on avait, en effet, tout avantage, à Carlsbad, à ne pas laisser partir ces hôtes riches et assidus sur des impressions trop désagréables.

La Balinska, ne pouvant quitter l'Allemagne, ira en Haute-Silésie, chez des amis, pour y attendre la fin de la tourmente. Peut-être devra-t-elle y déchirer chaque matin une photographie du Tzar, pour témoigner de sa loyauté envers l'Allemagne, et qu'elle déteste le gouvernement russe dont elle est sujette!

Le comte Jean Oppersdorff fait équiper ses deux fils aînés, qui partent comme volontaires; l'aîné, qui va aux gardes du corps, a dix-huit ans, l'autre dix-sept, et ce sont de vrais enfants! Ils sont enchantés, et leurs parents aussi. Leur mère même n'a pas l'air de se douter qu'ils peuvent ne pas revenir. Il est vrai que quand on a treize enfants!...

La comtesse est la fille du prince Matthias Radziwill, qui eut lui aussi une nombreuse famille. Je me souviens avoir lu, dans de vieilles lettres de M. de Falloux, une histoire qui m'avait beaucoup amusée. Au début de février 1885, M. de Falloux s'était rendu à Rome, je ne sais plus pourquoi. Il y rencontra le prince Matthias, qui y passait tous les hivers, et qui l'amena à sa femme. M. de Falloux écrivait le soir même à une amie qu'il avait trouvé la princesse Matthias aussi bien que possible, mais dans une grande impatience de la naissance d'un enfant qui se faisait attendre. Un mois plus tard, il écrivait encore, de Florence : « Les nouvelles de la princesse Matthias continuent à être bizarres. Son mari est venu me dire adieu, la veille de mon départ, et je lui ai raconté une anecdote, en lui défendant de la répéter à sa femme. On dit, en Lorraine, qu'il y a à Strasbourg une femme grosse depuis 14 ans 1/2. Tous les neuf mois, l'enfant se présente et demande : *Est-ce encore allemand par ici?* Et quand on lui répond que oui, il disparaît. Sans doute la princesse est-elle dans le même cas, et son enfant refusera-t-il de venir au monde tant qu'il y aura des Piémontais à Rome!... »

Mme de L..., qui est venue hier soir, s'est rendue parfaitement insupportable, et nous a montré une fois de plus que le tact n'était pas la vertu dominante des Allemandes, en soutenant que si on avait dû viser la cathédrale de Reims, c'est qu'on avait le devoir d'en déloger un poste d'observation français, qui s'y était casé (jusque dans les tours!) afin de rectifier le tir de l'artillerie. Elle ne dit pas comment ce poste a pu être aperçu!

D'ailleurs, il y a des gens assez stupides pour accepter que des canons français aient pu être hissés (par quels moyens ? on reconnaît qu'on l'ignore) au sommet de la cathédrale, pour, de là, faire rage sur l'ennemi, qui avait dû alors les réduire au silence! On essaye aussi de soutenir que les dégâts sont peu de chose, que la façade est intacte, etc., mais je n'en crois pas un mot, car je suis sûre qu'on a visé soigneusement, et non seulement sur la cathédrale, mais sans doute aussi sur le musée et partout où on a pu.

Le fils de Mme de L... lui a écrit une lettre datée de Châtillon-sur-Seine, du 18. Il y commandait une batterie et dit avoir perdu quatorze chevaux. Les canons allemands sont souvent mis hors de combat, avant même d'avoir tiré, par le tir si précis des canons français. Un officier blessé m'a dit avoir vu, un jour, six de ses hommes tués à la fois par un seul obus français, et, le vide une fois rempli, cinq hommes tomber de nouveau à la même place.

Le comte Kanitz, que l'on ne saurait accuser de manquer de patriotisme, soupirait ce matin, à la sortie de la messe : « Voilà onze jours que nous sommes sans nouvelles de l'armée de France. C'est pourtant un peu trop ! » Il serait pourtant bien placé, au ministère de la Guerre, pour savoir quelque chose.

On a cessé très subitement de parler des balles Dum-Dum. Sans doute parce que le monde était enfin éclairé, sans que nous l'ayons été ici, hélas ! sur cette fausse accusation portée contre l'honneur français.

Mardi, 29 septembre. — Deux nouvelles *Colombes* ont survolé Paris, hier, venant du nord. L'une, apparue vers onze heures, a jeté sept bombes, qui avaient la forme de petits plats de cuisine, à ce que disent les communiqués ici. Quelques-unes contenaient de petits drapeaux avec l'inscription : « Les Allemands reviennent. Compliments. *Signé :* de Decken. » Les autres des cartes de visites seulement, de ce Decken que le diable emporte. L'une est tombée dans l'avenue du Trocadéro, où elle a tué deux personnes, une autre a détruit le toit d'un hôtel particulier appartenant à un Autrichien ; pour une fois, c'est bien fait ! Une autre a tué plusieurs des bêtes qui « pâturent » au bois de Boulogne, et que je m'étonne qu'on y laisse si longtemps, car je ne crois plus au siège. Les autres n'ont fait que peu de dommages, constate-t-on avec regret, dans les rues Jules-Janin, Desbordes-Valmore, Vineuse et Marignan.

Le second aviateur, venu un peu plus tard au-dessus de Passy, eut à fuir devant toute une flottille française, venue d'Issy-les-Moulineaux. Paris est, cela va de soi, tout à fait angoissé et consterné de voir que ces visites importunes recommencent, et que l'aviation française est *incapable* de les empêcher.

On est très amer, ici, sur la campagne *inqualifiable* que mène la presse anglaise dans le monde entier, en couvrant, dit-on, l'Allemagne de mensonges et de calomnies, et en coupant les câbles qui la reliaient aux Etats-Unis, pour l'empêcher de faire entendre la voix de la vérité, que seule elle détient. Aussi, voilà Roosevelt qui, dans son journal *The Outlook*, publie un article peu élogieux sur la conduite des Allemands pendant la guerre actuelle. L'article, au surplus, me paraît plein de vérités assez banales. L'Amérique, dit-il, a, dans la crise actuelle, un double devoir : elle doit tirer un enseignement personnel de ce qui se passe en Europe, chercher ensuite le plus possible à faire prévaloir la paix ! « Naturellement, la paix n'a aucune valeur si elle ne sert pas la cause de la justice. Une paix qui ne sert qu'à renforcer le militarisme est indigne de ce nom. Une paix qui permet d'opprimer la liberté et la vie de peuples innocents est aussi brutale que la guerre la plus brutale. » Et il donne l'absolution à l'Angleterre, qui ne pouvait agir autrement qu'elle l'a fait après la violation de la Belgique. « Elle n'aurait jamais pu relever la tête parmi les nations, si elle avait agi autrement. » Les Etats-Unis doivent prendre garde, car les conférences en faveur de la paix, les tribunaux de La Haye et tout ce genre de choses ne servent de rien si les droits d'un peuple ne sont pas appuyés sur la force. Ce n'est ni la vertu, ni le calme, qui peuvent sauver une nation, si elle perd sa virilité et sa vigueur d'attaque ou de défense. Le droit n'est rien sans la force, le sort de la Belgique le montre assez. Et si les Etats-Unis s'affaiblissaient, on saurait assez, de l'Ancien Monde, venir profiter de son canal de Panama, tout comme on a traversé la Belgique et le Luxembourg.

Le mot de *Bernhardisme* surtout, dont Roose-

velt a flétri le dur militarisme allemand, en souvenir du général de Bernhardi, a beaucoup froissé
les sentiments.

Les Allemands avancent au nord d'Anvers,
par l'est et l'ouest de la ville. Ils bombardent de
nouveau Malines, se flattent d'y avoir détruit la
gare ainsi que plusieurs maisons. Après quoi,
quand on leur reprochera leur destruction systématique, ils en seront quittes pour crier :
« Mais non, tout est intact, ce sont seulement
quelques cheminées qui ont brûlé. »

Ils font beaucoup d'embarras, avec leurs Zeppelins, dont le monde sait pourtant ce qu'ils
valent, après les terribles insuccès dont ils ont
donné le spectacle. Ils envisagent gravement la
possibilité d'un bombardement de Londres, par
le moyen de ces estimables dirigeables, dont plusieurs sont déjà partis pour la Belgique dans ce
but. Les aéroplanes ne peuvent rien contre les
Zeppelins, pas même les approcher, car ils ont
quatre mitrailleuses à bord, qui n'en feraient
qu'une bouchée. Bref, l'Angleterre n'a qu'à bien
se tenir ! D'autant plus que sur le continent *elle
n'a plus d'officiers* pour commander les *quelques soldats* qui lui restent, m'a appris un Allemand de la vieille Allemagne. Un Italien, il est
vrai, me disait hier la même chose de l'armée
allemande « qui ne sait même plus combien d'officiers elle a perdus ».

Un voyageur étranger a pu nous apporter
quelques journaux français, qui ont vite circulé

partout, et on s'est fortement diverti, ici, les occasions de rire devenant rares, du spirituel article de M. Lavisse défendant contre les « organisateurs de la victoire », à Bordeaux, « les pauvres diables restés à Paris ».

Ce qui est encore plus divertissant, c'est de feuilleter la revue *Internationale Monatsschrift für Wissenschaft, Kunst und Technik*, qui donne la note exacte de ce que peut penser l'élite de l'intellectualité allemande[2].

Je crois qu'on commence enfin à se pénétrer de l'idée que la résistance autrichienne est finie.

Les Autrichiens trouvent, eux, que l'Allemagne doit leur être reconnaissante de ce que la Galicie a arrêté assez longtemps les Russes, qui, sans cela, seraient tombés sur la Silésie, et qui, par le fait, en sont assez proches puisqu'ils touchent à Cracovie ! L'armée autrichienne, du moins ce qui en reste, est postée à trois heures de Cracovie et ne sait où se retirer, car il lui est impossible de deviner où se portera maintenant l'effort des Russes. Sans doute, ce pourrait être sur Cracovie, mais ce pourrait être aussi dans la plaine hongroise. Peut-être envisagent-ils de traverser cette plaine pour aller donner la main aux Serbes ; les défaites des Serbes sont, je crois

1. Voir *le Temps* du 24 septembre.

2. Nous croyons devoir donner, en Appendice (V et VI), la traduction de deux articles de Ostwald et de Chamberlain, choisis dans cette revue. Il nous a paru intéressant d'y joindre (VII) 2 lettres du Dr Lasson, de son vrai nom Lazarussohn, et une interview (VIII) du professeur Ostwald, ces documents rendant admirablement, si l'on peut dire, l'état d'âme des intellectuels de Germanie.

bien, des plus imaginaires et ils pourraient marcher sur Serajevo. Dans tous les cas, les Russes ont déjà plus de mille kilomètres de chemin de fer en Galicie et sont bien placés pour en faire à leur tête. Il leur est tout à fait indifférent que les Allemands occupent le gouvernement de Suwalki, et l'armée du général de Hindenburg ne saurait s'avancer bien plus loin en Russie sans danger si elle n'a rien derrière elle. Auffenberg a su ce qu'une tactique de ce genre lui coûtait !

Du 1er au 7 octobre, on aura ici cinq corps d'armée tout battants neufs. A qui les destine-t-on ? aux Russes ou aux Français ?

M. de Hindenburg est vraiment un homme heureux. Il aura connu la gloire et les présents d'amour. Les petites téléphonistes de Kœnigsberg lui ont envoyé... des chaussettes, avec les vers suivants :

> Dies Paar für Herrn von Hindenburg
> Falls ihm mal selbst die Strümpfe durch
> Er mag auf deutschen Liebessocken [1],
> Viel Tausend in die Sümpfe locken,
> Und kann beim grossen Russenjagen
> Die Strümpfe durch's kalte Russland tragen [2].

C'est exquis et tout à fait allemand !

---

1. *Liebessocken,* mot intraduisible autrement que par *Chaussettes l'amour.*

2. Cette paire pour M. de Hindenburg
Pour qu'aux cas où ses bas seraient troués
Il puisse, avec ces chaussettes d'amour, tout allemandes,
Plonger plusieurs milliers de Russes dans les lacs,
Et, en courant après eux,
Porter ces chaussettes à travers toute la froide Russie.

Déjà on peut voir à Berlin un monument public de ce vaillant héros. C'est un buste de marbre, dû au ciseau du professeur sculpteur Eberlein ; il se trouve devant le musée Eberlein, pour lequel il fait une belle réclame, au 3o du Lützowufer et porte cette inscription :

HINDENBURG

Chef victorieux de l'armée de l'Est en 1914.

C'est ce même professeur Eberlein qui demandait autrefois, dans une revue d'art,[1] qu'une convention fût établie pour la protection des œuvres d'art en temps de guerre. Il peut méditer aujourd'hui tout à son aise sur le vandalisme des destructions de Louvain et de Reims, mais peut-être pense-t-il que seules les œuvres allemandes valent la peine d'être conservées à l'admiration des peuples, car je commence à croire que c'est par jalousie pure que les Allemands détruisent et saccagent tout ce que nous avons de remarquable et de beau en France. Et sont-ils assez fiers des hideux chefs-d'œuvre qu'ils perpètrent !

Mercredi, 3o septembre. — Le comte Karolyi est rentré à Vienne. Il avait été arrêté deux fois : d'abord au Havre, à son retour d'Amérique ; il avait été relâché, les relations n'étant pas encore rompues avec le gouvernement autrichien ; puis, et comme il se rendait en Espagne, à Bordeaux,

1. La *Kunstwarte.*

où on le laissa pendant quelque temps assez libre de ses mouvements. Il dit qu'à Bordeaux on recevait continuellement des nouvelles de victoires auxquelles personne ne croyait. On voulait lui faire donner sa parole qu'il ne tenterait rien contre les intérêts français, mais il la refusa sous prétexte que le parti dont il est le chef au Parlement hongrois s'était complètement rallié, depuis la guerre, au gouvernement, et qu'il ne pouvait donc avoir d'autre désir que la défaite des adversaires de l'Autriche. On ne peut me dire s'il fut considéré, dès ce moment, comme un prisonnier de guerre, étroitement surveillé, ni comment il a pu rentrer chez lui. Un de ses amis, l'ingénieur Friederichs, revenu en même temps que lui, raconte des horreurs : Les turkos coupent la tête aux Allemands, leur mangent les oreilles, et que sais-je encore ?

Le *Vorwärts* ne paraît plus depuis le 27, un article sur « la Haine des classes et la Guerre des classes » ayant été censuré par l'autorité militaire. Un avocat m'assure qu'il reparaîtra à partir de demain, un accord ayant été conclu entre la rédaction et le gouvernement, et cette rédaction ayant promis de ne plus soulever des questions aussi épineuses tant que durera la guerre.

Les atrocités commises par des francs-tireurs français à Orchies, entre Lille et Valenciennes, sur une ambulance où se trouvaient des blessés allemands, auxquels ils auraient coupé le nez et les oreilles, et qu'ils auraient étouffés en leur remplissant la bouche de sciure de bois, soulèvent l'indignation des Allemands; mais sont-elles vraies ? Deux prêtres de l'endroit auraient avoué ces faits, auxquels je me refuse encore à accorder créance. La conclusion est que le village entier a été détruit, *rasé*, disent-ils, et je crois que c'est plutôt pour expliquer cette destruction que la petite histoire des francs-tireurs a été inventée.

L'offensive contre la Serbie (!) continue... Aucun de *ces meurtriers* qui ont envahi la Bosnie ne la quittera vivant. Les officiers serbes ont à conduire leurs hommes revolver au poing tant ils sont insubordonnés ! A Nisch, on signale de nombreux cas de choléra !

Jeudi, 1ᵉʳ octobre. — Le feu a été mis à la cathédrale de Malines *par les canons des Belges.*

Une lettre m'arrive de Mulhouse. J'en viens à réaliser difficilement quelquefois la possibilité de ce que je lis; il semble que ce soit un mauvais, mauvais rêve. Malheureusement, trop de signes de l'évidence demeurent pour les habitants de ce pays d'Alsace, et il faut s'étonner de les voir garder la force de vivre encore. La situation est, là-bas, terrible pour les pauvres gens, matériellement autant que moralement, car le landsturm a été appelé, et *ce que les Allemands ne prennent pas est pris par les Français,* surtout dans les villages.

Des enfants de dix-sept ans ont dû partir, et

d'autres aussi, que le conseil de révision avait réformés. Ce que peuvent souffrir, dans de telles conditions, des cœurs français, je le comprends aujourd'hui mieux que je ne pouvais le faire avant d'avoir vécu en Alsace, avant d'avoir senti palpiter l'âme alsacienne sous l'écrasement de la botte allemande. Mais pour comprendre tout à fait, il faudrait avoir été là-bas pendant ces jours atroces, avoir vu ce que les yeux des Alsaciens ont vu. Des champs de bataille, dans tous les cas, on ne leur laisse rien connaître, surtout en ces derniers temps. Les communications avec la Suisse leur sont interdites, afin qu'aucune lettre, aucun journal ne puisse leur parvenir, et c'était pourtant la seule voie par laquelle ils pouvaient savoir quelque chose de leurs amis et de leurs parents de France. Les histoires les plus folles circulent chez eux. Le 29 septembre, on y disait que le kaiser était atteint d'une fluxion de poitrine et en danger de mort. Là-bas encore comme ici, et plus qu'ici, il ne faut croire que ce que l'on voit, et non pas ce que l'on entend.

Une lettre de France, arrivée par la Suisse, ne nous donne que des détails sur la santé d'un chacun. Il faut être prudent pour toute correspondance qui passe la frontière ; mais nous y voyons qu'un jeune homme de nos amis n'a pas encore été appelé sous les drapeaux, bien qu'il ait déjà dix-neuf ans et une santé des plus robustes. Cela indique assez qu'on n'en est pas

chez nous aux dernières réserves, et que c'est
à tort qu'on dit la France exténuée.

Nous voyons chaque jour maintenant, sous
les *Linden*, des départs de recrues. Et quels
visages douloureux! Cet après-midi, par un
temps gris, et au milieu d'un grand silence, les
pauvres jeunes gens semblaient aller à la mort.
Et n'est-ce pas en effet à la mort que va toute
cette jeunesse ? et pour quel résultat?

Les soldats allemands se plaignent toujours
de la faim. On ne leur donne d'ailleurs jamais
rien de chaud à manger ; ils n'ont que des con-
serves ; aussi les cas de dysenterie deviennent-ils
extrêmement nombreux. On a pourtant inventé
une machine qui permet de faire le pain, tout
en marchant à la suite de l'armée. Elle peut
fournir 260 pains en 80 minutes, mais doit rester stationnaire quand on pétrit la pâte et quand
le pain refroidit.

Samedi, 3 octobre. — *Le Corriere della Sera*
du 29 dit que Guillaume II est parti pour la
Prusse Orientale, où seraient réunis vingt-deux
corps d'armée! Il tient cette information du
Times, qui, lui, la tient de Pétersbourg !

Qu'on ait voulu distraire l'empereur, pour lui
ôter les idées noires dont il est assailli, je le
conçois assez. Il devient, paraît-il, nerveux et
difficile ; l'inaction à laquelle il est condamné
par sa camarilla militaire lui pèse, et il lui arrive d'en vouloir sortir, en donnant des ordres

dont tout ce qu'on peut dire de mieux, c'est qu'ils sont malheureux. On sait alors les lui reprocher, et il se désespère. C'est ainsi qu'on laisse sur ses épaules le poids de l'insuccès de von Kluck, qui, poussé par l'empereur, avait marché trop vite, et sans compter avec Joffre. La... nervosité impériale se traduit par des paroles violentes, par des querelles, des insomnies terribles; la lumière, le bruit, tout fait mal à cet auguste malade, que la vue d'un « avion » a failli rendre fou. Je ne sais si M. de Hindenburg, qui est au moins aussi autoritaire que Guillaume, sera content du secours inattendu qu'on lui envoie!

Quant aux vingt-deux corps, c'est, à coup sûr, une exagération. Je veux bien admettre que l'on aimerait frapper un grand coup sur la Russie, mais encore faudrait-il pouvoir trouver tant de soldats. Il y a bien dix-huit classes sous les armes, c'est-à-dire cinq millions et demi d'hommes, mais l'effort principal fut dirigé, personne ne l'ignore à cette heure, contre la France, et il serait difficile de rappeler de là-bas tant de soldats! Même s'il s'agit de ceux qui étaient à l'intérieur du pays, il me paraît peu probable qu'on les tasse ainsi dans une région peu sûre en somme, et où la victoire est plus aléatoire qu'on aimerait le faire croire.

Dimanche, 4 octobre. — Je comptais partir ce soir, me croyant en sûreté avec mon passeport et ma feuille de police. Point du tout! Il faut que ledit passeport soit visé par le gouverneur militaire, et, aujourd'hui dimanche, il n'y a rien à faire!

Je me suis donné, hier soir, un mal énorme, ou du moins j'ai donné un mal énorme à une amie, pour trouver une cachette confortable à mon journal, qui pourrait bien me faire arrêter à la frontière! Il paraît que c'est une grande imprudence que de vouloir l'emporter, qu'on fouille et qu'on examine tout, mais je suis assez entêtée pour vouloir risquer l'affaire. Après tout, on ne me fusillera peut-être pas. Nous avons donc, en cachette, sans bruit, et après avoir donné un tour de clé à ma porte, décousu la doublure d'une malle en osier et fourré dans le fond les petits cahiers bien en ordre. Ce matin, nous nous sommes aperçues qu'on pouvait, si la malle était retournée, lire des mots compromettants! Il a fallu recommencer, et mettre un carton de couleur foncée dans le fond! Et ce que c'était dur à coudre. Si les domestiques le savaient, ils iraient tout droit à la police me dénoncer. Et il y en a plus d'un pour se méfier de mes airs innocents, et m'épier. Je me sens assez mal à l'aise, et voudrais bien être déjà à Lausanne!

Lundi, 5 octobre. — Ce pays où règne l'ordre et la méthode me fait plutôt l'effet, quand j'y regarde de très près, d'une cour du roi Pétaud, d'illustre mémoire! Je suis partie en campagne ce matin, sous la conduite d'un vieux domestique qui s'entend, d'ordinaire, à lever toutes les difficultés, mais que son ardent patriotisme me rend peut-être hostile, sans qu'il ose trop le témoigner. A la police, on me dit : « Allez à la Commanderie ! » A la Commanderie, on me fait planter pendant deux heures, devant le portail clos, en compagnie d'une cohue de juifs, sous l'œil plus que sévère de cinq agents. On enjoint au vieux Guillaume d'avoir à me laisser, parce qu'il ne pourra m'escorter à l'intérieur. « Avez-vous peur que madame ne se fonde? » demande un agent qui se croit spirituel. (Tous les Allemands ont, à un degré plus ou moins développé, cette présomption.) Guillaume disparaît, pour aller m'attendre de l'autre côté du bâtiment, et... il emporte le parapluie; alors, comme par hasard, il se met à pleuvoir; je suis mouillée, j'ai froid, la migraine commence à me tirailler. On me défend de marcher de long en large sur le trottoir, de quitter la maigre place qui m'a été assignée entre un vieux Juif qui chique et une vieille Juive très pouilleuse. Bénédiction ! La porte s'ouvre ! Ah ! c'est bien une autre histoire : il faut montrer patte blanche sous forme d'une carte jaunâtre et d'un numéro d'ordre, délivrés à mes voisins par le Comité israélite de la rue de Steglitz. J'ai beau dire, pour la quatrième fois, que je ne suis ni Russe, ni Israélite à mon bien grand regret; on ne veut pas m'écouter et on me renvoie, encore et encore audit Comité. Longue course! Là, on me rit au nez, et on m'expédie à la Préfecture de police, bureau 71. Autre longue course! Derechef on me rit au nez et on me conseille de me débrouiller avec l'ambassadeur d'Espagne. Déjeuner hâtif. Je me sens morfondue de froid, de déconvenue, d'angoisse, et me demande si je pourrai voir le terme de ces ennuis. Vite une auto. Me voilà à l'ambassade; on y vise ma feuille de police, et on me dit d'envoyer mes papiers à la Commanderie par écrit; je le fais, et je remets l'enveloppe à Guillaume pour qu'il la porte sans tarder. Le vieux monstre la jette à la boîte, sous prétexte qu'on ne le laisserait pas entrer! Et voilà ma journée perdue; je n'ai abouti à rien!

La protestation d'Anatole France contre le barbarisme allemand a fait ici beaucoup d'effet. Aucune ne les avait autant touchés. On reconnaît qu'on ne peut s'attendre à ce que les Français aient des sentiments de reconnaissance vis-à-vis de leurs envahisseurs; on ne s'étonne même pas de ce que la presse de notre pays, « qui a empêché une politique de paix avec l'Allemagne, malgré le désir du peuple », gronde haineusement et injurie les armées allemandes. Mais qu'Anatole France ait cru devoir aussi dire son mot contre leur *infamie*, en les traitant de *barbares*, cela les peine vraiment, « car non seulement Anatole France est un écrivain dont la place est bien plus élevée que celle des fabricants de littérature en gros, mais encore il a toujours refusé d'employer des termes tranchants ou grossiers, et sa phrase onctueuse a toujours été écoutée comme parole d'Evangile.»

Mardi, 6 octobre. — Calme complet : ma lettre dort toujours, sans qu'on ait même pris la peine de l'ouvrir sans doute, mais je me suis promis d'attendre tout aujourd'hui.

Si j'ai autant de succès que la Balinska, j'aurai, malgré tous mes efforts, à prendre dose de résignation pour rester ici. Aucune de ses démarches n'a jamais abouti. Pourtant, le dernier train des Russes part aujourd'hui; peut-être ne faut-il pas demander, à des cerveaux allemands, de travailler plusieurs choses à la fois. Peut-être, Israël une fois parti pour sa Terre promise, pourrai-je me faire entendre de Jehovah...

Je ne vois personne; je ne lis rien ; je deviens imbécile et cela m'attriste, mais qu'y faire? Les journaux sont idiots : la Serbie est dans le plus triste état; ses soldats, ses officiers mêmes désertent en masse. Il ne lui reste plus d'espoir et ses dernières troupes se retranchent derrière la ligne de Novibazar, Krujévatz, Kragujévatz. Sans doute cela coïncide mal avec les informations qui nous arrivent d'ailleurs, mais comment savoir où est la vérité.

On annonçait ici une brillante victoire à Augustow, et trente mille Russes pris. Si, là encore, j'apprends le contraire, je reste ébahie, de tant d'astuce devant le mensonge, et... j'attends...

quoi? Le règne de l'Antéchrist probablement, car je ne comprends plus rien, plus personne. J'entends toujours parler des francs-tireurs et de leurs méfaits, mais sans jamais un fait précis, ou simplement vraisemblable. L'histoire surtout des femmes de Hersthal, qui ont mis deux mille soldats de la pure Germanie dans l'impossibilité de se battre, en leur versant sans précaution de l'eau bouillante sur la tête, trouve des croyants...

Pour mon compte, je ne sais plus ce que j'admets ou n'admets pas. Quand on me dit, d'un tout autre côté, que les Allemands se servent de baïonnettes à dents de scie, de balles aussi explosibles que les dum-dum, je n'écoute que d'une oreille, et ne sais si je dois l'accepter [1]. L'incendie de la Cathédrale de Reims suffirait déjà à juger ces gens-là.

La princesse de Hatzfeldt [2] ne décolère plus contre l'Angleterre et la Russie, et elle renie résolument sa naissance et sa parenté russes, et toutes les attaches anglaises de sa famille. Je suppose que la vraie raison en est qu'elle voudrait bien conserver le peu qu'il lui reste de sa situation à la cour, depuis les frasques de son volage époux. Pour une nièce de la princesse de Lieven, c'est du joli! Elle ne conçoit pas comment on

---

1. Ces baïonnettes à dents de scie existaient pourtant, et j'ai pu en voir, à mon retour en France, qui avaient été ramassées sur les champs de bataille du Nord.

2. Née de Benckendorff et sœur de l'ambassadeur de Russie à Londres.

peut lire cet odieux *Corriere della Sera* « vendu
à l'Angleterre ». La haine contre l'Angleterre,
qui, pourtant, a agi avec tant de loyauté et de
mesure dans les derniers pourparlers avant la
rupture, prend des proportions comiques à force
d'exagération. Mais je trouve qu'on y lit surtout
la déception, et la jalousie qui est le fond du
caractère allemand. On commence à voir qu'il
faudra laisser sur le carreau l'empire colonial
qu'on élevait à grand fracas, à grands coups de
crosse dans les mollets des voisins, et cela n'est
pas sans chiffonner tout ce monde.

Il me parvient, je ne sais d'où, que les soldats
russes ont cru devoir se vêtir de gris eux aussi,
et que, par suite de méprises, ils auraient tiré
plus d'une fois sur eux-mêmes, croyant tirer
sur leurs adversaires; un autre bruit, il est vrai,
m'est arrivé encore, selon lequel ce seraient les
Allemands qui tireraient parfois sur leurs propres troupes ! Dans tous les cas, je sais, de source
sûre, que, dans la blessure de plus d'un Allemand, on a trouvé des balles *allemandes.* Ceci
est déjà instructif !

Mercredi, 7 octobre. — Toujours rien de la
Kommandantur. J'y suis donc retournée ce matin. Les Juifs ayant décampé, les abords de la
place étant libres, j'ai pu entrer : premier progrès. Je m'adresse à un jeune officier qui, pour
toute réponse, me crie grossièrement : « Pour les
Français et les Belges, rien à faire. » Je le remer-

cie de son exquise urbanité et réclame au moins mon passeport. Il m'expédie à un de ses collègues, qui me renvoie à un autre, mais je m'accroche à un colonel, fort courtois, qui me fait répéter une quatrième fois ma petite histoire, me prie de monter avec lui dans une grande salle, où, parmi un tas de demandes semblables à la mienne, je découvre mes paperasses ; il en prend note, les met sur le tas, promet d'y regarder : « Mais pourrai-je ou ne pourrai-je pas partir, monsieur ? — Madame, *je n'en sais rien. Le cas doit être travaillé*, on vous répondra par écrit.» Fera-t-on une enquête sur moi ? L'état-major aura-t-il à se prononcer sur la possibilité pour moi de passer la frontière ? Je ne sais. En rentrant on élabore une lettre au gouverneur de la ville, le général de Jacobi, afin qu'il presse tout cela, et Guillaume, sur un ordre formel, doit, bon gré mal gré, la porter à son domicile.

Nouvelle attente ! Pour me rassurer, la Balinska m'apprend que la frontière suisse est aussi fermée, parce qu'on a découvert à Bâle une organisation française de signaux qui renseignait mes compatriotes sur les mouvements en Alsace et en Allemagne. Le gouvernement allemand aurait obligé le gouvernement suisse à ouvrir une enquête.

Jeudi, 8 octobre.— On ne dit toujours rien de la présence possible de l'empereur en Prusse Orientale. J'entends seulement, ce soir, que l'empereur aurait dû aller à Breslau pour conférer avec quatre généraux de l'état-major autrichien, dont j'ai oublié les noms. Au dernier moment il aurait reculé devant une mission délicate, et Hindenburg, qui ne s'embarrasse pas pour si peu, serait allé seul. Ce n'était pas une conférence : Hindenburg, qui de plus en plus joue au pacha, aurait eu soin d'en faire un monologue. Il paraît qu'il parla dans les termes les plus secs et les plus durs aux quatre malheureux, qui, le discours fini, et quand ils eurent compris que leur armée s'était battue comme un sabot, qu'il ne fallait pas faire comme ceci mais comme cela, etc., etc., et que, désormais ils auraient à obéir aux Allemands, s'inclinèrent en silence et disparurent. On dit que l'Autriche est peu flattée de voir la direction des opérations de Galicie passer dans les mains de son alliée; l'empereur surtout serait très vexé. Le soldat autrichien est bon, paraît-il, c'est le commandement qui est défectueux. Mais comment cela se peut-il ? Les chefs autrichiens avaient cependant d'excellents modèles tout près d'eux; que n'en ont-ils profité ?

Car Hindenburg n'est rien moins qu'un Annibal moderne, et le professeur Haller compare la victoire de Tannenberg à celle de Cannes. Il paraît que les plus grands chefs de l'état-major allemand, Moltke et de Schlieffen, n'ont cessé de prendre Annibal pour modèle. La bataille de Cannes a fait le sujet d'une étude militaire de

Schlieffen que tout le monde dit remarquable, mais que personne n'a lue.

Il est impossible de rien savoir de la troisième phase des hostilités en Galicie, sur les deux côtés de la Vistule. On dit toujours que les armées austro-allemandes repoussent les Russes à Biecr et ailleurs, et les poursuivent ; pourtant ceux-ci ont réussi leur tentative de percer les Karpathes et sont en Hongrie. D'autre part, je ne serais pas étonnée qu'ils tentent un nouveau mouvement sur la Prusse Orientale. Mais quant à une bataille sur le Niemen, qui se livrerait là depuis plusieurs jours, les journaux ni les gens ne savent ni ne disent rien. Pourquoi? Quel trifouillis de mensonges ! Comment s'y reconnaîtra-t-on, le moment venu de régler ses comptes ?...

On dément ici, sur le ton de la vertu outragée, le pillage du château de Champaubert par le kronprinz[1]. C'est la baronne de Baye qui a eu la berlue. On ne lui a pas prix une épingle, ni cassé le plus chinois des magots. On dément aussi qu'on ait jamais violé la sépulture, ou même la propriété des Poincaré, en Lorraine. On a passablement à démentir. Il doit y avoir un bureau à cet effet, et il s'y travaille plus, je suppose, qu'au bureau de visa des passeports, à la Kommandantur, car, là, on ne bouge guère !

C'est contre la grande-duchesse de Mecklemburg qu'on est furieux ! Elle peut avoir repris

---

1. On sait maintenant que ce n'était pas le kronprinz, mais son frère, le prince Eitel-Friederich, qui avait laissé là sa carte de visite.

son nom de jeune fille, et se faire appeler grande-duchesse Anastasie (de fait, je ne l'avais presque jamais entendu appeler autrement !), cela leur est bien égal, disent-ils ; « il y a déjà longtemps qu'on a fait toutes les expériences possibles avec *cette personne* ». Ça gênera peu la grande-duchesse, qui n'aime pas plus la cour de Berlin que la cour de Berlin ne l'aime, mais je me demande ce que pense de tout cela sa fille la *Kronprinzessin*, élevée en France, et si peu Allemande, par le charme et la grâce du moins.

Le professeur Liszt de Iéna, qui est une autorité en matière de droit international, faisait ici, l'autre jour, un discours auquel je n'ai pu assister, mais qu'un ami m'a résumé. Il déclara tout d'abord nettement qu'il n'y avait plus de droit international, et c'est bien la première vérité qui sort de la bouche d'un Allemand depuis longtemps ! Celui-là voudrait que, la guerre finie, tous les peuples de l'Europe centrale s'alliassent sagement (il n'a pas osé dire « sous l'hégémonie allemande », mais cela se conçoit) et s'unissent « contre la rapace Angleterre ».

La réponse fort ambiguë du président Wilson au télégramme de l'empereur gêne beaucoup tout le monde et chacun pense, une fois de plus, que l'empereur aurait bien dû garder sa personnalité hors d'évidence !

Le gouvernement allemand, qui a tout fait pour s'attirer les bonnes grâces de la Pologne, trouve mauvais que le gouvernement russe emploie les mêmes procédés et ne sait assez comment le couvrir de ridicule.

Les Russes ne se gênent pas pour russifier, en effet, et tout à leur aise, la Galicie conquise, mais je ne vois pas trop pourquoi on le trouve mauvais, puisqu'on a prêché d'exemple avec la Belgique. Les nouveaux fonctionnaires de la Galicie russe sont venus de l'intérieur de la Russie; les noms des gares sont déjà écrits en russe, et, c'est la *Nowoje Wremja* elle-même qui le dit, « le Saint-Synode s'est réuni sous la présidence du procureur général, et a nommé une commission spéciale qui aura à veiller sur la vie religieuse de la population russe de la Galicie orientale, développera l'Église russe, élèvera le niveau moral des Ruthènes, répandra des livres et des brochures à tendances nettement orthodoxes et russes », etc. Le tzar, que l'on dit parti pour le théâtre de la guerre, a donné un manifeste à sa brillante armée de Galicie, où il rappelle que « Halicz et Lemberg, les deux anciennes villes orthodoxes et russes, sont liées au grand empire russe » et que, « après un siècle de domination catholique et polonaise, la Galicie revient au giron de sa sainte mère la Russie ».

Tout cela, veut-on dire ici, n'a aucune importance, et ne fait qu'éveiller la méfiance des Polonais, qui ne s'en attacheront que davantage à l'Allemagne et à l'Autriche !

Bien, mais alors pourquoi faire exactement la même chose en Belgique? Les derniers manifestes jetés par les colombes allemandes en territoire belge supplient les habitants « de ne pas résister davantage et de se donner à l'Allemagne, *qui ne veut que leur bien* ».

Ces manifestes sont toute une littérature nouvelle qui apparaît, parfois comique d'efforts et de mensonges. Les plus silencieux, comme le tzar, s'y essayent. Il est vrai qu'on les fait peut-être pour lui ! Certainement, les Allemands resteront les maîtres du genre; charlatanisme, pédanterie, tous les caractères de la race s'y retrouvent.

Vendredi, 9 octobre. — La Kommandantur me fait savoir qu'à son grand regret elle n'est pas en position de me laisser faire mon voyage à Lausanne. Me voilà consternée : faudra-t-il m'adresser à l'impératrice ? Ce ne serait pas le moment, bien que ses dernières roses embaument la bibliothèque.

La comtesse E... écrit que la Galicie n'est plus qu'un désert sur lequel planent les corbeaux. (Ce mot me fait frissonner en me rappelant, chaque fois que je l'entends, comment Sarah Bernhardt le prononce dans *l'Aiglon !*) Le château de L... a été perdu et repris je ne sais combien de fois par les Autrichiens; impossible d'en avoir des nouvelles directes, mais au ministère de la Guerre, à Vienne, on lui dit qu'il était en ce moment la possession de l'état-major autrichien, les Russes ayant été victorieusement repoussés. (Je crois bien ; tous les jours c'est une nouvelle victoire sur eux ; tous les jours on nous dit qu'on a chassé *le dernier* Russe de Hongrie !) Ce que cette pauvre terre a dû être piétinée !

Samedi, 10 octobre. — Le ministre de Suisse, M. de Claparède, que je suis allée voir ce matin, me dit d'essayer d'obtenir l'autorisation de partir par le gouverneur général de la Marche, général de Kessel. Voilà encore une lettre bien ennuyeuse à écrire ! et tant d'incertitude sur le résultat ! C'est ici une telle peur de l'espionnage que même des Suisses n'ont pu avoir leur exeat. Mais que pense-t-on pouvoir craindre de moi, qui ne sors pas, ne vois pas un chat, ne peux plus lire ?...

La Balinska a perdu le sommeil, depuis qu'elle a appris que les Russes se sont emparés, à Lemberg, de l'Ossonileum, fondé, autrefois, par le comte et la comtesse Ossonilcki, et qui s'était, depuis, accru de tant de dons magnifiques. On aurait tout emporté à Pétersbourg[1]. Je n'en veux rien croire, mais la pauvre vieille est fort émue. Cela entre dans les hasards de la guerre ! Le goût, les fortunes privées, entasseront pendant des siècles des manuscrits, des joyaux, des choses très rares et très précieuses. Un conquérant arrivera et... raflera tout en un quart

1. Ceci n'était qu'un faux bruit.

d'heure! J'espère, du moins, qu'on en usera mieux avec les trésors de ce beau musée polonais qu'avec les livres de la merveilleuse Bibliothèque nationale de Varsovie, que les Russes envoyèrent grossir les rayons de la Bibliothèque Impériale de Pétersbourg, lors du dernier partage de la Pologne. Il arriva que, lorsque le format des volumes dépassait la dimension des caisses où l'on emballait, on... sciait tout proprement et nettement les pauvres livres !...

C'est un beau cri de victoire aujourd'hui, à propos de la prise d'Anvers. Les maisons sont pavoisées, et les journaux dithyrambent à qui mieux mieux. J'ai le cœur crevé à lire les horreurs de ce bombardement : une ville en flammes, des fuyards éperdus, un wagon plein de pauvres petits orphelins de moins de cinq ans, qui se pressent, peureux, les uns contre les autres, à leur arrivée à Rosendaël. Est-ce une guerre ? est-ce une victoire ? et que pensent donc les femmes, les mères de ce pays-ci, qui lisent ces détails le sourire aux lèvres, dans la joie du succès. Est-ce un succès ? Et n'y a-t-il pas eu quelque désappointement en haut lieu de ce que l'on n'avait pas fait un maigre prisonnier ? Et que penser d'un peuple qui ne songe qu'à injurier un ennemi vaincu ? Le roi des Belges, d'abord, avait *fui*, disait-on : en réalité, bien que blessé, il s'est rendu, avec ce qui lui reste de troupes, au camp de Salzaëte. Aussitôt les journaux d'écrire, en gros titre : *Le roi des Belges n'est pas un héros.*

Il n'est pas un héros parce qu'il n'a pas voulu livrer son épée et son honneur ! Vraiment, tout cela est bien petit, bien mesquin.

Une chose m'étonne : pourquoi la France, pourquoi l'Angleterre surtout, qui mieux que la France le pouvait, n'est-elle pas venue plus tôt au secours des Belges ? La brigade de marine anglaise n'est arrivée que la veille de la reddition de la ville. Ce qui reste de soldats, en Belgique, n'est-il pas voué à l'écrasement fatal si l'un ou l'autre des alliés n'accourt à son aide?

Dimanche, 11 octobre. — Mme de L... m'a dissuadée d'envoyer ma lettre au général de Kessel. Comme elle le connaît, elle le verra et lui parlera de moi. J'espère qu'elle réussira, j'en ai grand besoin. Elle est intrigante et aime à faire l'importante [1], ce qui me laisse supposer qu'elle fera son possible.

Toujours les mêmes horribles détails sur la prise d'Anvers.

Je ne puis les lire sans pleurer.

En attendant, les Russes reviennent sur la Prusse Orientale par Lyck, et il semble vraiment que les façons d'agir de l'Allemagne appellent une vengeance. Cela n'empêche pas l'empereur de télégraphier à l'impératrice dans les termes accoutumés : c'est toujours : *Gott mitt uns,* même s'il s'agit d'un carnage dont les singes eux-

---

1. Mme de L... est la veuve d'un ancien maréchal de la Cour.

mêmes auraient honte. Il se prosterne en une adoration perpétuelle devant ce Dieu qui lui assure de si brillantes victoires, et le voilà tout satisfait dans sa conscience et son orgueil d'Allemand. Comment s'en étonner, quand on connaît les théories étonnantes des théologiens de ce saint empire ? Le docteur Dryander et ses acolytes ne font-ils pas, de leur Dieu teuton, le plus vilain diable possible ?

Il paraît que, depuis une semaine, les Français ne cessent pas de reculer, lentement mais sûrement. Sera-ce, là encore, un désastre ?

La Balinska sanglote éperdûment, en apprenant que quatre millions d'hommes se trouvent déjà face à face sur le sol du Royaume [1] prêts à en venir aux mains et aux dents. Je suis certaine que la proportion des Russes dépasse de beaucoup celle des Allemands ; le front russe est d'une étendue démesurée. Le tzar est arrivé à Brzecs [2]. Quelle poussée cela va être ! On en a un frisson de terreur, même quand on n'est pas Polonais. On dit que les opérations vont commencer incessamment. Je voudrais tant que l'Allemagne y trouve le commencement du châtiment qu'elle mérite. Quelle pitié peut-elle attendre, elle qui n'en a point montré ? Si son ennemi se montre implacable, il ne sera pas facile de l'en blâmer.

Lundi, 12 octobre. — Les Russes pénètrent

1. Pologne russe.
2. Brest-Likowski.

par un autre point encore. On les annonce à Stallupönen de nouveau. La Prusse Orientale reverra l'invasion. Aux populations qui l'avaient évacuée, on avait dit, après le recul des Russes, d'attendre avant de retourner, parce que les Russes pourraient revenir. Puis on les avait laissés rentrer. Pauvres gens ! Vont-ils avoir à fuir une seconde fois ?

Les Russes sont battus partout en Galicie (!). Przemysl leur a été repris et tous les alentours; ils regagnent leur Russie au grand trot ; on les poursuit...

Mardi, 13 octobre. — La comtesse E... écrit que les Russes, qui ont occupé le château de L.... pendant dix-neuf jours, n'y ont rien saccagé du tout. Ils se sont contentés d'emporter quelques gravures, qui, sans doute, avaient charmé leur sens esthétique, plus les couvertures des lits et des fourrures ; en somme, seulement le nécessaire, si l'on peut dire ! Les officiers chassaient tous les jours, et dansaient tous les soirs ! Tout se passait le mieux et le plus gaiement du monde... C'est seulement quand les Autrichiens, honteux peut-être de leur premier recul, ont voulu reprendre leur position, que les choses se sont gâtées. Il y a eu bataille et les bâtiments en ont souffert, les forêts aussi ; les conduites d'eau ont été détruites ; en somme, rien d'irréparable, et il faut se tenir pour satisfait, en un temps pareil, quand le toit tout entier de votre maison n'est pas à terre. Dans les fermes, toutes les provisions avaient été naturellement réquisitionnées par les Russes, mais ils payaient sur l'heure ; et je ne sais si l'on en pourra dire autant des Autrichiens, qui, paraît-il, n'ont plus sou en poche !

On dit, cette après-midi, que les armées russes évacuent Lemberg. J'en suis bien fâchée. Le *Journal de Genève* nous parvient, du 9, quelle aubaine ! La bataille de la Marne toucherait à sa fin, et tous les pronostics d'une victoire sur les deux ailes seraient en faveur *des Français*. Mais alors, pour qui nous prend-on, ici, de nous dire tout le contraire ?

Mercredi, 14 octobre. — Mme de L..., qui a vu le général de Kessel, me dit que sa réponse est négative. Il est impossible de passer la frontière pour le moment. Dans quelques jours ou quelques semaines, il faudra voir. Je suppose qu'on est décidé, par crainte des espions, à ne laisser sortir personne avant la fin de la guerre, mais qu'il n'a pas aimé le dire catégoriquement à Mme de L...

Là-dessus, il m'a fallu voir un spécialiste, mes yeux ne pouvant attendre que l'un ou l'autre des belligérants déclare en avoir assez et mette bas les armes. Ce pourrait être assez long, bien que plus d'un idiot pense voir la fin de ce beau massacre d'ici un mois. Je suis donc allée chez le professeur Abelsdorff, qui est bien le plus intelligent et le plus aimable médecin allemand que j'aie jamais rencontré.

Il ne comprend absolument pas pourquoi on ne veut pas me laisser partir, et quand j'ai cru lui apprendre quelque chose de tout neuf en lui disant que nous étions en guerre, il n'a pas trouvé l'explication suffisante. Il m'a donné une défense catégorique, pendant *des semaines*, de lire et d'écrire, de faire quoi que ce soit qui demande d'être regardé. Quelle perspective, dans un pays où l'on est si seul ! La Balinska me lira les journaux, mais son humeur est fantasque, comme celle de tous les Polonais, et plus d'une fois elle me répondra qu'*il n'y a rien d'intéressant* à lire.

En attendant, l'ambassadeur de Turquie dit ici à qui veut l'entendre qu'il a appris, par un Anglais bien informé, qu'on commençait à se méfier de Joffre, dans la grande crainte où l'on était d'en faire un dictateur. On commencerait à lui mettre des bâtons dans les roues ! Ceci est sûrement faux : on accuse sans cesse les Français de ne pas savoir s'entendre ; je suis certaine, cependant, qu'ils ne choisiront pas un tel moment pour recommencer des querelles politiques et des discussions fâcheuses, afin d'entraver l'action d'un chef qui a fait ses preuves et qui s'est montré admirable de prudence et de tactique. Ici, et d'une façon générale, on s'entend moins bien qu'en France, au fond, mais on le cache au gros du public, la presse a une muselière serrée, et nul n'est au courant des difficultés,

parfois terribles. Il y a certainement des oscil-
lations, des fluctuations dans le haut commandement, et une espèce d'hésitation même commence à se faire sentir, résultat, peut-être, de la
nervosité de Guillaume II, qui quelquefois veut
commander, quelquefois s'effraie à la pensée de
donner un ordre, et perd un peu la tête, enfin...

Plus rien sur la bataille de l'Aisne! Est-elle
terminée? Se terminera-t-elle dans le cours des
siècles? Les Allemands ont pris Lille, et fait là
quatre mille cinq cents prisonniers; ce n'est pas
beaucoup.

Dimanche, 18 octobre. — Il paraît que toutes
les forces autrichiennes sont massées en Silésie
pour former l'arrière-garde de réserve des forces allemandes qui vont se battre avec la Russie.
Cette inactivité des troupes d'Autriche est bien
un peu étonnante, quoique évidemment elles
aient à se reprendre après les rudes épreuves su-
bies en Galicie. C'est Hindenburg qui a pris là le
haut commandement, laissant le général de Mor-
gen à la tête de son armée de Prusse Orientale.

Ici, l'aveuglement continue. M. de Bülow est,
je crois, en Allemagne, le seul homme à voir
clairement la situation et à la juger sainement;
aussi n'est-ce pas à lui qu'on ira demander des
avis! Son scepticisme va jusqu'à douter... de la
victoire de Tannenberg!... Peut-être est-ce aller
un peu loin!...

Enfin, c'est de nouveau la marche sur Paris,

qui n'a été que retardée et non empêchée par la résistance des Belges et des Français. Sans doute, les Belges ont pu faire leur jonction avec l'armée anglo-française, mais tout cela importe peu : ce ne sont que boulettes à mâcher pour les Allemands. Ces fanfaronnades m'émeuvent malgré tout raisonnement, car comment Paris résisterait-il aux odieux obusiers de 42 ? Quelle épreuve, pour tous les pays en ligne, qu'une telle guerre ! Et quel héroïsme a montré la Belgique ! Elle n'a jamais eu une plainte, quand elle aurait pu trouver ses alliés peu empressés peut-être, et tous les Belges, depuis le simple manœuvre jusqu'au roi Albert, n'ont cessé de témoigner d'une force et d'une noblesse d'âme peu communes, que l'on n'aurait pas attendues de ce petit peuple pratique et bon enfant. Du moins, dans son deuil, aura-t-il forcé l'admiration et le respect du monde entier, l'Allemagne exceptée.

On dit qu'on ne voudra plus recevoir à Berlin comme ambassadeurs, après la guerre, que des généraux. Mais pourquoi?

Mardi, 20 octobre. — Hier soir, comme je rentrais du Tiergarten, que l'automne rend mélancolique et charmant, l'ambassadeur d'Espagne m'a téléphoné qu'il m'avait fait inscrire, sans me le dire, pour m'éviter tout désapointement, avec le numéro un, pour le premier échange de prisonniers civils. Je puis partir jus-

qu'à jeudi, par Schaffhouse où se fait cet échange.
Ce matin, mes démarches à la *Kommandantur*
ont eu plein succès, et me voilà prête à lever
l'ancre dès demain. Je ne crois pas vraiment
qu'on me reprenne jamais sur le sol de la sainte
Allemagne ! Et que d'autres feront comme moi,
et banniront à tout jamais cette terre de leur
carte de voyage !

Stuttgart, mercredi 21 octobre. — Jusqu'ici
tout va bien, sauf qu'on ne peut voyager de nuit,
et que, à neuf heures du soir, j'ai dû m'arrêter
dans cet hôtel pour reprendre ma route demain
matin, à huit heures. Le voyage n'était pas des plus
agréables, mais, somme toute, étant donnés les
temps difficiles que nous traversons, il ne faut
pas se plaindre. A mon départ de Berlin, des
dames, allemandes bien entendu, et hautement et
bruyamment patriotes, m'ayant entendue parler
français à une amie venue pour m'accompagner
malgré l'heure matinale, n'ont pas pu attendre
que je sois assise dans mon petit coin pour me
demander avec acrimonie si j'étais Française.
Cela commençait bien ! Je me sentais déjà très
misérable, mais cela ne m'a pas empêchée de
lever le nez très haut pour répondre dans l'affirmative. Ainsi engagée, la conversation n'a
pas chômé ! elles étaient trois et j'étais une proie
appétissante, il faut le croire. Je répondais peu,
elles ne m'en laissaient pas le temps, mais je
me moquais beaucoup de leur bêtise ; et j'aurais

joui du moment si elles ne m'avaient pas donné
une migraine affreuse à crier comme des démons :
les Allemandes sont comme les Allemands, vul-
gaires dans le ton et les manières dès qu'elles
sortent de leur excessive politesse, et elles en
sortent facilement. L'une des trois, d'une élé-
gance tapageuse et criarde (je n'en ai jamais vu
d'autre en Allemagne!) surtout m'horripilait,
par sa voix commune et ses gestes violents.
Celle-là trouvait *injuste* qu'on me laissât voyager sans me houspiller, et elle aurait, c'était
visible, volontiers remédié à cette injustice, car,
disait-elle, les Français se conduisent dégoû-
tamment envers les Allemandes qui sont en
France. Et la voilà qui commence à citer des
exemples, empruntés, pour la plupart, à la
presse « pangermaniste à haute pression », qui
sévit aujourd'hui dans la bienheureuse Prusse.
Une autre dame, qui lui faisait vis-à-vis, et qui
voyait, je crois, l'incrédulité et l'ironie de mon
sourire, s'est tout à coup avisée qu'on prenait
un mauvais moyen pour me convertir, et dou-
ceureusement, elle est venue à mon secours,
disant que « je n'y pouvais rien, que, d'ailleurs,
on ne pouvait assurer qu'il n'y avait pas quelque exagération dans les faits cités ». Mais la
première, furieuse tout à coup, et pensant que la
pure et claire langue allemande était chose trop
bonne pour parler à des Françaises, s'est mise à
crier en français (et quel français!) : « Oh ! *je
sais*, madame, *je sais;* des lettres je reçus, d'amies

de moi, dans lesquelles on me racontait quelle chose épouvantable de vivre en France maintenant être! » Je refusai obstinément de parler autre chose que mon allemand, aussi infect que son français peut-être, mais plus bref, car je ne me souciais pas du tout de causer avec cette mégère, qui n'avait point eu de lettres du tout, pour la bonne raison que la correspondance ne circulait pas plus pour elle que pour moi entre frontières. Malgré mon mutisme agacé, elle continua à m'instruire « du sympathie profonde que partout en France elle avait rencontré; et que, dans mon pays, on toujours avait adoré les Allemands et haï les Anglais; et pourquoi, maintenant, ce retournement des choses? Les Français sont idiots! » Le tendre amour de mes compatriotes pour les Allemands m'ayant arraché une vérité moins agréable pour elle, elle faillit étouffer, mais la voisine, une fois de plus, me secourut, pateline, et en français elle aussi (car les Allemands, toujours, parlent le français merveilleusement et sans faute, donc ils aiment à montrer cette supériorité aux pauvres Français, qui, eux, ne peuvent jamais, c'est connu, venir à bout d'une phrase germanique), elle me raconta les hauts faits des nobles armées allemandes, *versa des pleurs* sur tout le sang répandu par les Allemands et les horreurs commises par les Belges, et, comme je lui faisais remarquer que les Belges, aussi, pleuraient bien des morts et bien des ruines, elle se redressa, sécha ses yeux instantanément : « C'est leur faute, *pourquoi ont-ils résisté? Ils auraient été si heureux*, s'ils avaient consenti de leur plein gré! *Tout aurait été pour leur bonheur plus grand.* Pourquoi ont-ils écouté les mauvais conseils de l'Angleterre et de la France? » Et, de nouveau, les larmes coulaient, mais, peu touchée, j'en savais assez sur la mentalité ambiante, et, affligée d'un mal de tête épouvantable, je fermai les yeux, que les éclats de voix de l'autre irascible créature me forçaient à rouvrir souvent, très effarés. La troisième raconta ensuite les tortures inimaginables que les Français faisaient endurer aux héroïques enfants de la grande Allemagne ; c'étaient de véritables cris et des glapissements qui me rappelaient les ménageries vues dans mon enfance.

A Nuremberg, le temps seulement de voir une foule terrible, des dames de la Croix-Rouge et des brancardiers attendant des blessés, et de sauter dans le train qui devait m'amener à Stuttgart. Dans mon compartiment, deux officiers blessés racontaient leurs prouesses à une dame et à deux jeunes filles extasiées, qui leur pelaient des fruits et les leur tendaient avec des yeux implorants, pour leur rendre moins long le voyage vers leurs familles. Plus loin, deux messieurs, à la mine raide et doctorale de savants allemands, vinrent nous obliger à nous serrer encore. L'un des officiers, jeune et blond, au dur accent würtembergeois, était très loquace, bien qu'il eût compris

que j'étais Française quand je parlais au contrô-
leur. Peut-être pensait-il que je ne comprenais
pas. Il ne se gêna pas pour répondre, aux questions des professeurs, que « la campagne de Belgique avait été *tout à fait inutile,* que tout ce
massacre d'hommes tombés là-bas était vain,
qu'on ne tenait pas encore la Belgique, et que,
pour le Nord de la France, d'où il venait avec
son compagnon, *c'était encore pire* ». Au contraire des bonnes femmes du train précédent,
il affirma que « les Français détestent les Allemands bien plus encore que les Belges ne peuvent le faire ; *il n'y a rien à faire dans ce pays-
là ;* ils tiennent leurs routes, leurs chemins de fer,
la population est pour eux ; ils reçoivent facilement des ravitaillements et des munitions ; tandis que nous... » Ici, un coup d'œil dans ma direction, de son camarade plus taciturne, l'arrêta ;
mais, au bout d'un moment, un des professeurs,
à la parole dogmatique et scandée à faire croire
qu'il cassait des noix entre ses dents, ayant remarqué que la *feldpost* semblait fonctionner assez
mal, l'étourdi reprit : « Elle fonctionne *très mal,*
et s'il n'y avait que ça... » Puis descriptions de
blessures à faire dresser les cheveux sur la tête ;
lui-même était blessé pour la seconde fois déjà,
et prévoyait qu'à son troisième retour sur le
front il laisserait sa peau. C'était dit sans amertume, gaillardement, avec le sourire, peut-être
sans y penser beaucoup ; quand la mort devient
si familière, elle cesse d'être un épouvantail. Et

le blond garçon n'en perdait pas un des témoignages de l'admiration des femmes, et du respect des hommes, plus âgés pourtant, qui l'entouraient.

Cette guerre fait monter encore, je crois, l'esprit militaire; l'officier, là-bas, était déjà un demi-dieu. A présent, il est un dieu complet, et comment s'étonner si tant d'encens lui monte au nez!

Celui-ci entassait les cigarettes dans le fond de sa casquette, les bonbons dans ses poches. Il descendit, un peu avant Stuttgart, et tomba dans les bras de toute une blonde famille, venue pour le recevoir. Après son départ, la conversation reprit à voix plus basse, plus gravement, et je crus comprendre qu'on se plaignait de ce que les régiments würtembergeois et bavarois avaient été exposés plus que les autres, tout comme en Autriche les régiments hongrois, qu'on dit décimés, tandis que les régiments autrichiens seraient intacts, à cause des positions moins dangereuses qu'on leur choisit. On ne maugréait pas : il faut se battre; il ne se trouverait certainement pas une âme, en Allemagne, pour le contester, car ce peuple est brave indéniablement; mais une préoccupation, une rancune perçait : après la guerre (on dirait encore après la victoire), il y aura des comptes à régler.

Lausanne, vendredi 23 octobre.—Je suis enfin

arrivée ici hier soir à minuit. Le voyage a donc été relativement court, et j'ai été gardée de tout accident trop fâcheux. A Immendingen seulement, j'ai eu une fameuse alerte. Depuis Stuttgart, j'avais voyagé avec des messieurs, infirmiers de la Croix-Rouge, très courtois, qui se rendaient à l'un des innombrables lazaretts établis dans ce beau pays boisé et pittoresque. Ils avaient parlé entre eux, d'abord, de la gravité de la situation (on commence donc à savoir qu'elle est grave), de la tristesse des temps, etc.; puis, voyant de ma réponse à un employé que je venais de Berlin, ils me questionnèrent, et ne cessèrent pas de me montrer la plus parfaite bonne grâce quand ils surent que j'étais Française. J'avais déjà remarqué qu'ici les hommes sont moins *excités* que les femmes en général; cela vient peut-être de ce qu'ils ont plus d'activité réelle. Les hôpitaux surtout intéressaient ceux-ci, comme de juste ; ils trouvaient que le nombre des blessés dépassait tout ce qu'on en aurait attendu; que c'était à peine si l'on avait, malgré la bonne volonté générale, assez de ressources pour satisfaire à tant de besoins pressants ; surtout, ils pensaient que l'on ne guérissait pas assez, que l'on ne *pouvait* guérir assez, les blessures soi-disant légères, avant de renvoyer les hommes *encore malades* au champ de bataille. J'ai entendu dire à l'un d'entre eux que, la guerre finie, il n'y aurait pas un seul homme vraiment bien portant dans l'empire, et que les générations futures auraient

grandement à souffrir d'un état de choses si
lamentable. Arrivée à Immendingen à onze heures, j'avais un très long arrêt : trois heures et
demie. J'eus beau perdre mon temps le plus possible à un petit déjeuner au buffet, je pensais
« tuer » le reste à faire une jolie promenade, sous
le riant soleil, dans cette très petite ville, plutôt
village de montagne, où, à peine sortie, je fus
bien étonnée de voir pulluler les soldats. Mon
étonnement grandit quand je vis, après avoir
laissé sur ma droite une caserne, pour prendre
un chemin qui montait vers une vallée tentante
entre deux montagnes, que ces soldats si nombreux étaient, selon toute évidence, « en balade » ;
rien du tout de leur tenue habituelle et automa-
tique de soldats de plomb. Ils me regardaient,
surpris sans doute d'un visage inconnu dans ce
petit trou isolé ; d'indigènes, bourgeois ou paysans, pas l'ombre. Peut-être derrière les larges
fenêtres des maisons, neuves pour la plupart, et
laides comme toutes les maisons qu'a construites
en ces dernières années le génie architectural
allemand, savouraient-ils les joies fumantes de
la choucroute aux saucisses, ou de la mousse
blanche de « la pure bière allemande ». Un peu
interloquée tout de même d'avoir vu tant d'uniformes là où j'étais venue chercher la seule nature,
je rebroussai chemin vers la gare. Je rencontrai,
aux abords, l'employé qui m'avait laissée sortir,
et qui avait examiné avec quelque surprise mon
billet de l'agence Cook (aujourd'hui « Agence

mondiale de voyage »). Je remarquai son coup d'œil inquisiteur, et le méfiant : « Qu'es-tu allée faire ? » de ses bons yeux de gros chien vigilant me suivait encore comme je passais le seuil de la gare, ou un autre fonctionnaire examina de nouveau le malencontreux billet, et me posa des questions auxquelles il me fut facile de comprendre que je devenais suspecte. Cette seule pensée me fit rougir, et je vis distinctement que cette rougeur n'était pas inaperçue et qu'une grosse dondon de village, à qui l'employé comptait fleurette quand j'étais survenue, me fixait obstinément. Je poussai un soupir de soulagement quand il me fut permis de passer enfin sur le quai et d'échapper aux yeux indiscrets qui commençaient à me poursuivre, et je m'assis sur un banc. J'avais encore une grande heure d'attente devant moi, et j'étais, en vérité, assez mal à l'aise à la pensée des cahiers qui dormaient sous la doublure de ma malle. Il me tardait d'avoir franchi cette détestable frontière, quand je me vis de plus en plus le point de mire de chacun ; voyageurs, soldats (qui là encore pullulaient) semblaient découvrir en moi un être extraordinaire. Soudain, un soldat, fusil au dos celui-là, se détache d'un groupe, s'avance droit sur moi : « Vos papiers ? » Ahurie, je les exhibai, tandis qu'un autre venait se joindre à lui pour l'aider à les examiner, et que tout le reste de la bande, d'un commun accord, venait faire un cercle de plus en plus serré autour de nous. Le soldat au fusil avait

un visage dur et triste. Il parlait à voix étouffée,
dans un dialecte obscur pour moi comme le
sont tous les dialectes provinciaux allemands, à
l'autre, dont la figure plus intelligente et moins
brutale était en même temps tellement plus mé-
chante. Ils discutaient sur un mot qu'ils se mon-
traient du doigt. L'interrogatoire commença :
« Est-ce là du français ? — Non, c'est de l'espagnol. — Êtes-vous Espagnole ? — Non, je suis
Française. — Pourquoi alors ceci est-il écrit en
espagnol ? — Depuis que l'ambassadeur de France
a quitté Berlin, c'est l'ambassade d'Espagne qui
délivre les passeports. » Temps d'arrêt. Le petit
soldat jette à voix basse un mot rapide à un voisin qui disparaît. Notre conversation reprend
sur mon billet : « Où est la date d'émission ?
Quand avez-vous quitté Berlin ? etc. » L'homme
est évidemment perplexe et ne sait que faire.
Avec un soupir, il me rend le passeport et le billet,
qui rentrent dans ma poche. Je respire. L'homme
ne s'en va pas ; il attend quelque chose, ou quelqu'un ; ce quelqu'un c'est un sous-officier, très
mal léché, qui m'aborde goguenard et le cigare
aux lèvres. Je dois sortir de nouveau mes papiers,
mais je le prie de ne pas me fumer dans le nez,
ce qui paraît l'étonner beaucoup. Il me cuisine
longuement, veut savoir pourquoi j'étais à Berlin, depuis quand ; pourquoi j'ai les yeux gris
(le passe-port les veut bruns, par une erreur
d'employé trop pressé), etc. Je commence à m'im-
patienter quand deux officiers, qu'on est allé qué-

rir en désespoir de cause, m'abordent enfin poliment, et il y a tant de bonté dans le sourire du plus âgé que je me sens presque rassurée. L'autre, un très jeune capitaine, pas une seule fois n'a souri pendant ce troisième examen, d'ailleurs rapide, et les quelques paroles échangées. L'amabilité de son compagnon l'irrite, et il reste farouche devant moi, avec des yeux de révolte. Le colonel, qui doit avoir des filles, et, j'en suis sûre, les gâte abominablement, s'excuse de l'incident ridicule (en allemand ; ils ne savent pas le français ; qui donc disait que pas un seul officier n'ignorait notre langue ?) ; il disperse le rassemblement, me donne des explications pour la suite de mon voyage. Il aimerait causer, c'est visible, mais l'hostilité encore plus visible du petit officier gêne ce bon géant, aux yeux clairs et à la moustache de dieu scandinave. Ils saluent tous deux et disparaissent.

Quelques minutes plus tard, du fond du quai, perdu dans les arbres, monte le chant grave et viril de la *Wacht am Rhein;* d'autres chants encore, solennels comme des cantiques. Les voyageurs, qui se promenaient en devisant, s'arrêtent silencieux : quelque chose de très grand, d'un peu pesant, je dirai presque de funèbre, plane dans l'atmosphère : dans l'éloignement, ces voix d'hommes montent très pures et très harmonieuses. Tout à coup des trains spéciaux entrent en gare, trains de marchandises et de bestiaux, et c'est une ruée de toute cette jeunesse forte et ardente, suivie des officiers plus sages, plus conscients peut-être, vers les wagons qui sont pris d'assaut. Je m'explique alors leur désœuvrement : ils allaient partir... vers quel destin?...

Le sous-officier malhonnête passe devant moi un peu confus. Je lui souhaite un heureux voyage, gracieusement, tant je suis contente d'en être quitte à si bon compte. Et ils partent en chantant ; quelques femmes du village sont venues sur le quai, les écouter chanter et crier, les voir une dernière fois peut-être... Il n'y a pas de joie dans leur chant... Et je me rappelle brusquement, pour ne plus jamais l'oublier, un jeune soldat, un adolescent très frêle, qui absorbait de la bière au buffet tandis que je réclamais mon parapluie à la servante. Comme je passais près de lui, suivie des « adieux » empressés de la jeune fille, il s'était tourné vers moi, m'avait regardée longuement, son gracieux et joli visage soudain sérieux, ses grands yeux bleus remplis de je ne sais quelle angoisse, et, le coin des lèvres un peu moqueur, il m'avait dit en français : « Adieu, adieu, Mademoiselle. » Il voulait faire le brave et le hardi ; et il frissonnait intérieurement. Pauvre enfant ! Il avait besoin encore des bras de sa mère, et l'arrachement avait dû être cruel pour lui, pour elle plus encore. Ces grands yeux de fièvre, depuis, me poursuivent...

Une demi-heure après eux, je montai dans un train, avec, maintenant, la peur qu'on ne me fasse de nouveau « des histoires » avec ces horribles cahiers. Après Singen, au village frontière de Gottmadingen, voici des casques à pointe qui attendent le convoi, sur la voie même. Le train s'arrête de telle sorte, tout est si bien calculé, que les casques à pointe se trouvent placés juste devant les portières d'entrée et de sortie de nos longs wagons. Ils montent, examinent soigneusement. Sur mon passeport, les questions vont pleuvoir de nouveau, quand une dame qui a vu mon émoi à Immendingen répond avec décision à ma place. La décision est ce qui impressionne le plus l'Allemand, ce qui lui fait le mieux « lâcher le morceau ». Me voilà en paix. Nos casques à pointe se rencontrent au milieu du wagon, se confient que « tout est bien », descendent. Nous roulons sur Schaffhouse...

Dans mon compartiment on me regarde... Cela m'est assez égal. On m'a dit que je passerai la douane à Shaffhouse. Mais je reste inquiète pour mes cahiers, mes cartes, mes illustrés ! Et voici un gros bourru d'Allemand qui commence à grogner, bientôt, qu'on ne devrait pas laisser les Françaises quitter l'Allemagne si facilement, puisque les Allemandes n'ont pas la permission de laisser la France. Je me mets à rire, et réponds que si je puis partir, c'est grâce à un échange de prisonniers civils ; que j'ai attendu l'heureux moment 2 mois 1/2 durant. Ceci me rend populaire dans l'auditoire d'abord hostile. La conversation devient générale. Mais j'en retire, avec stupéfaction, l'impression que j'ai affaire avec l'esprit allemand, bien plus encore qu'à Berlin. Je croyais que, parce que j'étais en Suisse, les sentiments seraient tout français. Me voilà détrompée ; *le Journal de Genève* n'est pas lu ici. Toutes les feuilles que l'on sort autour de moi sont exclusivement allemandes ; ce sont les organes de Berlin, ceux de l'Allemagne du Sud. Même la personne affable, qui un moment auparavant répondait pour moi au casque à pointe, est toute heureuse de tirer de son sac et de me tendre, pour m'aider à me faire une opinion sur les abominations commises par mes compatriotes, un rapport que j'avais déjà vu tout le monde s'arracher et qui soulève une réprobation générale contre les Français. Le gouvernement allemand le fait répandre à profusion. Il cite des faits précis, des noms, des lieux ; pourtant il ne me persuade point ; mais je commence à croire que, quand je serai en France, je verrai des rapports de ce genre dressés contre les Allemands, et ce que j'entends ici m'empêchera de trop croire à ce que j'entendrai là-bas.

Ce document me laisse rêveuse. Je comprends maintenant l'excitation anti-française en Suisse allemande. A celui qui me demande ce que je pense de ces faits, je réplique que j'en attendrai la confirmation française pour y croire ; il veut du moins me faire avouer que les Français n'ont pas été maltraités à Berlin ; je le lui concède. « Oui, » s'écrie le gros bourru, « mais ne croyez-vous pas qu'à Paris on ait pu malmener les Allemands? — Ma foi! je le crois très possible!» et mon visage est si convaincu que tout le monde éclate de rire, sauf le gros bourru. On entre en gare de Schaffhouse; c'est à qui voudra m'aider! Je ressors mon passeport. Me voici à la douane : « Avez-vous quelque chose à déclarer?— Que voulez-vous donc qu'on rapporte de Berlin!» Une croix à la craie. Mes malles ne sont *même pas ouvertes*. Me voilà soulagée et je saute dans le train de Zürich, après avoir pris à la bibliothèque tous les journaux possibles (il n'y a que des journaux allemands!)

Je comprends, grace à eux, de mieux en mieux la situation du pays que je traverse. La presse, allemande ou vendue à l'Allemagne, a fait là encore des siennes et cela lui était facile, dans ce pays de langue allemande. Ce sont les cruautés des Anglais, c'est la fourberie des Français, c'est la ruine de Paris, le désastre de nos armées, le mensonge perpétuel de notre gouvernement. C'est l'héroïsme de la grande nation allemande, son sacrifice à la cause de la liberté et de la *Kultur* !...

J'essaye de saisir ce qui se dit autour de moi : On parle de la guerre, mais avec des regards prudents au voisin. Ce regard m'étonne. Il me semble qu'en Suisse on devrait se sentir libre de ses opinions et de ses paroles? Je remarque que l'homme aimable qui s'est mis à causer avec moi, en français correct, baisse la voix quand le train ralentit et cesse son tapage; je vois aussi que les visages se sont rembrunis et que toute conversation s'est tue autour de nous. Je demande une explication; mon compagnon de rire : « Oh ! il faut prendre garde de ne rien dire qui puisse les fâcher. C'est pire ici qu'en Allemagne, où j'étais aussi il y a trois semaines. Vous allez à Lausanne; là-bas on est ardemment Français; ici on est *plus qu'Allemand.* » Il me raconte alors qu'il est Bavarois de naissance, mais qu'établi depuis de longues années à Berne il s'est fait naturaliser *deux mois* avant la guerre. (Tiens ! quel hasard !) Et combien il s'en félicite ! Un autre, qui monte à la station suivante, raconte presque la même histoire : sujet allemand, mais né en Alsace, il s'est aussi fait naturaliser Suisse, ainsi que son fils, peu de semaines avant la guerre. Et on me dira que les Allemands ne savaient rien de ce qui se préparait !

Vendredi, 28 octobre. — Je m'amuse, ici, bien plus qu'à Berlin ! Je vais voir hier, pour lui porter des nouvelles de nos amis communs de là-bas, la femme d'un professeur, que je trouve, après quelques tâtonnements prudents, toute Française de cœur et d'indignation. Nous bavardons. Voici l'heure du thé : « Surtout, » me dit-elle, « pas un mot de la guerre devant mon mari qui va descendre. Cela entraînerait des discussions bien inutiles. Il ne lit plus *que les journaux allemands,* moi les français; ses opinions et les miennes sont si différentes que nous n'abordons jamais les sujets scabreux. » Le bon Dr S... arrive en effet, Allemand déjà par l'allure. Se taira-t-il, lui aussi? Trop content d'une occasion de parler selon son cœur, il fonce sur moi Française, comme un taureau sur le drapeau rouge. Me voilà bien! Les Français n'ont pas cessé, depuis 44 ans, de casser les oreilles de l'univers entier de leurs cris de vengeance. Ils ont *seuls voulu* la guerre. Ils devaient la refuser; la Russie n'aurait jamais marché, si elle ne s'était pas sentie soutenue et même encouragée, secrètement. L'Allemagne est *martyre*. Elle n'avait jamais songé à se battre. *Elle est forcée de se défendre,* mais ne demandait aucune conquête; naturellement, maintenant, et après tant de victoires (?) elle demandera des territoires. C'est seulement juste. Les armées allemandes n'ont *jamais* reculé. La France entière sera détruite.On va marcher de nouveau sur Paris, qui sera pris. Les Français sont des fous. Les Alsaciens? Quelle engeance! Ils faisaient tous de la politique francophile en territoire allemand. C'est de la *trahison,* tout simplement, on aurait dû tous *les pendre.*

Je regarde le Dr. Je jouis énormément de sa conversation. Sa femme, fidèle à son principe et impénétrable, ne souffle mot et s'occupe du thé, donne du sucre au petit chien. J'apprends avec plaisir que la cause de la Serbie n'a jamais intéressé personne; que l'Autriche poursuivait *le plus grand bien* de cette Serbie, en cherchant à l'annexer. Car, du moins n'y a-t-il là-dessus aucune mésentente. Cette guerre austro-serbe était certainement prétexte à annexion. Où est le mal ?

Je sors, en me promettant de revenir souvent ! Un fou rire s'empare de moi sur l'avenue. Un collégien de mes amis surgit à l'improviste et demande la cause de cette hilarité : quand je lui dis d'où je sors : « Oh le Dr S... ! Mais au su de tous, il est à la tête du *comité de germanisation de la Suisse !* »

Il faut dire, pour la défense du Dr S..., que son frère, coupable seulement d'avoir comme lui un nom allemand, a dû fuir Paris, où il représentait une maison allemande et où on ne parlait de rien moins que de lui « faire la peau ». Sa femme, une Française, a dû fuir aussi. Beaucoup de Suisses allemands ont eu le même sort et ont gardé le goût de la canne sur leurs épaules.

Et c'est partout ainsi. Chez Fœtisch, l'éditeur de musique, qui veut changer son nom trop allemand, on avait exposé une grande carte, en vitrine, avec les petits drapeaux des belligérants : un Suisse allemand irascible entre, un jour, pour demander en quel honneur on laissait en arrière le drapeau impérial qui aurait dû, à son avis, être avancé ; l'employé était Suisse romand ; une bagarre s'en suivit à laquelle les désœuvrés de la rue vinrent prendre part !

La Suisse, si paisible d'ordinaire, est partagée :

les sympathies pour les Belges sont ardentes, on travaille à recevoir des réfugiés. On travaille aussi pour les hôpitaux français, et le Dr Roux, le Dr Gay sauvent des existences à Besançon. On est reconnaissant d'être hors de toute atteinte, *pour le moment*, car on ne paraît pas autrement sûr du *statu quo*. C'est en vain qu'on leur représente que les Allemands ont eu assez de la leçon apprise en Belgique ; on a peur quand même, peur des espions, peur du généralissime, le général Wille, qui est « vendu à l'Allemagne » bien sûr, puisqu'il a reçu chez lui Guillaume, lors de sa visite en pêcheur à la ligne, et aussi puisqu'il « a marié », selon la jolie expression vaudoise, une nièce de Bismarck (?).

Mais les influences de milieu sont telles que j'entends une Hollandaise de grand cœur et de grand courage, qui habite Berne, ne trouver que ce mot pour plaindre le sort de la Belgique : « Ma chère, mais *qu'avaient-ils besoin de résister !* » Et on reste les bras ballants ! Et en Suisse allemande, c'est du côté français que l'on craint l'invasion !

A Genève, on est Français tout comme ici. Comme ici, on dit, de l'armée française et de ses victoires : « notre armée, nos victoires ». La situation est, en Suisse, exactement l'inverse de ce qu'elle était en 1870, alors que la France, après avoir un peu joué le rôle belliqueux de l'Allemagne d'à présent, donnait trop de sujets de réflexions à ses voisins. L'Allemagne rencontrait là bien des défenseurs, tandis qu'aujourd'hui elle n'en trouverait que parmi les Allemands, qui abondent, du reste, dans ce pays hospitalier.

Jusque dans les écoles suisses, le vent est à l'héroïsme, et les imaginations enfantines se trémoussent aux récits des prouesses ancestrales, dont il faudra savoir rester digne, l'occasion survenant. Mon ami Riquet a 7 ans. Il fait un « devoir de style » sous l'œil étonné d'une maman vigilante. Congrûment prié et supplié, l'ingénu, flatté, consent à lire son élucubration : « *Les hirondelles... Les hirondelles se réunissent sur les fils du télégraphe et du téléphone pour chanter des chansons patriotiques !...* »

Lundi, 31 octobre. — La lecture de certains journaux me devient un peu pénible; elle donne, à quelqu'un qui arrive du dehors avec la volonté de juger impartialement, l'impression qu'ils exagèrent, et s'exercent tout comme ceux de Berlin, qu'ils blâment tant, à tromper le lecteur, pauvre diable. Ne voudrait-on pas nous faire croire que l'Allemagne tente un dernier effort avec une armée composée d'enfants et de vieillards et d'un cadre de fortune ? Si je dis que ce n'est pas vrai, qu'elle a encore des réserves, qu'elle en a pour longtemps, que les Allemands sont prévoyants, on m'accuse de manquer au patriotisme. Mais pourquoi se faire de semblables illusions ! On en a pourtant vu le danger en 70.,.

Et moi qui me scandalisais, là-bas, de ce que j'appelais *la grossièreté des feuilles allemandes* parce qu'on n'y parlait jamais du tzar sans ajouter à son nom l'épithète de fourbe, parce qu'on s'y livrait à des comparaisons désobligeantes, je reste bouche bée quand j'entends les qualificatifs auxquels on assaisonne le malheureux Guillaume : c'est un scélérat, un vautour, etc., le terme de *Boches* m'offusque, absolument...

Pourquoi entretenir la haîne ? Pourquoi l'attiser ? Toutefois, prêcher sur ce sujet est bien difficile, après tant d'horreurs, hélas ! indéniables, commises par les Allemands sur le territoire envahi...

APPENDICE

I

AUX SUÉDOIS

Quel droit ai-je, moi, un homme sans patrie, d'élever la voix afin qu'elle retentisse chez vous, Suédois, dans une langue qui n'est pas suédoise, bien que de même origine ?

Quel droit ai-je, moi qui ai vécu parmi les peuples qui aujourd'hui jouent la mort ou la vie dans une partie sanglante et me suis bien trouvé chez eux, quel droit ai-je à prendre maintenant parti pour ou contre ?

Eh bien ! c'est le droit du sang, du sang qui coule dans mes veines. La couleur blonde et la haute stature sont.communes à tous les Germains du Sud et du Nord.

J'ai le droit sublime de la conservation et de l'affirmation de moi-même, le droit de renier aujourd'hui toute nation vivante qui prend les armes contre les Germains, contre nos mœurs, notre conscience du droit et le pays de nos aïeux.

J'ai vécu en France et en Angleterre et m'y suis bien trouvé ; mais je fus plus heureux là où résonnait la langue des Germains.

Et je sais aujourd'hui, par chaque battement de mon cœur, que moi, le sans-patrie du Nord, je trouve ici une nouvelle patrie, une union puissante des personnes d'une race commune à la nôtre, car nous sommes voués au même destin.

Peut-être l'ai-je su autrefois déjà, mais ce n'est que maintenant que j'ai senti combien mon sang me montrait la destinée identique ; j'ai senti en moi la résurrection des générations passées se dressant comme un rempart contre le joug que les étrangers tenaient prêt pour nous et nos descendants.

Je me souviens aujourd'hui, mieux que jamais, de mon enfance en Suède.

Je revois les fertiles plaines de blé du Sud, les champs pierreux du Nord, les haies de bouleaux, la fumée odorante de la résine, les forêts où poussent nos bois pour la construction des navires, et la parure de perles des lacs qui orne ta poitrine, ô Suède !

Je suis né dans la plaine de Schone. Volontairement (bien que je vinsse de l'Allemagne par l'émigration de quatre générations en Danemark et en Norvège), j'entrai dans ses rangs, et servis dans les landes de Hungby sous l'uniforme bleu des cavaliers. Volontairement, comme j'étais venu, je te quittai de nouveau pour continuer à conduire ma race vers de nouveaux pays et la ramener à celui auquel j'appartiens par le sang. C'est volontairement et de mon propre gré que moi, tout seul contre un empire, je déclare la guerre à ton ennemi héréditaire, la Russie. Je suis moi-même une puissance guerrière.

J'ai dénoncé la honte de ton ennemi héréditaire et l'ai montrée à bien des gens dans sa nudité crapuleuse. J'ai montré les dents parce que les peuples germains n'ont pas pu, il y a dix ans, parer aux événements qui se produisent à présent.

Voilà mon droit !

Aussi je suis ton frère, ô Suédois, comme je suis le frère des Danois, des Norvégiens et des Allemands. Car aujourd'hui il n'y a plus aucune différence, bien que les Monts Kiölen, ou bien le Sund ou la mer Baltique nous séparent. Nous sommes de même race et notre sort est le même dans le succès comme dans la défaite.

Oseras-tu, toi le plus grand peuple des Germains du Nord, oseras-tu maintenant regarder fermement ton destin face à face et choisir le grand combat qui se livre aujourd'hui, parce qu'il est plus digne de toi et de ton histoire de périr en combattant s'il le faut, que d'être, dans les temps de paix futurs, livré, les membres liés, à la cruauté des Russes ? Le jour est venu où tu as à choisir entre la liberté et l'esclavage. Si tu laisses aujourd'hui tes frères du Sud verser seuls leur sang au combat, tu seras seul aussi lorsque ton ennemi héréditaire tournera ses armes contre toi.

L'histoire t'indique en lettres de feu le chemin qui t'est tracé, Suède.

Tu as combattu sur les plus grands champs de bataille pour la cause des Germains, pour la croyance pure de l'humanité éclairée. Tes armées ont porté ton nom victorieux dans une partie du monde jusqu'à ce que tu aies succombé, il y a plus d'un siècle, devant un ennemi plus puissant, qui aujourd'hui plus que jamais te menace.

As-tu oublié, Finlande, et ta langue suédoise que parlent encore aujourd'hui les frères fidèles de l'autre rive du Golfe de Bothnie ? Sais-tu où sont Helsingfors et Sweaborg, prises dans les serres de l'ennemi ? N'entends-tu pas des villes suédoises prononcer ton nom et t'appeler avec l'amour de tout un siècle ? Ne vois-tu pas une nouvelle frontière, une claire ceinture maritime, allant de la mer Blanche par les lacs Onéga et Ladoga jusqu'au Golfe de Finlande ?...

Déjà, en temps de paix, les espions de la Russie s'étaient insinués en foule dans tes villages ; ils dressaient des cartes du pays, mesuraient les chemins, comptaient le bétail et les chevaux dans les métairies, examinaient la fertilité du sol et la valeur des récoltes. Ils ont agi envers toi comme si tu étais déjà leur propriété, comme si tu t'étais livrée sans coup férir, à discrétion. Avec des voitures de rémouleurs, ils se glissaient dans tes villages, et leur habileté de polisseurs leur ouvrait même les portes de tes plus hauts châteaux. Courtois et fuyant le jour, faisant le guet dans les recoins la nuit, ils nous ont assaillis par derrière, armés de poisons, de poignards assassins et d'or français.

Que penses-tu espérer d'eux et de leurs chefs, s'ils réussissent à vaincre les Germains du Sud ?

N'attends pas ! N'hésite pas ! Ne crois pas les messagers ni les médiateurs russes, ni ceux qui tremblent pour les tas d'or qu'ils leur ont prêtés ! Ne crois pas non plus qu'une nouvelle Russie, une grande République russe, sortie des cendres du vieil empire, t'estimerait plus que la Russie actuelle ! Je le sais ! De mes propres oreilles, j'ai entendu les serviteurs de l'Empire et de la future République défendre la même politique d'expansion panrussienne. Un vieil état à l'agonie ou un nouveau dans les douleurs de l'enfantement exigent la même politique, dût-il porter le nom de la Russie ou de la France.

Non, ne les crois pas, ceux qui hier te promettaient la paix et s'efforçaient de conjurer tout danger ; car demain ils ne seront plus en état de tenir leurs promesses.

Ne crois pas ceux qui un jour promettent et le lendemain brisent leurs serments — promesses d'or et même serments sacrés de liberté et de droit humain, puis manque de fidélité et parjure, dès que le danger extérieur ou intérieur est passé — voilà l'histoire de la Russie, voilà la fidélité des Tartares.

Assez ! On ne gagne pas les batailles en outrageant ses ennemis, encore moins lorsqu'on les estime.

Mais aussi longtemps que vivront des Germains, il ne faudra jamais oublier que nos ennemis mettent en ligne contre nous des hordes de noirs et de jaunes et même des troupes mercenaires des îles. Et nous voulons graver jusqu'au sang dans nos cœurs le souvenir des cruautés barbares qui sont accomplies en ce jour contre les Germains et leurs femmes et leurs enfants.

Chevaleresques Suédois, ce sont nos frères par le sang qui, sans armes et sans protection, furent piétinés. Ce sont aussi vos frères, vos sœurs et vos enfants ! Je vois brûler vos joues ; j'entends vos cœurs battre avec violence. Cœurs suédois, embrasez-vous de colère et d'ardeur. L'heure est venue de montrer que vous n'êtes pas un peuple agonisant, que vous ne voulez pas, sans vous défendre, vivre de la grâce des Tartares.

Oubliez les conflits et les pensées discordantes d'hier Célébrez votre renaissance dans un grand et unique enthousiasme et de nouveau écrivez d'une écriture éternelle, dans l'histoire de la Suède, des noms riches en souvenirs glorieux.

Montrez aux peuples frères scandinaves que vous pouvez gagner vers l'Est ce que vous avez donné volontairement, et par esprit conciliant, à l'ouest. Apprenez-leur aujourd'hui à oublier les frontières que l'on a établies entre les peuples germains. Dites-leur, apprenez-leur, jurez-leur que nous sommes une race, un sang, dans le Nord comme dans le Sud de notre Baltique agitée.

Oui, allez au devant des peuples scandinaves, présentez vos poitrines comme remparts de nos pays, de notre langue germanique, de nos libres croyances, de notre origine scandinave.

Lancez le fer dans les sources empoisonnées. Que l'épidémie et le deuil s'étendent sur la Russie et loin au delà de ses frontières ! Prenez part à ce combat pour les croyances et le droit humain.

Et encore : tuez vos brebis et vos agneaux, cousez les peaux et faites des bottes pour vos guerriers, afin qu'ils ne combattent pas en grelottant et puissent rire à l'aise quand ils recouvreront la Finlande. Enduisez vos montants de portes avec le sang des animaux sacrifiés en signe de renaissance de la Suède, en symbole de l'inviolabilité de vos foyers. Oui, étendez ce sang sur vos montants de porte et étraignez vos femmes sveltes, à la chevelure blonde, au sang éternellement vif sous la peau transparente, pour qu'elles puissent donner au pays de nouveaux fils pendant que les Suédois se souviendront de leur passé et assureront leur avenir, unis aux bataillons de leurs frères par le sang.

Aujourd'hui ou jamais, c'est le jour des Suédois.

MADELUNG

Berliner Tageblatt du 1er septembre 1914.

II

UNE LETTRE PAR DELA LA FRONTIÈRE

A M. R., membre de l'Académie français,Paris.

Cette lettre, que nous reproduisons avec d'insignifiantes coupures, a été écrite et envoyée *dans un élan du cœur* immédiatement après la déclaration de guerre. L'expéditeur est un savant allemand, le destinataire un membre bien connu du monde scientifique de Paris et le secrétaire perpétuel de l'Académie française.

LA RÉD. DU *Zeitgeist.*

Monsieur

Le 27 juill. de cette année, vous m'avez accompagné dans votre automobile jusqu'à la gare de l'Est. Plusieurs fois durant le trajet vous m'avez assuré que personne en France, et vous moins que personne, ne croyait

à la guerre. Jusque dans le wagon, vous me répétiez :
« A bientôt, au revoir ! » me prédisant qu'avant une
semaine je reprendrais mes recherches scientifiques
interrompues à Paris. Ni vous ni moi ne nous doutions
que nous nous quittions pour la vie; que le solide lien
d'amitié qui nous unissait se rompait pour toujours; que
ces relations, nouées par une communauté de recherches
scientifiques, se déliaient irrévocablement. Ce que je
ne sais pas, puisque les relations ultérieures entre la
France et l'Autriche sont suspendues, c'est si vous croyez
encore à la continuation possible de notre amitié. Pour
moi elle n'existe plus; elle ne peut plus exister.

Peut-être jugerez-vous, avec la susceptibilité habituelle du Français, que je vais trop loin si je fais un
conflit personnel de celui qui s'est élevé entre nos deux
pays ; si, d'un coup, j'anéantis ce qui s'édifia en une
série d'années ; si j'oublie tous les services d'ami dont
vous m'avez comblé. Loin de moi la pensée de méconn-
naître tout ce dont mes travaux scientifiques sont rede-
vables à votre bonté, à votre serviabilité toujours active.
Je ne me rappelle que trop bien la façon dont vous me
veniez en aide, dont vous aplanissiez les chemins où je
n'eusse pu passer, dont vous m'ouvriez les portes qui
me seraient restées fermées, et comment, d'une façon
toute désintéressée, vous avez servi une branche de la
science allemande en ma personne. J'irai plus loin
encore, et je dirai qu'en France toute investigation
scientifique est chose impossible pour un Allemand s'il
ne jouit pas de la haute recommandation d'un acadé-
micien ou d'une personnalité officielle. Chez nous, c'est
différent. Nous allons au devant du chercheur. La notion
de protection si répandue en France nous est étrangère.
Ce qui décide, pour nous, ce sont les œuvres ; chez
vous ce sont les influences personnelles. Il reste assez
désagréable qu'en France chaque étranger, quels que
soient ses mérites scientifique (ce n'est pas de moi qu'il
s'agit), se voit rebuter partout si un Français influent

ne lui vient en aide [1]. C'est ce que vous avez fait, Monsieur, et le plus loyalement du monde. Mainte et mainte fois vous m'avez sacrifié votre temps déjà si limité par vos travaux si divers, en m'indiquant minutieusement les voies à suivre pour atteindre plus rapidement mon but. Et tout cela avec une amabilité si séduisante que je vous dois une célébrité à laquelle je ne serais jamais parvenu tout seul.

Et cependant aucun lien d'amitié ne peut plus demeurer entre nous. A l'avenir les sciences allemandes se passeront des services que vous vouliez bien me rendre, puisque le sang jeune et précieux des Allemands occupés en France a pu être outragé, brutalisé, menacé. Là s'arrête tout intérêt scientifique ; seul celui de la culture générale de l'humanité commence à parler. Peut-être n'êtes-vous pas responsable de ces méfaits. Vous menez une existence contemplative dans un palais somptueux — (aucun savant allemand n'a jamais joui d'une demeure aussi splendide) entouré de vos livres — dont tant sont écrits en allemand, de vos gravures, de vos œuvres d'art, etc. Je ne sais pas si le rude tumulte de la populace française pénètre dans la tranquille retraite de la rue Tractir où vous vous livrez à vos méditations. Mais vous appartenez à cette nation qui aujourd'hui maltraite mes compatriotes, mes frères, qui les torture affreusement, qui les empêche de revenir dans leur patrie, les condamne à de vils travaux sans leur donner, pour cela, de quoi satisfaire les premières nécessités de l'existence. Vous vous vantez d'être un collaborateur du développement supérieur de votre nation. Croyez-vous l'avoir provoqué en quoi que ce soit, et qu'un peuple ait saisi, en général, la notion abstraite de ce

---

1. On sait que ceci n'est pas vrai. Un historien autrichien s'est plaint un jour à moi de la difficulté qu'il avait à faire ses recherches en Allemagne, où il ne rencontrait que mauvaise grâce — et il se louait fort, s'étonnait même, de la facilité avec laquelle on recevait les étrangers dans nos grandes bibliothèques et nos archives.

mot sublime de « culture » quand il est capable de telles choses et de pareilles inhumanités ? Quelle estime le monde civilisé accordera-t-il aux hommes de science français, s'ils n'ont pas pu amener le peuple à avoir, sinon des attentions, du moins quelques ménagements envers l'adversaire ? Non, Monsieur, entre votre peuple et le nôtre, il ne peut plus y avoir de base commune, fût-ce une base scientifique.

Si, le premier, je romps avec vous des relations personnelles, qui se sont prouvées réciproquement utiles (car vous vous souvenez sans doute de quelle influence marquante étaient mes conseils ou mon aide), c'est qu'il y a d'autres considérations encore qui m'y poussent. C'est grâce à votre intervention que j'ai fait la connaissance d'un certain nombre de personnalités que le conflit actuel fait ressortir peu glorieuses. Vous vous rappelez sans doute certain dîner que vous aviez organisé en mon honneur au restaurant viennois du « Petit Paillard », ou certain ministre — son nom infâme ne mérite pas d'être mentionné — ne pouvait se répandre assez en louanges sur Vienne, qu'il prétendait connaître assez exactement.

Et plus d'une fois je dus entendre les hommes les plus éminents de cette société répéter combien ils se réjouissaient d'avoir parmi eux un Viennois : ce n'était pas un de ces Prussiens dont on ne se souciait guère. J'attachai alors peu d'importance à ces paroles. Pour la mission dont j'étais chargé, et qui était aussi bien à l'avantage de l'Allemagne que de l'Autriche, peu importait que ce fût un Prussien ou un Autrichien qui obtînt de vos hôtes ce qui était nécessaire. Aujourd'hui je sais quel sens il faut attribuer à tout cela. Pour vous autres Français, la notion réjouissante des « Austro-Allemands » est devenue précise aujourd'hui et mes compatriotes, de corvée à Nogent, ne sont pas mieux traités que les Prussiens. L'amitié n'a de sens pour vous que tant qu'elle vous paraît utile.

D'ailleurs, pour ne me laisser aucune illusion, ce Monsieur le Ministre qui faisait partie de notre groupe ce jour-là, et qui avait facilité mes recherches aux Archives, sollicita vraiment peu mon respect. Car il ne tarda pas à quitter notre table pour se rendre à une autre où étaient quelques filles en état d'ébriété avec lesquelles il entra rapidement en conversation. Alors cela me parut insignifiant. Aujourd'hui j'y vois un symbole, et des ministres qui se plaisent en pareille compagnie ne portent pas à croire qu'ils appartiennent à un peuple digne d'être considéré comme un adversaire très sérieux.

Je dois encore mentionner un individu que grâce à vous j'appris à connaître ; apparenté à quelques familles viennoises, il se permet aujourd'hui d'incroyables attaques sur l'Allemagne et tout spécialement sur son empereur si digne de respect.

C'est de *Clemenceau* que je veux parler, alors en pleine inactivité, et songeant toujours aux moyens d'arriver au pouvoir. Chaque jour il se mettait à mon service et pour faire l'aimable avec moi il courait d'archives en archives ; tous les employés avaient un si grand respect pour lui qu'ils lui ouvraient les casiers les plus secrets et les mieux fermés. Cela me plaisait, car mes travaux en profitaient. Mais j'avoue franchement que j'eus évité tout commerce avec cet homme si j'avais supposé quel était l'individu que je mettais ainsi à contribution. C'est à vous, Monsieur, que j'adresse les plus graves reproches quant aux relations familières que j'eus avec lui. Si, pour satisfaire un désir personnel de pouvoir, on peut contribuer à ourdir une guerre comme celle d'aujourd'hui, on se retranche soi-même de toute bonne société. Ce n'est pas à moi qu'il faut reprocher d'avoir accepté son aide, car ses opinions m'étaient étrangères jusqu'à ces derniers jours. Mais vous, vous les connaissiez sûrement ; ce creux bavard n'avait pu à la longue vous les cacher. Vous saviez à qui vous aviez affaire. Si vous étiez un connaisseur et un admirateur de l'Allemagne aussi chaleureux que vous le prétendiez, après avoir fréquenté des années durant les auditoires allemands et reçu les plus fortes impressions entre autres de notre maître commun Théodore Gomperz, vous auriez cherché avant tout à renseigner à fond Clemenceau sur l'Allemagne, sa culture et son empereur. Je ne sais si c'eût été un moyen d'éviter la guerre actuelle, mais cela nous aurait épargné une chose : les ignobles insultes que Clemenceau édite journellement entre l'Allemagne.

Vous voyez, Monsieur, que ce sont de graves raisons qui m'ont déterminé à rompre brusquement et pour toujours nos relations amicales. Ce faisant, je viens peut-être au-devant de vos désirs, d'autant plus que vous avez probablement déjà compris ce qui m'a poussé à cette prompte décision. Je ne peux rester une heure de plus l'ami d'un homme qui compte parmi ses amis un ministre ivre tous les jours, et un « desperados » altéré de sang. Entre ces hommes et moi, il n'y a aucun lien. Et votre proverbe : « Les amis de mes amis sont mes amis » n'a pas encore perdu, du moins pour moi, sa signification. C'est pourquoi séparons-nous. Continuez à jouir de l'amitié de M. Clemenceau et offrez désormais vos services à qui vous voudrez ; la science allemande saura sûrement fort bien s'en passer. Qui sait si bientôt la science française ne sollicitera pas avec insistance nos faveurs ? Laissons un avenir prochain répondre à cette question.

Dr Fr. Hirth.
Prof. à l'Univ. de Vienne.

Berliner Tageblatt du 7 sept. 1914.

III

LETTRE DE M. DE BETHMANN-HOLWEG AU RITZAUS

Le premier ministre a dit, dans son discours du Guildhall, que l'Angleterre est la protectrice des petits

Etats en Europe, tandis que l'Allemagne est une menace pour la sécurité de ces Etats. Il est vrai que nous avons violé la neutralité de la Belgique, mais nous y avons été contraints par une dure nécessité. Nous avions garanti à la Belgique son intégrité, et qu'il ne lui serait fait aucun mal, si elle voulait se rendre compte de notre position et nous aider à en sortir. Si l'Angleterre, en protectrice des Etats faibles, avait voulu épargner à la Belgique tant de malheurs, elle lui aurait donné le conseil d'accepter notre proposition et tout se serait passé comme au Luxembourg. Mais l'Angleterre, nous en avons la conviction, n'a pas protégé la Belgique. Est-elle donc une protectrice si désinstéressée ? Nous savons parfaitement que le plan militaire français avait projeté le passage à travers la Belgique pour envahir nos provinces du Rhin sans défense. Y a-t-il quelqu'un pour croire que la Grande-Bretagne serait alors intervenue pour défendre le territoire belge ? Nous avons scrupuleusement respecté la neutralité de la Hollande et de la Suisse et nous avons soigneusement évité de faire même un pas sur le territoire du Limbourg néerlandais. Il est à remarquer que M. Asquith parle seulement de la Belgique, de la Hollande et de la Suisse, et qu'il ne fait aucune mention des pays scandinaves. Il ne cite la Suisse qu'à cause de la France, mais la Hollande et la Belgique sont vis-à-vis de l'Angleterre, de l'autre côté du détroit, de là son souci de leur *neutralité*. Pourquoi passe-t-il sous silence la Scandinavie ? Peut-être est-il persuadé qu'il ne nous viendrait jamais à l'esprit de violer sa neutralité ; peut-être aussi que l'Angleterre ne regarderait pas comme répréhensible une expédition dans la mer Baltique pour son propre compte, ou qu'elle ne considérerait pas le Danemark comme un « *noli me tangere* » pour les armées russes. M. Asquith veut nous faire croire que la lutte de l'Angleterre contre nous est une guerre de liberté contre la force brutale. Au nom de la liberté, l'Angleterre s'est servie de la force brutale et d'une politique de honteux

égoïsme pour fonder son puissant empire colonial. Au
nom de la liberté, à la fin du siècle dernier, elle a écrasé
l'indépendance des républiques Boers. C'est au nom de
la liberté qu'elle regarde l'Egypte, en dépit des lois internationales, en dépit de sa promesse solennelle,comme
une colonie anglaise. C'est au nom de la liberté qu'elle
fait couper les câbles allemands, afin que la vérité ne
pénètre pas dans le monde. Le président des ministres
anglais se trompe. Depuis que l'Angleterre s'est alliée à
la Russie et au Japon contre l'Allemagne par un aveuglement unique dans l'histoire universelle, elle a trahi
la cause de la civilisation et c'est à l'épée allemande
qu'elle a remis la cause de la liberté des peuples et des
Etats européens, pour en prendre la garde.

Berliner Tageblatt du 14 septembre 1914.

IV

PROMESSES DE LIBERTÉS

M. de Bethmann Hollweg a mené grand tapage contre
l'Angleterre, en disant que *M. Asquith a voulu faire
croire que la guerre de l'Angleterre contre nous était
la guerre de la liberté contre la force brutale...* Il
s'en est pris aux classes dirigeantes anglaises, au
gouvernement de ce pays, et il leur a donné coup sur
coup en pleine figure, pour avoir osé dire qu'ils se bat-
taient *au nom de la liberté* tandis qu'ils ne cherchaient
qu'à s'asservir le plus d'Etats possibles, et à agrandir
encore leur propre puissance. Là-dessus, il a terminé sur
une *assurance positive*, que *l'Allemagne travaillait
pour l'union et la défense de toutes les nations.*
Depuis, a-t-il dit, « que l'Angleterre s'est alliée à la
Russie et au Japon contre l'Allemagne, elle a d'un seul
coup perdu sa place dans l'histoire universelle de la

civilisation, et *la libération des peuples et des Etats européens doit être à présent accomplie par l'Allemagne.* » Si ce programme a été énoncé sérieusement, et sincèrement, il vaut la peine qu'on en prenne note. Il est difficilement possible qu'il puisse y avoir un malentendu sur ces paroles. Elles ne peuvent se traduire autrement que par la courte phrase déjà bien connue : *Nous ne voulons pas faire une guerre de conquêtes.* Elles vont même plus loin et laissent entendre ce que le parti social-démocrate n'a pas cessé de prêcher, que cette guerre pourrait devenir une expansion du droit et de la civilisation. Elles apportent la certitude que tous les petits peuples, aujourd'hui asservis sous la loi de fer des autres puissances, *seront enfin libérés* du joug qui les opprimait !

A chaque nouvelle phrase qu'a prononcée le gouvernement allemand par la bouche de son chef responsable, on voit de plus en plus qu'il ne saurait être question *d'annexions politiques.* On ne saurait parler de prendre *en main la cause de la liberté*, et, dans le même temps, soumettre la Belgique pour en faire une province allemande. On ne saurait parler de se battre *pour la cause de la liberté* et s'emparer d'une partie de la France et d'une population dont les sentiments sont français, et qui parle le français, pour en agrandir le domaine de l'Allemagne. Si l'on parle de la liberté des peuples et des Etats, cela signifie que l'Empire Allemand va donner le signal d'une libération universelle, que les Polonais, les Ruthènes, les Finnois, etc., vont devenir des peuples libres, et pourront reprendre leur nationalité. Si l'on parle de la liberté des peuples et des États, cela veut dire que l'Allemagne ne travaillera pas seulement à l'émancipation au delà des frontières, mais qu'à l'intérieur la liberté, la démocratie et la paix pourront enfin fleurir. Toutes ces choses vont ensemble, et si c'est une guerre de libération, que celle-ci, il ne peut s'ensuivre, comme conclusion, que la paix générale, l'harmonie universelle, la liberté intérieure du peuple allemand, comme des autres...

« Ce serait une grande chose pour l'Allemagne, si elle voulait, en effet, faire de sa victoire véritablement ce que promettent les paroles du chancelier. Et le gouvernement *peut-il* donc encore reculer ? Partout la lettre du chancelier a circulé, partout on attend l'exécution de ses promesses. Ou bien lui serait-il *impossible* de les tenir ? Avec le but attribué à la guerre, de prendre la défense de tous les droits jusqu'ici persécutés, *la victoire ne saurait être que plus facile*, qu'avec tout autre but en vue. Pour une paix, basée sur de telles conditions, la *grande masse du peuple s'unira* avec joie. Il l'acceptera, comme il n'en accepterait une autre. Vraiment, les paroles du chancelier sont bonnes à entendre ! « Tellement bonnes que, si, une fois, le gouvernement en déviait, la masse du peuple ferait siennes ces paroles et crierait au gouvernement de remplir sa promesse — *dans l'intérêt de la paix, du progrès et de la liberté.* »

Leader du *Vorwärts* du 15 sept. 1914.

V

L'EUROPE SOUS L'HÉGÉMONIE ALLEMANDE

L'Europe est en flammes. Cet événement, redouté et prévu, que l'on a représenté comme impossible et tenté d'éviter, voici qu'il s'est produit. Ce n'est pas encore le moment de discuter s'il eût pu être retardé ou même empêché, car il est là. Et il s'est produit autrement que la politique s'était efforcée, depuis des dizaines d'années, de le préparer. Au lieu que les puissances de la Triple Alliance combattent coude à coude les trois puissances rivales, la lutte est **plus** inégale, puisque l'Allemagne se trouve seule avec pour unique alliée l'Autriche-Hongrie, et doit supporter de beaucoup la plus lourde charge dans l'œuvre de défense. Attaquée par l'est, par le nord et par l'ouest, protégée du côté du sud seulement par l'Autriche, — qui de son côté doit veiller, dans l'éventualité d'un changement d'attitude de son troisième allié de la veille, susceptible de changer sa neutralité actuelle en hostilité déclarée, le jour où les circonstances lui paraîtraient de nature à justifier ou à excuser cette volte-face, — l'Allemagne est appelée à soutenir seule un conflit tel que l'histoire n'en fournit pas d'exemple, et elle le soutiendra de telle sorte que l'histoire n'en connaîtra pas davantage l'analogue. Déjà à l'heure où j'écris ces lignes, la grande symphonie de nos victoires, après quelques mesures d'introduction, a commencé. Son motif principal, le thème varié de cent façons diverses : « l'ennemi est battu et fuit en désordre », a été lancé avec puissance sur tout notre front de bataille occidental et restera probablement l'élément essentiel des développements qui suivront. La faculté que nous autres Allemands possédons à une mesure inconnue aux autres peuples civilisés, la faculté de l'organisation, célèbre dans le domaine militaire les mêmes triomphes qu'elle avait célébrés en temps de paix dans les domaines de l'industrie et du commerce. La technique, scientifique à l'extrême, et qui ne laisse rien à l'imprévu, de la stratégie allemande se révèle aussi supérieure aux méthodes plus primitives de nos adversaires qu'en d'autres domaines la technique à base scientifique de l'Allemagne s'est montrée supérieure à l'empirisme anglais. L'élan français est impuissant en face de la confiance tranquille et inébranlable que le soldat allemand met en notre supériorité organisatrice, et nous prouvons une fois de plus au monde stupéfait et à nos ennemis frappés d'épouvante que notre science est la meilleure dans la pratique. Mais, si profonde que soit notre conviction qu'il s'agit, en l'occurrence, de la vie ou de la mort du peuple allemand en tant que nation et Etat, — d'où la nécessité indiscutable de vaincre, — il importe que nous, qui ne sommes pas au service actif et ne pouvons personnellement prendre part à ce premier devoir de notre peuple, nous nous fassions à nous-mêmes l'application d'autant plus énergique et consciente de ce grand principe de l'organisation. Nous devons nous demander quel bénéfice nous pouvons en tirer pour les autres.

La présente guerre européenne a été prédite et considérée, de plusieurs points de vue, comme inévitable. Ce sont les théoriciens de la race qui ont marché les premiers et parlé de la nécessité d'une rencontre sanglante entre Germains et Slaves. Si nous considérons la guerre actuelle à ce point de vue, il semble qu'elle ne réponde pas aux conditions prévues. Sans doute, la Russie nous presse du côté de l'est, prétendant lutter au nom de la race slave, et la cause immédiate de la guerre, — soit le conflit avec l'Autriche, — a eu, au moins en apparence, pour motif, la protection des Serbes par la Russie mère des Slaves. Mais si vraiment la cause de la guerre devait être cherchée dans un conflit de races, l'Angleterre et la France devraient lutter à nos côtés, et non pas contre nous. Et l'on n'aurait pas pu voir, au début des hostilités, chez les Slaves d'Autriche, en particulier à Prague, théâtre de luttes séculaires entre Germains et Slaves, ces manifestations de fraternité dans lesquelles les ennemis de la veille s'unissaient pour donner libre cours à l'hostilité commune contre la Russie. Nous ne voyons pas davantage les Slaves de Pologne chercher à réaliser leur autonomie politique avec l'aide de la Russie. Ils savent trop bien que cette autonomie ne peut courir de plus grand danger que de se fonder sous la domination russe. Et c'est pourquoi ils inclinent, en secret ou plus ou moins ouvertement, du côté allemand. Si donc les théoriciens de la race avaient raison, en prédisant que tôt ou tard le choc se produirait entre Germains et Slaves, pareille rencontre paraît bien plutôt reculée dans un avenir lointain par le conflit d'aujourd'hui.

Il ne saurait non plus être question d'une guerre de religion. Dans l'état présent de l'Europe, des guerres de ce genre paraissent tout à fait impossibles. Ce n'est que chez les peuples arriérés et à demi barbares des Balkans que les questions religieuses ont pu jouer certain rôle tout récemment. Pareil facteur doit être définitivement exclu en ce qui concerne l'Europe centrale et occidentale. Nous voyons, en effet, combattre d'un côté des protestants et des catholiques, de l'autre ces mêmes confessions avec en plus l'orthodoxie grecque. Et parmi les diverses causes attribuées de part et d'autre à la guerre, la religion n'a trouvé aucune place, sauf toutefois que, par tradition, chaque peuple (sans tenir compte le moins du monde des conditions internationales) réclame pour soi, de son Dieu, une protection spéciale et une issue favorable de la lutte.

La guerre actuelle ne peut certainement pas non plus être envisagée comme une guerre politique, au sens d'un conflit entre des conceptions gouvernementales opposées. D'un côté nous voyons deux empires, de l'autre une république, un royaume et un empire, si nous faisons abstraction des adversaires de second plan, qui sont tous dotés de gouvernements monarchiques. Il n'existe pas en Europe de contraste plus tranché qu'entre la république française démocratique et le despotisme, l'absolutisme du Tzar de toutes les Russies. Encore un facteur qu'il faut éliminer de nos recherches.

Enfin, on ne peut parler d'une lutte entre divers degrés de culture, analogue à celle que soutint au temps jadis l'empire romain, à certains points de vue très cultivé, contre les Germains, alors tout au bas de l'échelle de la civilisation. La différence de culture,

entre les régions les plus avancées de l'Allemagne et
les régions les plus attardées de l'Autriche est à peine
moins grande que celle qu'il y a entre la France, qui
occupe les sommets de la civilisation, et la Russie, qui,
en dépit des efforts de Pierre le Grand et de ses succes-
seurs, n'est pas encore sortie de la barbarie. A vrai dire,
nos adversaires français et anglais se prétendent les cham-
pions de la civilisation contre la barbarie militaire de
l'Allemagne, mais ils ne peuvent contester qu'en dépit
du militarisme reproché à notre pays les produits de
notre culture soient au moins égaux aux leurs et que,
sur le terrain scientifique et technique, nous les ayons
dépassés bien souvent. C'est ainsi qu'on n'a qu'à jeter
les yeux sur la liste des prix Nobel décernés depuis une
dizaine d'années, pour constater que la plupart de ceux-
ci sont échus à l'Allemagne et à la Hollande, qui ob-
serve à notre égard une neutralité bienveillante.

Nous arrivons ainsi à la conclusion qu'aucun motif
commun n'a déterminé nos ennemis. Chacune des
trois puissances principales contre lesquelles nous
sommes en guerre poursuit, au contraire, la réalisation
d'aspirations et de buts particuliers, lesquels ne concordent que négativement, en ce que l'Allemagne est
considérée par ces puissances comme un obstacle à cette
réalisation.

L'entrée en lutte contre nous est surtout difficile à
comprendre de la part de la Russie, car pareille lutte
ne peut la conduire qu'à la défaite. En effet, en ce qui
concerne cet élément essentiel, auprès duquel tous les
autres sombrent dans l'insignifiance et dont le résultat d'une guerre moderne dépend avant tout : l'organisation, il n'y a pas en Europe de plus frappant contraste
qu'entre l'Allemagne minutieusement, méthodiquement,
honnêtement organisée, et la Russie corrompue jusqu'aux
moelles, administrée hors de tout bon sens et foncière-
ment désordonnée. Il est probable qu'en Russie on s'est
bercé de l'espoir que l'armée française ferait le gros de

la besogne tandis que l'avance russe se bornerait à occuper des forces allemandes en quantité suffisante pour affaiblir le pont occidental et donner la supériorité de l'offensive à la république alliée. Mais il s'agit surtout sans doute d'un de ces expédients désespérés auxquels recourt un despotisme aux abois, miné de toutes parts, pour se maintenir alors qu'il sent le terrain se dérober sous lui. Le résultat ne sera toutefois pas ce qu'on en espérait. Déjà à l'heure qu'il est on constate que les substances explosives accumulées par la mauvaise administration russe chez les peuples sujets s'allument et menacent de mettre aux prises l'immense empire. Tous ces peuples, en effet, si différents que soient leurs intérêts particuliers et leurs aspirations, sont pourtant d'accord sur un point : à n'importe quel prix il leur faut secouer le joug du tzarisme russe. Avec le fatalisme caractéristique du Russe, incompréhensible au Germain qui n'a pas été directement en contact avec lui, le gouvernement russe s'est donc jeté tête baissée dans l'aventure, d'où ne pouvait sortir pour l'immense empire qu'un retour à l'état décrit par Nestor, l'Hérodote russe, comme étant celui de ses origines : « Notre terre est grande et fertile, mais il n'y règne pas d'ordre. Viens et règne sur nous ! »

Du côté français on trouve en première ligne, comme mobile de la guerre, une pensée déraisonnable et immorale : celle de la vengeance à tirer de l'Allemagne unifiée, pour les victoires remportées il y a plus de quarante ans sur un peuple habitué à la victoire. A plusieurs reprises nous avons fait ressortir combien stérile et contraire à la culture est en soi pareille pensée, et combien ses conséquences ont été desséchantes et démoralisantes pour nos voisins, pendant les années qui se sont écoulées depuis 1871. Peut-être eût-il été possible, si la paix avait pu être maintenue quelques années encore, de guider le peuple français hors de ce marécage, jusqu'au terrain ferme d'une collaboration dans l'intérêt de

la culture universelle. Il n'a pas manqué d'hommes là-
bas pour s'atteler à cette tâche; mais les instincts bas et
primitifs se sont montrés les plus forts. Ce sont donc
des raisons moralement basses et d'ordre anti-social qui
ont joué le premier rôle dans le déchaînement du terrible cataclysme qui va fondre sur cette nation égarée.

Ce sont toutefois les mobiles de l'Angleterre qui doivent être jugés les plus sordides et les plus écœurants.
Inutile de démontrer que la violation de la neutralité
belge, que l'Angleterre comme la France avaient envisagée, n'a pu jouer aucun rôle dans une décision aussi
lourde de conséquences que la déclaration de guerre à
l'Allemagne. Aussi bien la presse anglaise, pour autant
que nous ayons pu la suivre, a-t-elle laissé percer plus
ou moins clairement le motif véritable. Celui-ci n'est
autre que la jalousie et l'envie excitées par le développement économique de l'Allemagne et par sa puissance
maritime croissante. L'Angleterre, pendant des siècles,
ne s'est laissé retenir par aucune considération de morale
ou d'honneur, lorsqu'il s'est agi de détruire la flotte
d'une puissance quelconque, amie ou ennemie, dès que
l'occasion s'offrait à elle de maintenir de la sorte sa
suprématie incontestée sur mer. L'agression simultanée,
sur terre, de la France et de la Russie contre l'Allemagne, lui a paru une de ces occasions d'éliminer d'un coup
son concurrent le plus dangereux en Europe, et de se
rendre ainsi les mains libres pour dominer la France
affaiblie, dont la flotte est tout à fait disproportionnée
à la sienne. Si donc, en Russie, une sorte de fatalisme
national et en France le sentiment atavique, mais cependant, dans un sens, honorable de la revanche ont été les
mobiles déterminants, il n'y a pas de mot pour caracté-
riser et pour flétrir la bassesse égoïste de la politique
anglaise.

Si l'on recherche maintenant les causes qui ont conduit l'Allemagne à la guerre actuelle, on ne trouve rien
d'analogue. Il s'agit pour nous d'une guerre purement

défensive. Si notre déclaration d'hostilités a précédé celle de la Russie, cela tient uniquement à la politique déloyale du gouvernement russe, qui n'a pas reculé devant de mensongères paroles d'honneur données par la plus haute autorité responsable, afin de prendre une avance de quelques jours pour sa mobilisation, le gouvernement russe sachant bien que sous ce rapport l'Allemagne possédait une supériorité d'organisation très marquée. Jusqu'où est allé l'amour de la paix de l'empereur Guillaume, on en a pu juger après coup, par le fait que quelques parcelles du sol allemand ont pu être temporairement occupées par des forces russes massées depuis longtemps à la frontière. Et nous pouvons dire la même chose pour notre second adversaire, la France.

Seulement, il ne s'agit pas uniquement pour nous de repousser les forces ennemies, mais de la vie ou de la mort de l'empire et du peuple allemand. Car, si divers que soient les mobiles de nos adversaires, ils concordent tous en une même volonté d'anéantir l'Allemagne et de la ramener à peu près à l'état où elle se trouvait à l'issue de la guerre de Trente Ans. La chose est apparue clairement à tous les Allemands, surtout à partir du moment où l'Angleterre est entrée dans la lutte. Et c'est de cette conviction surtout qu'est née notre admirable unité et notre détermination de sortir victorieux de la lutte qui nous est imposée, fût-ce au prix des plus lourds sacrifices. Tandis qu'il y a 44 ans nous avons vécu des jours d'angoisse, à nous demander si l'Allemagne du Sud marcherait avec nous dans la guerre que nous déclara la France, ou si, au contraire, ainsi que l'on y comptait fermement du côté français, l'occasion serait saisie par elle de redresser des torts malaisément supportés et dont les blessures étaient encore mal cicatrisées, pareille inquiétude ne s'est pas un instant manifestée dans la guerre d'aujourd'hui. Le sentiment national, dans le nouvel empire allemand, est devenu si intense au cours d'une génération et demie, l'organisa-

tion commune des diverses branches de la famille alle-
mille est comprise, par tous les Allemands, comme une
nécessité si vitale,qu'aucun sacrifice ne paraît trop grand
pour maintenir et défendre l'actuel état de choses. C'est
pourquoi la déclaration de guerre de l'Angleterre a
été ressentie presque comme une délivrance et un
soulagement. Elle donnait en effet au conflit son cachet
de lutte décisive sur l'importance de laquelle le doute
n'était plus permis. Et nous pouvons, nous Allemands,
assurer que nous faisons la guerre avec des mains
plus pures et des consciences plus nettes que n'importe
lequel de nos ennemis. Nous n'avons pas cherché à
étendre nos droits par la force dans aucune direction ;
nous n'avons pas tenté d'étendre illicitement notre
sphère d'influence. Nous nous trouvons littéralement
dans la situation de l'homme dépeint par Klinger dans
une inoubliable gravure du temps de ses débuts :
adossé à un mur dans un paysage solitaire et hostile, il
se défend contre trois malfaiteurs qui s'apprêtent à le
terrasser. Le pistolet en main, la détermination peinte
sur son visage, il inspire à qui contemple cette émou-
vante image la certitude qu'il vaincra. Nous ressentons
aujourd'hui la même confiance, et nous avons au surplus le sentiment consolant de n'être pas cette fois tout
à fait seuls, mais dos à dos avec l'Autriche parente, à
qui nous avons prouvé la fidélité de notre alliance.

Nous autres Allemands nous défendons donc notre
existence ; mais non défendons bien autre chose encore.
Les événements de ces derniers jours ont en effet prouvé combien peu sont fondés les reproches qui nous sont
faits par nos adversaires, d'être les représentants d'un
militarisme rétrograde et de rester attardés à un degré
de culture inférieur à celui des nations européennes de
civilisation plus ancienne, comme la France et l'Angleterre. Il suffit de comparer la façon dont nous traitons
les ressortissants des peuples belligérants, avec la façon
dont les traitent Français et Anglais, — pour ne rien

dire des Russes, — pour constater, au premier coup
d'œil, de quel côté se trouve la supériorité morale. Et
cela nous amène au point de vue d'où la guerre actuelle
apparaît, — et cela même aux pacifistes les plus con-
vaincus, — non seulement comme légitime, mais comme
absolument nécessaire. L'anéantissement de l'Allemagne équivaudrait à la perte de valeurs morales si
hautes et si considérables qu'il serait indispensable de
vaincre rien que pour les conserver. Il s'agit en premier
lieu de la plus noble et de la plus sublime floraison de
toute culture : l'éthique de la vie publique. Si la coalition d'une ambition frénétique, d'une rancune héréditaire et d'un sordide esprit de boutique devait triompher
de l'Allemagne, ce serait dans la vie des peuples une
telle victoire des bas instincts sur les instincts élevés, de
la brute sur l'homme, ce serait un tel recul moral que la
ruine de toute la civilisation européenne s'ensuivrait. Si
le monde devait assister à pareil triomphe des puissances ténébreuses et bestiales, rien ne serait plus capable
de mettre un frein au déchaînement de ces puissances.
Comme on l'a pu voir en petit dans les guerres des
Balkans, l'alliance des brigands se rompt nécessairement
et infailliblement, au moment où, la proie étant à terre,
ils s'entre-déchirent pour le partage des dépouilles. La
défaite de l'Allemagne serait en Europe le point de départ de luttes interminables et sauvages entre les Etats,
luttes qui cesseraient seulement le jour où les peuples
auraient appris, au prix de flots de sang, que l'honnêteté est, en fin de compte, la seule politique digne d'être
suivie.

C'est donc nous qui portons sur nos épaules l'avenir
de la civilisation européenne. Et si nous ne nous mon-
trons pas à la hauteur de notre tâche, — la plus colos-
sale qui soit échue à un peuple, puisque nous luttons
deux contre sept, — c'est que nous aurons failli à
assurer pour les temps à venir la suprématie du droit
sur la barbarie. A la vérité, nous lisons bien dans les

écrits de nos adversaires qu'ils revendiquent pour eux aussi la tâche de défendre la civilisation, car ils font semblant de redouter les pires conséquences pour la liberté politique et individuelle des peuples, de la prédominance en Europe d'une grande puissance militaire telle que l'Allemagne. Je n'ai pas besoin de dire que, dans l'Empire allemand d'aujourd'hui, bien des choses me paraissent susceptibles d'amélioration et de développement, que d'autres cherchent avec sincérité à maintenir, et cela par des moyens qui à mon sens ne soutiendraient pas le jugement de la pure morale. Mais ce sont là des choses que nous saurons bien redresser nous-mêmes d'après notre procédé habituel d'évolution organique progressive; nous sommes déjà en train d'en redresser quelques-unes.

On a pu voir, en effet, en réponse à l'attitude patriotique et exemplaire de notre Social-Démocratie, les organes officiels de notre administration renoncer d'eux-mêmes à un grand nombre des actes anti-constitutionnels grâce auxquels les social-démocrates se voyaient privés de leurs droits politiques en tant que citoyens de l'Etat et de l'Empire. C'est pourquoi nous, monistes, sommes en droit d'espérer qu'une fois la guerre terminée, alors que nous serons retournés à nos travaux quotidiens, notre conception du monde et notre activité dans l'enseignement et dans la vie se verront reconnaître les mêmes avantages qu'aux anciennes disciplines; nous sommes en droit d'attendre le retrait des mesures anti-constitutionnelles qui nous lèsent. On a un peu trop négligé chez nous d'appliquer la méthode supérieure et plus efficace de la persuasion et de l'éducation aux défauts qui s'attachent en propre à notre vie collective. La tendance à intervenir par la voie de la législation, ou même par des mesures de police, chaque fois qu'on désire imprimer une direction particulière à la façon de penser ou d'agir de notre peuple, subira sans doute une sérieuse éclipse à la suite des événements actuels. Nos gouvernants ont pu se convaincre que chaque Allemand, à de très rares exceptions près, n'est animé que par l'amour sincère et sans réserve du bien de la patrie. Ils ont appris que là où se manifestent des divergences d'opinion il ne saurait être question de faute morale, mais seulement de différences dans le domaine de la connaissance et de l'expérience. Nous pouvons espérer et nous devons demander qu'après la guerre on fasse crédit de plus de confiance au peuple allemand et à sa capacité de fixer lui-même les formes de vie qui lui conviennent ; que l'on ne fasse pas confiance aux sentiments nationaux de nos concitoyens au jour seulement où il s'agit de sauver l'existence de la nation, mais aussi lorsqu'il s'agit de la vie de tous les jours au sein de la communauté. Mais toutes ces questions, nous avons coutume, nous autres Allemands, de les régler chacune en son temps, par un travail calme, méthodique et persévérant ; et l'existence des déficits énumérés ci-dessus, lors même qu'elle apparaît au premier plan des polémiques de presse, n'a rien à voir avec le niveau général de notre culture.

On peut se demander ici s'il existe une mesure commune, universelle, applicable à la culture. A cela, je réponds que la culture, examinée de près, est un bloc composite formé de toutes sortes d'éléments divers, si bien que, chez le même peuple, certains de ces éléments peuvent être plus avancés que d'autres. Il existe par exemple en Russie des littérateurs de premier ordre, qui ne sont pas moins connus en Europe que les meilleurs auteurs allemands, anglais ou français. Cela n'empêche pas la Russie de se trouver, en somme, en dépit de ces manifestations isolées, sur les plus bas échelons de la culture. On pourrait essayer de classifier les divers éléments de l'activité humaine, de fixer pour chacun d'eux le degré de développement atteint par un peuple donné, et d'en tirer une sorte de moyenne. Mais la valeur respective de ces divers éléments varie si fort que l'établissement de cette moyenne serait bien hasardeux. Nous rechercherons plutôt s'il n'existe pas un aspect ou une manifestation de la culture, d'après lesquels le développement général se laisse apprécier avec quelque précision dans son ensemble, en dehors de toutes manifestations partielles. Et je trouve la réponse dans l'ordre d'idées où se meut notre appréciation moniste des phénomènes. Comme nous le savons tous, la plus haute forme du développement en matière de culture est pour nous l'organisation, par où nous entendons cette forme d'activité qui n'a pas pour objet la production des manifestations isolées, mais se propose le but plus haut de coordonner ces manifestations de façon à obtenir le maximum d'efficacité pour l'effort humain en général.

Or, les premières semaines de la guerre nous ont précisément montré que, dans la guerre elle-même, qui est à la culture ce que le bistouri du chirurgien est à la vie, notre organisation est infiniment supérieure à celle de tous nos adversaires. C'est la vérité même : jusqu'au dernier bouton de tunique, rien n'a manqué à notre préparation pour l'heure du danger. Et cela après 44 ans de paix ininterrompue, c'est-à-dire à un moment où bien peu parmi nos mobilisables avaient conservé de la guerre une expérience personnelle. Bien que tout le service de nos chemins de fer ait été bouleversé, que tout leur personnel ait dû fournir le maximum d'effort, avec à peine le minimum d'heures de repos indispensable au maintien des forces, on n'a pas eu connaissance du plus petit accident. La poste, également, n'a été troublée par la mobilisation que peu de jours, et c'est avec un bien petit retard que tous ont reçu leurs envois, momentanément arrêtés par les exigences militaires et par la soudaine réduction du personnel postal. Et, ce qui n'est pas moins remarquable, l'Allemagne, seule de tous les pays belligérants, et en dépit du fait qu'elle était attaquée à la fois de tous les côtés par des forces supérieures, n'a pas vu sa Banque d'Empire manquer un seul jour à ses engagements ; bien plus : la confiance individuelle a été si peu ébranlée qu'il n'a pas été nécessaire de recourir à des mesures financières extraordinaires. Seule en Europe, l'Allemagne n'a pas institué de moratoire. Le commerce et l'industrie fonctionnent, à l'intérieur, normalement, abstraction faite des perturbations inévitables. Nous nous préoccupons si peu des obstacles à l'importation résultant de l'action de la flotte anglaise qu'après trois semaines de guerre les prix des céréales, après quelques fluctuations, sont revenus au taux normal. Tous ces faits sont des signes d'une culture organisatrice si parfaite qu'aucun de nos adversaires n'en approche. Et ils sont aussi la preuve que, dans la lutte qui nous est imposée, nous pouvons et nous devons vaincre.

Nous constatons également que notre haut commandement militaire a organisé la victoire aussi parfaitement que la levée des troupes et leur ravitaillement. La lutte est conduite non pas d'après les mouvements de l'adversaire et d'après les dispositions qu'il nous impose, mais bien d'après un plan soigneusement établi d'avance par nous. Nous reconnaissons là la méthode qui nous est familière dans d'autres domaines. Si jadis les forces en présence étaient seules déterminantes, en ce qui concerne la victoire finale, c'est aujourd'hui l'habileté, la prévoyance, en un mot l'élément intellectuel, qui décide de la supériorité dans le combat. La vaillance unie à la supériorité intellectuelle est incontestablement supérieure à la force brutale, ainsi que l'a prouvé la victoire de la race humaine sur le monde animal. La même loi se vérifie dans les conflits des hommes entre eux. Déjà, il y a un demi-siècle, Bismarck devait constater, non pas de bon cœur (car ses instincts avaient encore leurs racines dans le passé) que la guerre moderne n'est plus une question de courage individuel ni de ce qu'on désignait autrefois sous le nom de qualités guerrières, mais bien plutôt un problème d'ingénieur, une question technique. Avoir su tirer les conséquences de cette constatation dans le domaine de la pratique, voilà le très grand mérite de l'état-major allemand, car, de cette façon, il a donné à l'armée allemande la supériorité sur toutes les autres. C'est pourquoi nous pouvons être certains qu'en dépit de la disproportion apparente des forces actuellement en présence l'action organisée de l'armée allemande, la combinaison efficace qu'elle sait faire de la science et de la technique finiront par décider de la victoire finale. Déjà à l'heure où j'écris ceci (20 août), la ligne de combat sur le front occidental a été poussée bien avant sur le territoire ennemi, et du côté de l'est nous attendons d'un jour à l'autre des nouvelles de la bataille décisive qui amènera sur notre autre front une situation analogue. C'est de ce côté surtout que l'on pourra voir combien la simple supériorité numérique est peu de chose dans une guerre moderne.

Quand nous aurons remporté la victoire, quand, à Paris, à Pétersbourg, à Londres, nous aurons convaincu nos ennemis de l'inutilité d'une plus longue résistance, que ferons-nous? Le but de toute guerre ne saurait être que la paix. Et plus la guerre a été gigantesque, plus elle a coûté de sacrifices, plus aussi la paix achetée d'un tel prix doit être durable et assurée. D'énormes tâches s'imposeront alors à nous, des tâches d'une grandeur et d'une importance telles que nous ne saurions aborder trop tôt les problèmes que nous aurons alors à résoudre. Ce n'est pas seulement l'ivresse de la victoire, ce n'est pas l'abolition de toutes les normes au milieu du tumulte de la mêlée, qui nous poussent à envisager dès aujourd'hui les circonstances nouvelles de la conclusion de la paix et à chercher à jeter là-dessus un peu de lumière. C'est bien plutôt la conscience du fait que si grands et si admirables qu'aient été nos efforts pour réduire à merci un monde ennemi, les devoirs qui nous incomberont, lorsqu'après la guerre nous aurons conquis notre situation prédominante dans le monde, seront incomparablement plus grands et plus riches en conséquences. Car la chose est claire : une fois nos ennemis terrassés, il ne restera plus en face de nous en Europe une seule puissance militaire de rang équivalent. Nous nous trouverons en condition d'exercer cet empire mondial qu'en leur temps Napoléon et Alexandre ont vainement cherché à réaliser. L'empereur Guillaume, à plus d'une reprise et de la façon la plus formelle, a indiqué que les enseignements de l'histoire à cet égard sont positifs : jamais un empire militaire de ce genre n'a pu se maintenir longtemps. La technique et la politique de conquête peuvent à la vérité concentrer sur un point donné des richesses inouïes et une puissance en apparence invincible ; mais à une telle puissance manque toujours l'élément de durée. Car l'élément de durée s'appelle travail, et non rapine.

En conséquence, pour organiser l'Europe future sous l'hégémonie allemande, il faudra que le nouvel édifice soit fondé entièrement sur le travail, sur le travail organisé, c'est-à-dire sur ce genre de travail dans lequel chacun est chargé de la tâche pour laquelle il a les plus grandes aptitudes. Pour qu'un travail ainsi compris ait une chance de durée permanente, il faut que des cataclysmes comme celui qui sévit actuellement soient rendus systématiquement impossibles. De même que les diverses branches de la famille germanique qui s'étaient entre-déchirées en 1866 ont pu, quatre ans plus tard, constituer l'unité actuelle, dont la solidité et la cohésion se montrent plus inébranlables que celles de n'importe quel autre organisme politique de l'Europe contemporaine, il faut que, du conflit actuel, dans lequel la majeure partie de l'Europe est impliquée, sorte un état de choses tel que les fractions aujourd'hui hostiles et opposées de l'agglomération européenne puissent travailler d'un commun accord, avec la certitude que dorénavant la lutte d'un peuple contre un autre ne sera plus possible. Devant nous, qui serons les ouvriers de cette future paix mondiale, s'ouvrent des horizons dont la beauté, la grandeur et l'excellence sont faites pour éblouir. Nous entrevoyons à portée de notre main l'espoir d'une paix durable pour l'Europe, nous le voyons si près de sa réalisation qu'il est presque inimaginable qu'elle puisse nous échapper. Nous nous étions illusionnés sur notre temps, lorsque nous émettions l'espoir que, dès maintenant, mettant de sang-froid en balance les effroyables conséquences de la guerre et les immenses bienfaits d'une paix solidement établie, les nations arriveraient à la conviction que leur organisation actuelle, toute en vue de la guerre, est peu pratique et devrait faire place à l'organisation du travail en commun.

L'influence des instincts ataviques, mais surtout le poids mort des armements accumulés, n'ont pas permis à notre temps d'accomplir cette transformation et nous autres pacifistes nous devons confesser que nous étions dans l'erreur lorsque nous estimions cette métamorphose praticable dans l'état actuel des choses. Pourtant, nous n'étions pas loin de la vérité, car la conflagration présente a été allumée par la plus rétrograde des puissances qui faisaient partie de ce qu'il est convenu d'appeler l'équilibre européen. Sans la Russie, qui précipita les choses, l'influence apaisante des temps aurait fini par avoir raison en France de l'esprit de revanche, et les progrès irrésistibles de l'internationalisme auraient abouti sans explosion dangereuse à l'état de choses nouveau. Mais si les peuples de l'Europe n'ont pu se résoudre à établir la paix par la voie d'une entente basée sur la raison, cette paix peut leur être imposée par la force, et l'Allemagne victorieuse sera, à la fin de cette guerre, en mesure de la leur imposer. Nous pourrons dicter une paix qui exclura désormais toute guerre européenne et nous devrons imposer à nos adversaires, — qui, après tout, sont nos semblables, non seulement au sens chrétien du mot, mais aussi en ce qu'ils doivent être considérés par nous comme des collaborateurs dans l'œuvre de culture commune, — des conditions telles qu'ils **ne** pourront plus, pendant cinquante ans au moins, reproduire un état de choses semblable à celui qui a provoqué la crise.

Pour atteindre ce but, il y a des moyens nombreux. En premier lieu, il faut que le plus dangereux ennemi de la paix en Europe, nous voulons dire l'Angleterre, soit mis pour longtemps hors d'état de nuire, par la destruction de sa prépondérance jusqu'ici incontestée sur toutes les mers. L'instrument de cette prépondérance, la flotte anglaise, doit être supprimé ou du moins réduit à un minimum qui le rende inoffensif. En ce qui concerne l'organisation de l'armée de terre, nous ferons en sorte, de même que pour les autres nations européennes si incomparablement supérieures, que ces nations en viennent d'elles-mêmes à renoncer pratiquement à entretenir une armée, pour s'en remettre à l'Allemagne du soin d'organiser leur sûreté du côté de l'est dans la mesure où cela paraîtra nécessaire.

S'il est important que le centre de gravité militaire de l'Europe soit dorénavant placé en Allemagne, il ne le sera pas moins d'y placer également le centre de gravité économique. Les événements qui ont révélé l'infériorité organique, en dépit d'une situation générale bien plus favorable, des banques d'Angleterre et de France en regard de la Banque d'Empire allemande, établissent la nécessité de placer le centre du futur marché de l'argent en Europe, non plus à Londres, comme aujourd'hui, mais en Allemagne. C'est Hambourg qui, grâce aux personnalités très qualifiées qu'elle possède et à des circonstances particulières, paraît la mieux située pour assumer cette fonction. L'impossibilité d'une nouvelle guerre européenne sera assurée mieux encore probablement par des moyens financiers que par des moyens militaires.

Des considérations du même genre s'appliquent au problème de l'internationalisme, en apparence supprimé par la guerre présente, avec autant de force qu'au problème de la future paix universelle. En fait, ces diverses tâches pourront être reprises avec plus de chances de succès que jamais, sous la direction de l'Allemagne, lorsque cette guerre prendra fin de la façon que nous espérons et attendons. Nous ne songeons pas un instant à imposer au reste du monde la langue allemande, la mentalité allemande, pas davantage l'art ou la littérature allemande. Outre que cela serait pratiquement impossible, du moins dans un délai appréciable, ce serait contraire à l'esprit de la culture allemande, qui s'est toujours considérée comme un élément à la vérité très essentiel de la culture mondiale internationale. D'autre part, grâce à la prépondérance du germanisme en Europe, une foule d'obstacles seront levés, qui s'opposaient jusqu'ici à une coopération harmonieuse des peuples de l'Europe, pour l'œuvre du progrès et de la civilisation. Rappelons seulement que l'unification de normes qui n'ont absolument aucun caractère national, comme les poids et mesures, a toujours échoué jusqu'ici par le mauvais vouloir de l'Angleterre, à qui fait complètement défaut le sentiment de l'égalité du droit entre les peuples, et qui s'est toujours refusée à adopter les systèmes reconnus par toutes les nations civilisées pour être les plus pratiques et les plus avantageux. Nous ne tenterons donc pas de faire revivre les vieux étalons de poids et de mesures badois ou prussiens, mais nous conserverons le système métrique bien qu'il nous soit venu de France. Par contre, nous contraindrons l'industrie et le commerce anglais à adopter ce système et à subordonner désormais leurs convenances particulières à l'intérêt général. Les entreprises scientifiques internationales, interrompues par la guerre, et qui, même après la guerre, sembleraient devoir pour longtemps rester impossibles, seront au contraire bientôt rétablies, sitôt que, les Etats-Unis d'Europe étant enfin constitués sous la direction de l'Allemagne et la présidence de l'Empereur d'Allemagne, l'humanité pourra se détourner des horreurs de la guerre pour se vouer à nouveau aux tâches éternelles de la culture. De la sorte, la faculté organisatrice des Allemands, que démontre aujourd'hui son irrésistible puissance sur les champs de bataille, s'appliquera désormais à des valeurs durables, et l'organisation de l'humanité, entrevue dès longtemps et appelée par les prophètes visionnaires, deviendra une réalité entre les mains du peuple allemand, le grand peuple organisateur de notre temps.

WILHELM OSTWALD.

Internationale Monatsschrift für Wissenschaft, Kunst und Technik. 15 septembre 1914.

VI

L'ALLEMAGNE PACIFISTE

Personne, en ces graves et saintes journées, n'a de goût pour des recherches de style ou d'art. L'éloquence même d'un Démosthène sonnerait creux en face du sacrifice des vies pour la patrie. Les faits seuls ont de l'intérêt pour nous. « Les faits, écrit Carlyle, dépassent toute pensée ; auprès d'eux, les mots ne sont guère que balbutiement. » Mais comment atteindre les faits ? Sans doute les faits matériels se dressent devant nous ; mais les autres, les faits intellectuels et moraux, où les prendre ? Le fait énorme de la guerre européenne s'impose à nous, jour et nuit ; mais le fait qui est à la base de cette guerre, quel est-il ? Qui l'a voulue ? Les ennemis de l'Allemagne affirment que l'Allemagne est le trouble-fête, que l'Europe n'aura pas de repos tant que cette puissance ne sera pas anéantie. D'où vient cette folle opinion ? Comment est-il possible que la vérité évidente et notoire — le fait — soit obscurci aux yeux de millions d'hommes? Parler de « fait », c'est présupposer « vérité ». Un fait inventé, ou controuvé, n'est *rien*, c'est le *ens imaginarium* de Kant ; mais ce rien peut parfois acquérir un pouvoir presque démoniaque sur l'esprit des hommes.

Par la presse, qui pourrait tant pour la propagation de la vérité, le mensonge est devenu, grâce à quelques-uns, une puissance universelle et sans égale. Nous ne nous en apercevons que trop, par les nouvelles de guerre des journaux étrangers ; et cependant combien inoffen-sives nous paraissent ces nouvelles de fausses victoires, en regard de l'empoisonnement de l'opinion publique de nations entières par le mensonge méthodique, systéma-tique, pratiqué durant des années! Oscar Wilde a con-sacré un de ses « Essais » à *l'Art du mensonge*. Ses compatriotes ont, depuis lors, poussé très loin cet art-là. Il est bien certain que les hommes d'Etat d'autrefois ne suivaient pas en toutes choses les chemins de la parfaite bonne foi ; la finesse luttait alors avec la finesse ; le rusé trouvait plus rusé que lui ; et c'est ainsi que l'on peut dire que le double jeu d'un Richelieu était, dans une certaine mesure, un double-jeu honnête. Aujour-d'hui, par contre, on trompe des gens sans malice. Aucun homme d'Etat ne peut actuellement faire fi de l'opinion publique. Il est impossible de décréter une guerre — tout au moins à l'ouest de la Duna, — sans qu'une partie importante du peuple tout au moins soit persuadée de la nécessité de cette guerre. Et comme aucun peuple civilisé ne peut délibérément souhaiter la guerre, il faut — ce dont Richelieu n'avait pas à s'occuper — lui faire admettre la nécessité de cette guerre. C'est ici qu'apparaît la monstruosité : le mensonge agissant avec autant de force que la vérité. Il suffit d'acquérir un certain nombre de journaux très répandus, autrement dit très influents, et de les placer sous une direction unique : en peu d'années le but est atteint.

Jamais, à aucun moment de l'histoire du monde, on n'a vu égarer l'opinion de tout un peuple, aussi habilement, aussi cyniquement et de façon aussi accomplie que cela a été le cas de l'Angleterre contemporaine en ce qui concerne les affaires d'Allemagne. C'est cette tromperie qui est la cause de la guerre actuelle. Dès l'origine, l'Angleterre a été en tout l'agent actif; c'est l'Angleterre qui a voulu la guerre et l'a provoquée; c'est elle qui a séparé la Russie de l'Allemagne; c'est elle qui a excité la France. Cette politique criminelle présupposait l'égarement méthodique, systématique du peuple anglais. Une poignée d'hommes s'est, de sang-froid, attelée à cette tâche, en vue de la réalisation d'intérêts matériels. La force impulsive vint d'un roi; le facteur moral fut un diplomate astucieux et dépourvu de scrupules, tout acquis à l'antique adage britannique qui veut que, en politique, le mensonge et l'hypocrisie soient les armes les plus recommandables; comme *manager*, organisateur de la tromperie en Angleterre même, on choisit un habile journaliste, à qui toutes les opinions étaient indifférentes, à condition qu'elles fussent également lucratives. Déjà alors il avait en son pouvoir plusieurs journaux d'inspirations diverses; il en acquit d'autres encore. Un jour, le *Times* même, qui depuis longtemps subissait son influence, tomba entre ses mains; aujourd'hui, — paradant sous un noble titre de lord qui dissimule son vrai nom et son origine étrangère — il fait des Anglais ce qu'il veut. Les correspondances de Berlin, par exemple, que publie le *Times* depuis quelques années, sont une véritable honte; en fait de mensonges positifs et négatifs, cet homme sans conscience, — sur la lâche tête de qui retombe une bonne part de la misère de cette guerre — a réalisé vraiment l'impossible. Bien souvent j'ai demandé pourquoi on ne conduisait pas l'auteur de ces articles à coups de cravache de Berlin à

la frontière. Toujours on m'a répondu : Il n'existe pas
de loi contre le mensonge. Cette loi, il faut qu'aujour-
d'hui elle se fasse : les menteurs qui mettent en péril la
paix de l'Europe doivent être pendus.

Et maintenant, après le fait mensonger de l'Allemagne auteur de la guerre, le fait vrai : l'Allemagne seul
asile de la paix. Ici le témoignage d'un étranger peut
avoir un certain prix.

Depuis 45 ans, je suis en rapports constants avec des
Allemands ; depuis 30 ans, j'habite de façon suivie en
pays allemands ; la sympathie pour les habitudes allemandes, la pensée allemande, la science allemande,
l'art allemand, tout cela aiguisa mon esprit d'observation
sans me rendre aveugle. Mon jugement fut et demeure
entièrement objectif, et plus d'une chose qui, à mon arrivée en Allemagne, ne me plut pas, n'a pas cessé de me
déplaire. Ayant passé ma jeunesse en France, lié d'autre
part à l'Angleterre par les liens du sang, je fus préservé
de l'aveuglement et de la partialité. Sans doute, j'ai toujours vécu à l'écart ; mais à une certaine distance les
choses se voient mieux que de près ; l'oreille perçoit plus
clairement dans la solitude que dans le tumulte. Et voici
mon témoignage : *Il n'a pas vécu dans toute l'Allemagne, au cours des quarante-trois dernières années,
un seul homme qui ait voulu la guerre, pas un seul !*
Quiconque dit le contraire ment, — sciemment ou par
ignorance.

J'ai eu l'avantage de connaître à fond des Allemands
de tous les milieux et de tous les métiers, de Sa Majesté
l'Empereur à de braves ouvriers avec lesquels j'eus affaire journellement. J'ai connu dans l'intimité des péda-
gogues, des savants, des commerçants, des banquiers,
des officiers, des diplomates, des ingénieurs, des poètes,
des journalistes, des fonctionnaires, des artistes : jamais
je n'ai rencontré un homme souhaitant la guerre. En
Angleterre, par contre, lors de mes dernières visites en
1907 et 1908, j'ai constaté partout une haine aveugle et

effroyable à l'égard de l'Allemagne, et l'attente impatiente d'une guerre d'extermination.

L'absence de toute animosité vis-à-vis des autres peuples est un des caractères les plus frappants des Allemands, on pourrait dire des seuls Allemands. Ils mettent parfois même un peu d'exagération à souligner les mérites des autres nations. En outre, aucun Allemand n'ignore que, par le fait de sa situation géographique, son pays a tout à craindre d'une guerre et rien à en espérer. Enfin, comment une nation chez laquelle l'industrie, le commerce et la science s'épanouissent, comme c'est le cas en Allemagne depuis 43 ans, souhaiterait-elle la guerre, synonyme d'anéantissement de l'industrie, du commerce et de la science?

Je voudrais dire un mot de l'empereur Guillaume. Lui seul aurait pu, individuellement, avoir une action déterminante en vue d'une guerre. Je n'ai pas rencontré souvent l'empereur, mais lorsque je l'approchai, ce fut dans des circonstances particulièrement favorables, en dehors de toute étiquette de cour, dans un échange libre d'opinions, sans témoins. Je n'ai jamais rapporté un mot du monarque, non qu'il m'ait confié des secrets, mais parce que la portée des paroles d'un homme placé dans une telle situation est incalculable. Aujourd'hui encore, je ne me départirai pas de cette règle. Toutefois, je ne commettrai aucune indiscrétion en disant que, dans cette personnalité auguste, deux traits me sont surtout apparus, comme deux « dominantes » de sa sensibilité, de son intelligence et de son activité: un profond et constant sentiment de sa responsabilité devant Dieu et, — lié intimement et fermement à celui-là, — la volonté énergique, primordiale, ou — si cela n'a pas une apparence trop paradoxale, — la volonté impétueuse de conserver la paix à l'Allemagne. La puissance allemande, — qui doit tant à sa sollicitude — ne devait jamais faire surgir la guerre, mais bien plutôt imposer la paix aux autres. Ses actes ne le prouvent-ils pas ? Au cours des dix dernières années, lorsque la situation devint presque incompatible avec l'honneur de l'Allemagne, — et à cela l'Angleterre travaillait de son mieux — c'était lui, l'empereur, qui toujours réussissait à maintenir la paix. Non pas qu'il y eût en Allemagne un parti de la guerre ; ceci est un mensonge du *Times ;* mais il y avait des hommes d'Etat et des militaires responsables qui disaient : si l'Angleterre et ses amis veulent à tout prix la guerre, alors allons-y tout de suite. L'empereur ne pouvait pas faire admettre cet argument à son Dieu, et il remettait l'épée au fourreau. Aucun désir, — de cela je suis intimement convaincu, — ne l'emportait chez Guillaume II, sur celui de pouvoir dire à son lit de mort : « J'ai gardé à mon pays une paix ininterrompue ; l'Histoire m'appellera l'Empereur de la Paix. » Mais si Dieu donne aux armes austro-allemandes la victoire, la victoire complète, foudroyante, — ce pourquoi nous le supplions tous, nous aussi non-Allemands, dans la mesure où nous plaçons plus haut l'intérêt pour la culture et la civilisation humaines que la vanité nationale, — alors, mais alors seulement, l'Europe pourra jouir d'un siècle de paix, et le vœu du grand, du bon prince, si indignement trompé par les autres monarques ses pairs, se réalisera plus glorieusement encore qu'il ne pouvait l'espérer, en même temps que l'Allemagne se trouvera justifiée des mensonges et des calomnies. Alors vraiment il s'appellera l' « Empereur de la Paix », puisque lui et son armée auront réalisé, comme une œuvre originale, la Paix.

H.-S. CHAMBERLAIN.

(Bayreuth, 2 sept. 1914.)

Internationale Monatschrift für Wissenschaft,
Kunst und Technik, octobre 1914.

VII

DEUX LETTRES DU PROFESSEUR LASSON
A UN AMI HOLLANDAIS

Berlin, 29 septembre.

Cher monsieur et ami,

Depuis des mois je n'ai pas écrit à un seul étranger : un étranger est un ennemi jusqu'à preuve du contraire. On ne saurait rester neutre vis-à-vis de l'Allemagne et du peuple allemand. Ou bien on considère l'Allemagne comme la création politique la plus parfaite que l'Histoire ait connue, ou bien on approuve sa destruction, son extermination. Un homme qui n'est point Allemand ne sait rien de l'Allemagne. Nous sommes moralement et intellectuellement supérieurs à tous, hors de pair. Il en est de même de nos organisations et de nos institutions.

Guillaume II, *deliciæ generis humani* (en latin dans le texte allemand) a toujours protégé la paix, le droit et l'honneur, bien qu'il lui eût été possible par sa puissance de tout anéantir. Plus ses succès furent grands, plus il devint modeste. Son chancelier, M. de Bethmann-Hollweg, le plus éminent des hommes actuellement vivants, ne connaît pas de plus hauts soucis que ceux de la vérité, de la loyauté et du droit. Notre armée est pour ainsi dire une image réduite de l'intelligence et de la moralité du peuple allemand. Nous devons sacrifier les meilleurs et les plus nobles d'entre nous dans une guerre contre les brutes russes, les mercenaires anglais et les fanatiques belges. Les Français sont ceux qui se rapprochent encore le plus de nous. Nous n'aurons point de paix tant que ces trois trouble-fête européens ne seront point abattus. Nous voulons avoir la paix et la sécurité et nous la garantirons ensuite aux autres. Nous voulons pouvoir poursuivre notre œuvre civilisatrice. Nous n'avons à nous excuser de rien. Nous ne sommes pas un peuple de violents, nous ne menaçons personne tant qu'on ne nous attaque point. Nous faisons du bien à tous. Louvain n'a point été détruit. On y a brûlé seulement les maisons des meurtriers. Les contes qu'on rapporte sur les espions allemands en Belgique sont de méchantes calomnies. Nous autres Allemands nous ne portons un jugement qu'après l'avoir établi par une enquête. La cathédrale de Reims n'a pas été démolie. Ce sont les Français qui provoquèrent le dommage qu'on lui causa. L'Angleterre a une politique qui fait songer à celle des Etats d'Europe au dix-huitième siècle. L'Allemagne au contraire a enseigné au monde à diriger la politique avec conscience et à faire la guerre avec loyauté. L'Angleterre va à sa ruine. La France peut encore être sauvée. Quant à la Russie, elle ne doit plus être notre voisine. Nous ferons cette fois-ci table rase. Malheur à toi, Albion ! Dieu est avec nous et défend notre juste cause !

Berlin, 30 septembre.

Cher monsieur et ami,

Permettez-moi de vous donner encore quelques indications complémentaires afin que vous sachiez ce que pense un Allemand cultivé. Nous autres Allemands, nous sommes puissamment armés, en partie pour protéger la Hollande. Si nous n'étions pas aussi forts, la Hollande eût été depuis longtemps annexée. Elle est incapable de se protéger elle-même. Ce petit royaume mène une existence tranquille à nos dépens, il vit de sa vieille gloire et de son argent amassé depuis longtemps. La Hollande n'est qu'un appendice de l'Allemagne. Sa vie est confortable ; c'est une vie en robe de chambre et en pantoufles qui coûte peu de peine, peu d'efforts et peu de pensées. Si cette existence vous suffit, tant mieux.

L'Allemand, lui, a de plus hauts devoirs et de plus hautes aspirations.

Aujourd'hui, la Hollande peut penser ce qu'elle veut; mais toute action hostile à l'empire allemand aurait les conséquences les plus graves. Pour cette Hollande d'aujourd'hui nous n'avons, nous autres Allemands, que peu de respect et de sympathie. Sauf l'appui que nous leur donnons nous devons remercier Dieu que les Hollandais ne soient point nos amis. Nous respirons à pleine poitrine le large souffle de l'Histoire et nous ignorons cette misérable existence bourgeoise.

Nous n'avons point d'amis. Tous nous craignent et nous regardent comme dangereux, parce que nous sommes intelligents, actifs et moralement supérieurs. Nous sommes le peuple le plus libre de la terre, car nous savons obéir. Notre loi est la raison, notre force est la force de l'esprit, notre victoire la victoire de la pensée. C'est pour cela que nous pouvons lutter contre de nombreux ennemis, comme autrefois Frédéric II.

Une conspiration européenne a tissé tout autour de nous des mensonges et des calomnies ; nous, nous sommes véridiques; nos caractéristiques sont l'humanité, la douceur, la conscience, les vertus chrétiennes. Dans un monde de méchanceté, nous représentons l'amour et Dieu est avec nous. Vous pouvez faire de cette lettre l'usage qui vous conviendra.

Je vous salue très cordialement, et vous souhaiterais très sincèrement de vivre dans un « état de violents », tout comme moi.

LASSON.

Le Temps du 19 novembre 1914.

VIII

ÉTRANGES DÉCLARATIONS
DU PROFESSEUR OSTWALD

INTERVIEW ACCORDÉE AU « DAGEN » DE STOCKHOLM

— Nous ne haïssons pas les Français. Je crois, abstraction faite des raisons de fait qui ont été les causes de la guerre, que la cause la plus profonde réside dans la crainte qu'ont nos ennemis de la force inouïe avec laquelle l'Allemagne a su jusqu'ici réaliser sa grande pensée organisatrice, pensée que l'Allemagne se propose, précisément par cette guerre, de réaliser dans une plus forte mesure qu'auparavant. On parle du militarisme allemand ; il se pourrait, en effet, que l'hostilité que rencontre l'Allemagne dans le monde fût fondée sur le développement du militarisme allemand ; mais c'est justement ce militarisme qui constitue l'une des expressions les plus puissantes de la force organisatrice de l'Allemagne. Or, l'Allemagne, grâce à sa faculté d'organisation, a atteint une étape de civilisation plus élevée que les autres peuples. La guerre, un jour, les fera participer, sous la forme de cette organisation, à une civilisation plus élevée. Parmi nos ennemis, les Russes, en somme, en sont encore à la période de la horde, alors que les Français et les Anglais ont atteint le degré de développement culturel que nous-mêmes avons quitté, il y a plus de cinquante ans. Cette étape est celle de l'individualisme. Mais au-dessus de cette étape, se trouve l'étape de l'organisation. Voilà où en est l'Allemagne d'aujourd'hui.

Vous me demandez ce que veut l'Allemagne ? Eh bien, l'Allemagne veut organiser l'Europe, car l'Europe jusqu'ici n'a pas été organisée. L'Allemagne veut s'engager dans une voie nouvelle pour réaliser l'idée du travail collectif. Comment l'Allemagne se propose-t-elle de réaliser ses projets d'organisation à l'ouest? Elle exigera que les Allemands et les Français soient accueillis dans les deux pays respectifs; qu'on leur permette de travailler et d'acquérir des biens exactement dans les mêmes conditions que les habitants du pays même; à l'est, l'Allemagne créera une confédération d'Etats, une sorte de confédération Baltique, qui comprendrait les Etats scandinaves, la Finlande et les provinces baltiques. Finalement, on arrachera la Pologne à la Russie et on en fera un nouvel Etat indépendant. Je crois le moment venu de remanier la carte de l'Europe.

Le journaliste demanda :

— Vous avez, monsieur Ostwald, avec un grand nombre d'autres sommités scientifiques allemandes, engagé votre honneur en prétendant que l'Allemagne n'a pas violé le droit de la Belgique, puisque ce pays, par ses agissements antérieurs, avait déjà perdu tout droit à la neutralité garantie? Vous nous avez affirmé qu'il existe des preuves à cet égard. Or, quelles sont ces preuves absolument irréfutables?

— Vous les connaissez sans doute déjà. Vous savez certainement que des officiers du génie français ont inspecté, avant le commencement de la guerre, les fortifications belges et qu'ils ont enseigné aux Belges à se servir du matériel de l'artillerie de forteresse.

— C'est-à-dire qu'on l'a prétendu.

— Le fait est certain. Vous savez également que des documents découverts à Bruxelles ont révélé l'existence de négociations qui ne rentrent pas dans le cadre de ce que peut se permettre un Etat dont la neutralité a été garantie, et à qui par conséquent il est interdit de commencer une guerre. Sans parler de l'orientation des sympathies belges, nous pouvons nous en tenir, pour la forme, aux déclarations faites par le chancelier de l'em-

pire devant le Reichstag et selon lesquelles notre invasion en Belgique n'a été qu'une légitime défense de
notre part. C'est là un fait qu'on put constater. Depuis,
nous avons trouvé des preuves établissant la culpabilité
de la Belgique.

— Que pensez-vous du rôle de plus en plus marqué
que jouent les différentes Eglises dans les pays qui ont
eu à souffrir jusqu'ici de l'invasion?

— C'est là une conséquence qu'il n'a pas été possible
d'éviter. La situation présente évoque nécessairement
dans bien des domaines les instincts ataviques. Je dirai
cependant que Dieu le Père est réservé chez nous à l'usage personnel de l'empereur (sic). Une fois on a parlé
de lui dans un rapport du grand état-major général;
mais, remarquez-le bien, il n'y a plus reparu.

— Quel est le but de votre visite en Suède?

— Les savants qui ont signé le manifeste sont en
train de constituer une organisation de propagande
dans le but de défendre la culture allemande contre les
attaques de nos ennemis. J'ai cru devoir venir en Suède
afin de chercher à décider, au nom de ce comité, quelques personnalités de marque à visiter l'Allemagne, pour
se rendre compte que, même pendant la tourmente
actuelle, nous continuons à poursuivre dans tous les
domaines nos travaux intellectuels. Voilà pourquoi je
suis ici. L'Allemagne, pour beaucoup de Suédois, c'est
Berlin; mais, en réalité, il est tout aussi juste de dire
que l'Allemagne est tout autant le contraire, Munich,
par exemple. Qu'entendez-vous ici par notre « terrible
militarisme »? Est-ce que les autres grandes puissances
n'ont rien d'analogue? Au surplus, ce militarisme nous
va très bien. Aucun pays, si ce n'est la Hollande, n'a
recueilli autant de prix Nobel que nous. Je vais maintenant vous expliquer le grand secret de l'Allemagne.

Nous, ou peut-être plutôt la race germanique, avons
découvert « le facteur de l'organisation ». Les autres
peuples vivent encore sous le régime de l'individualisme

alors que nous sommes déjà sous celui de l'organisation.
Chez nous, tout tend à tirer de chaque individu un
maximum de rendement dans le sens qui est le plus
favorable pour la société. C'est là pour nous la liberté
sous sa forme la plus élevée, c'est-à-dire la liberté qui
sauvegarde toutes les forces, en les faisant concourir à
un même but.

— Et quel est ce but? Est-ce de conquérir le monde
entier dès que cette organisation sera assez forte?

— Non, nous n'allons rien conquérir. Vous savez que
je suis un pacifiste et un internationaliste. Je ne sau-
rais donc approuver un programme de conquêtes. En
France, nous allons conquérir le droit de concurrencer
librement les Français, c'est-à-dire entre autres choses
le droit d'acquérir et de posséder des terrains, etc.

— Les Français auront-ils le même droit chez vous?

— Parfaitement; seulement, vu notre immense force
d'expansion, l'organisation de notre coopération et de
nos échanges sera si forte, nous profiterons tellement
de ce droit d'acquérir et de nos relations avec nos voisins, que la guerre deviendra impossible à l'avenir. C'est
sous cette forme-là que nous envisageons la conquête.

Le Temps du 26 novembre 1914.

FIN

TABLE DES MATIÈRES

—

POITIERS

IMPRIMERIE G. ROY

7, Rue Victor-Hugo 7

LIBRAIRIE ACADÉMIQUE PERRIN ET Cⁱᵉ

PIERRE NOTHOMB. — **La Belgique martyre.** Brochure in-16...... » 50
— **Les Barbares en Belgique.** Préface de H. Carton de Wiart. 12ᵉ édit. 1 vol. in-16.................... 3 50
— **Histoire belge du Grand Duché de Luxembourg.** 1 vol. in-8º. 1 »
HENRI LAVEDAN de l'*Académie française.* **Les Grandes Heures 1914-1915.** 1 volume in-16.... 3 50
ANDRÉ HALLAYS. — *En flânant.* — **A travers l'Alsace.** — Mulhouse. — Colmar. — Sainte Odile et Obernai. — Saverne. — Wissembourg. — Ferrette. — Le château de Reichshoffen, etc. 1 vol. in-8º écu orné de gravures..................... 5 »
EDOUARD SCHURÉ. — **Les grandes légendes de France.** Les légendes de l'Alsace, etc. 1 volume in-16. 3 50
MARIUS-ARY LEBLOND. — **La Pologne vivante.** Une renaissance active sous l'horreur des persécutions, 3ᵉ édition. 1 volume in-16. 3 50
HAROLD FREDERIC. — *L'Éducation d'un prince :* **Un Jeune Empereur.** Guillaume II d'Allemagne, trad. de l'anglais par J. de Clesles. 1 v. in-16. 3 50
TEODOR DE WYZEWA. — **La nouvelle Allemagne.** 1 vol. in-16. 3 50
— **L'Art et les mœurs chez les Allemands.** 1 vol. in-16...... 3 50
EL. ALTIAR. — **Journal d'une Française en Allemagne,** juillet-octobre 1914. Préface de Charles Vellay. 1 vol. in-16.......... 3 50
FRANCK CHAUVEAU. — **La Paix et la Frontière du Rhin.** 1 broch. » 50
WILLIAM VOGT. — **La Suisse allemande au début de la guerre de 1914.** 1 volume in-16........ 2 »
PAUL BALMER. — **Les Allemands chez eux pendant la guerre.** De Cologne à Vienne. Impressions d'un neutre. 1 vol. in-16........... 3 50
MAURICE GANDOLPHE. — **La Marche à la Victoire.** Tableaux du front, 1914-1915. 1 vol. in-16........ 3 50
FRANCIS CHARMES, de l'Académie française. — **L'Allemagne contre l'Europe. La Guerre 1914-1915.** 1 volume in-16................. 3 50
Souvenirs d'une Institutrice anglaise à la Cour de Berlin, traduits par T. de Wyzewa. Le « jeu de guerre » du comte Zeppelin. — Le Kronprinz et sa femme. — Les généraux von Hindenburg, von Kluck, von Bernhardi. — La famille Krupp, etc., 1 volume in-16........................ 3 50
GUY BALIGNAC. — **Quatre ans à la Cour de Saxe.** 1 vol. in-16... 3 50

FERNAND LAUDET. — **Paris pendant la Guerre.** 1 volume in-16.... 3 50
GÉNÉRAL F. CANONGE. — **Histoire de l'Invasion allemande en 1870-1871.** 1 volume in-16.......... 3 50
FERNAND-HUBERT GRIMAUTY. — **Six Mois de guerre en Belgique par un soldat belge.** Août 1914-Février 1915. 1 volume in-16..... 3 50
CHARLES BAILLOD. — **Pourquoi l'Allemagne devait faire la guerre.** 1 volume in-16................. 2 »
RENÉ PINON. — **France et Allemagne** (1870-1913). Les Nécessités permanentes, 4ᵉ édition. 1 vol. in-16 avec une carte hors texte...... 3 50
— **L'empire de la Méditerranée.** — L'entente franco-italienne. — La Question marocaine. — Figuig. — Le Touat. — La Tripolitaine. — Bizerte. — Malte. — Gibraltar (*couronné par l'Académie française*). 1 volume in-8º écu, accompagné de trois cartes et de plans................... 5 »
— **L'Europe et l'Empire ottoman.** — La mer Noire et la question des détroits. — La rivalité des grandes puissances dans l'Empire ottoman. — Le conflit autro-serbe, etc. 1 vol. in-8º écu avec deux cartes hors texte. 5 »
— **L'Europe et la Jeune-Turquie.** — La rivalité de l'Allemagne et de l'Angleterre. — La question albanaise. — Le Monténégro et son prince. — La Roumanie dans la politique Danubienne et Balkanique, etc. 1 vol. in-8º écu avec 2 cartes dans le texte. 5 »
LOUIS BERTRAND. — **Le Mirage oriental.** — L'Orient qui bouge : la Plèbe, la Misère, le Travail, etc. 3ᵉ édition. 1 volume in-16........... 3 50
F. GOMEZ-CARRILLO. — **La Grèce éternelle.** préface de Jean Moréas. 1 volume in-16.............. 3 50
PAUL IMBERT. — **La Rénovation de l'Empire ottoman.** 1 volume in-16. avec deux cartes hors texte... 3 50
RENÉ PUAUX. — Correspondant de guerre du *Temps.* **De Sofia à Tchataldja.** 1 volume in-16 avec trois cartes........ 3 50
— **La Malheureuse Épire.** 1 volume in-16 avec gravures...... 3 50
NOELLE ROGER. — **La Route de l'Orient.** Bosnie, Hezegovine. — Scutari d'Albani. — Types de Roumanie. — La Dobrodja. — Constantinople. 1 volume avec gravures. 3 50
JEAN PELISSIER. — **Dix Mois de guerre dans les Balkans.** (Octobre 1912-Août 1913). 1 vol. in-8º écu. 5 »

Paris. — Imp. E. Capiomont et Cⁱᵉ, rue de Seine, 57.

www.ingramcontent.com/pod-product-compliance
Ingram Content Group UK Ltd.
Pitfield, Milton Keynes, MK11 3LW, UK
UKHW022103120726
13694UKWH00001B/315